本书系杭州市哲学社会科学重点研究基地
杭州科技职业技术学院高等职业教育（陶行知教育思想）研究中心重点课题
"生利主义视域下高职研学旅行人才培养模式研究"
（项目编号：2021JD49）研究成果

读万卷书，行万里路

生利导向的
研学旅行人才培养研究

王美云　著

ZHEJIANG UNIVERSITY PRESS
浙江大学出版社
·杭州·

图书在版编目（CIP）数据

生利导向的研学旅行人才培养研究 / 王美云著. —
杭州：浙江大学出版社，2023.6
　　ISBN 978-7-308-23907-3

　　Ⅰ. ①生… Ⅱ. ①王… Ⅲ. ①高等职业教育－教育旅
游－专业人才－人才培养－研究 Ⅳ. ①F590.75

　　中国国家版本馆 CIP 数据核字（2023）第 105312 号

生利导向的研学旅行人才培养研究

王美云　著

责任编辑	李海燕
责任校对	黄伊宁
责任印制	范洪法
封面设计	雷建军
出版发行	浙江大学出版社
	（杭州市天目山路 148 号　邮政编码 310007）
	（网址：http://www.zjupress.com）
排　　版	杭州好友排版工作室
印　　刷	广东虎彩云印刷有限公司绍兴分公司
开　　本	710mm×1000mm　1/16
印　　张	16.75
字　　数	301 千
版 印 次	2023 年 6 月第 1 版　2023 年 6 月第 1 次印刷
书　　号	ISBN 978-7-308-23907-3
定　　价	69.00 元

前　言

　　自教育部等 11 部门 2016 年联合印发《关于推进中小学生研学旅行的意见》开始，我国研学旅行行业发展迈入了快车道。"自上而下"的引导力量以及来自研学市场的内生驱动力量助推了研学旅行人才培养的进程。2019 年"研学旅行管理与服务"被列为《普通高等学校高等职业教育（专科）专业目录》新增专业，并于 2020 年在全国首届招生，如今高职研学旅行管理与服务专业招生院校的数量已近百所。即便如此，当下研学旅行人才供给还是与研学旅行行业的蓬勃发展形成了强烈反差，其不仅体现在数量上仍有较大缺口，在人才培养质量上也未能充分满足行业融合发展的迫切需求。

　　研学旅行是由教育部门提出并发起的，但在实际操作执行中旅游部门涉入更为明显。从理论上说，教育行业对研学旅行的关注聚焦于活动教育性如何落实，而旅游行业则将关注焦点置于这一新旅游形态对旅游企业转型所带来的机遇和市场空间。在研学旅行专业人才培养上，高职院校旅游院系占据了绝对的主体地位，教育院系卷入相对匮乏，这也导致了人才培养上同样出现了行业一直被公众诟病的"重游轻学"问题。研学旅行连通了教育和旅游，其需要既懂教育又熟悉旅游的行家，但必须清醒地认识到，教育才是研学旅行的根本出发点和落脚点。当然，割裂来看研学旅行中教育与旅游成分孰轻孰重问题本身也是存在问题的，因为作为文旅融合的典型形态，研学旅行行业发展更需要能将两者融会贯通的复合型人才。

　　2022 年 9 月，人社部对外发布的《中华人民共和国职业分类大典（2022 年版）》将研学旅行指导师等 5 批共 74 个新职业纳入其中，这成为观察包括研学行业在内的新产业、新业态、新模式发展的重要风向标。基于主流在线招聘平台的大数据分析亦显示，研学旅行行业发展仍处于成长前期，当前行业对研学指导师的需求最为迫切。但正如《旅游绿皮书：2022－2023 年中国旅游发展分析与预测》中所指出的：一方面，没有经过足够的专业培训和实践的中小学校学科教师通常难以承担临时性的研学旅行指导师职能；另一方面，由于工作

1

内容和目标的复合型,没有经过专业培训的导游等旅游从业人员也难以胜任研学旅行指导师的工作。因此,如果说研学旅行指导师是"摸着石头过河",那么院校培养研学旅行指导师则比"摸着石头过河"还难,因为这一探索既要寻找"过河的石头",还要寻找顺利到达的"彼岸"。研学旅行指导师培养中遭遇的难题,也正是高职院校研学旅行管理与服务专业人才培养所面临挑战的一个缩影。

令人鼓舞的是,包括杭州科技职业技术学院等在内的多所高职院校已经开展了研学旅行管理与服务人才培养的探索与实践。与其他高职院校有所不同,杭州科技职业技术学院的研学旅行人才培养以传承和倡导陶行知职业教育思想为特色,其在生利导向的人才培养目标、理实结合的职业课程体系、经验学识兼备的生利师资、互利共赢的校企合作机制和人才培养模式的改革创新上都做出了有益探索,构建了"三堂联动·四阶递进·五位一体"的特色人才培养模式,这为兄弟院校开展人才培养模式改革提供了富有价值的行动参考。在"金苹果"推出的2022—2023年研学旅行管理与服务专业高职院校排名榜单中,杭州科技职业技术学院研学旅行管理与服务专业位列第13名,而在2023年2月15日发布的"GDI高职专科专业评估榜(2023)"中其亦位列前15%。

本书从研学旅行院校人才培养现状和研学旅行行业人才需求特征入手,深入分析了前15所研学旅行管理与服务专业高职院校人才培养方案,明晰了研学旅行行业的人才需求规格特征,同时,结合对未来极具用人潜力的研学旅行基(营)地人才需求状况的调查分析,辅以大数据分析、文本挖掘、统计与计量、博弈分析与案例研究等方法,全面、系统且深入地阐释了高职研学旅行管理与服务专业人才培养的生利关键问题,包括培养目标、课程体系、师资保障、校企合作等诸多方面,并最终建构了研学旅行管理与服务专业生利导向的人才培养棱锥模型,以期能为国内蓬勃兴起的研学旅行管理与服务专业办学提供可资借鉴的理论参考与实践指引。

行是知之始,知是行之成。研学旅行教育要更好培养"生利"之才,就要以"做"为中心,构建"课程、职业、社会"融会贯通的育人体系,教学做合一,助力学生获得"生利""利群"的真本领。距陶行知《生利主义之职业教育》一文发表已有100多年,但生利主义职业教育思想跨越百年却依然熠熠生辉,其不仅在本书的研究中承担着重要的理论指引,对中国式职业教育现代化改革而言同样有着不容忽视的启示价值。本书是杭州市哲学社会科学重点研究基地"杭州科技职业技术学院高等职业教育（陶行知教育思想）研究中心"资助的校本特色研究，希望相关研究结论与成果能为高职院校研学旅行管理与服务专业人才培养模式改革提供一定的启示，也希望能在继承和弘扬陶行知职业教育思想上尽到绵薄之力。

王美云

2023 年 1 月 15 日

目　录

第一章 绪 论

研学旅行有着悠久的历史沿革,清代学者商衍鎏(字藻亭,号又章、冕臣)曾言:"游学之事甚古,春秋之时已盛。"在春秋战国时期,儒家的"比德之游"与"仁学之游"、法家的"仕宦之游"、道家的"逍遥游"、墨家的"止战之游"与"实用之游"、余家的"谈天之游"便是早期研学旅行思想的集中展现,诸子各家"游于技艺""游于圣贤""游于自然",游学成为士人增长见闻和各学派互通有无的重要途径。① 随着时代的变迁,游学的内涵与形式日益丰富并发展成为突出的文化教育现象,留下了包括《论语》《史记》以及《徐霞客游记》等在内的一批诗词、佛学、经学典籍。

游学亦是世界诸国早已存在的一种传统学习方式,马可·波罗游历东方十七年、达尔文环球考察、诺贝尔游历俄美的故事无不印证了这一点。在近代中国,以救亡图存为最大特点的修学旅游兴起,陶行知提出的"知行合一""生活即教育"便是这一时期研学旅行思想的典型代表。②③ 时至今日,有着深厚历史底蕴的研学旅行,正成为包括中小学生群体在内的研学者广博见闻、增长知识、拓宽视野、学科实践、增进交流和提升素质的重要载体和形式。研学旅行和游学、修学旅行相比,虽然形式与内容都有了一定的变化,但其借助旅行游览的认知、体验和感悟过程进而获取有益知识的本质并未发生改变。④ 正如严复在《与四子严璿书》(1918)中所言:大抵少年能以旅行观览山水名胜为乐,乃极佳事,因此中不但怡神遣日,且能增进许多阅历学问,激发多少志气,更无论太史公文得江山之助者矣。

---

① 林雅琴.百家齐游:春秋战国时期的游学考察[J].福建教育学院学报,2019,20(7):85-88.

② 胡蓉,莫少雯.中国研学旅行研究热点与走向[J].西南师范大学学报(自然科学版),2021,46(5):81-87.

③ 陈东军,钟林生.我国研学旅游历史发展与思想演变[J].地理教学,2020(23):54-55.

④ 沈和江,高海生,李志勇.研学旅行:本质属性、构成要素与效果考评[J].旅游学刊,2020,35(9):10-11.

第一节　研究缘起与问题提出

一、研学旅行发展迈入新阶段

（一）研学旅行发展迎来政策红利期

作为实施素质教育的一种重要手段,研学旅行在全球不少国家早已成为国民教育体系的重要组成部分,在中国,研学旅行也受到政府相关部门的高度重视和积极推动。2013 年 2 月,在国务院办公厅所印发的《国民旅游休闲纲要(2013—2020 年)》中,"逐步推行中小学生研学旅行"被首次提出。在此之前,包括山东、广东等在内的许多地方已有将研学旅行纳入素质教育的尝试。至此"研学旅行"正式出现在国家层面,因此不少学者称 2013 年为中国研学旅行元年。[①][②] 2014 年 8 月,《关于促进旅游业改革发展的若干意见》首次明确了要将研学旅行纳入中小学生的日常教育范畴。2016 年,研学旅行行业发展迎来了利好政策的爆发期,此年教育部联合十部门出台了《关于推进中小学生研学旅行的意见》并推出了全国中小学研学旅行实验区,国家旅游局发布了《研学旅行服务规范》(LB/T 054-2016)行业标准并公布了第一批"全国研学旅游示范基地"和"中国研学旅游目的地"。近些年,从国家到地方,研学旅行发展的支持政策频出(图 1.1、图 1.2),极大地推动了研学旅行的跨越式发展。

（二）研学旅行市场进入快速增长期

在我国研学旅行基地、营地及相关研学旅行企业的收客对象中,逾八成客源属于 3 岁至 16 岁人群。[③] 因此,研学旅行参与者主要来源于幼儿教育、初等教育和中等教育的在校生群体。从整体上看,研学旅行的适龄人口仍在不断增长(图 1.3),从 2013 年的 2.17 亿人增长至 2020 年的 2.42 亿人。根据最新的统计,2021 年我国中等教育及以下在校生学生数已增长至 2.45 亿人,其

---

①　李田田.政策文本分析视角下研学旅行政策的演进历程[J].教学与管理,2023(6):27-31.

②　除了将 2013 年视为中国研学旅行元年的观点,也有学者认为,2016 年国家出台了一系列与研学旅行相关的指导纲要和意见,应将 2016 年视为中国研学旅行元年;除此之外,还有学者认为,2017 年研学旅行发展出现井喷式的爆发,应将 2017 年视为中国研学旅行元年。

③　裴超.打造新思路 研学旅行为会奖业发展带来新作用[J].中国会展(中国会议),2019(24):52-55.

研学旅行发展相关政策（1）

【2013.02—国务院办公厅《国民旅游休闲纲要（2013-2020年）》】提出"逐步推行中小学生研学旅行"的设想，"研学旅行"首次出现在国家级文件中，并开始进入大众视野。

【2014.03—教育部基础教育司《关于进一步做好中小学生研学旅行试点工作的通知》】在前期试点基础上进一步扩大了试点范围，列出9个研学旅行试点省份。

【2014.04—教育部基础教育司《我国基础教育新形势与蒲公英行动计划》】提出了研学旅行的定义：学生集体参加的有组织、有计划、有目的的校外参加体验实践活动。研学要以年级为单位，以班为单位进行集体活动，同学们在老师或者辅导员的带领下，确定主题，以课程为目标，以动手做、做中学的形式，共同体验，分组活动，相互研讨，书写研学日志，形成研学总结报告。

【2014.08—国务院办公厅《关于促进旅游业改革发展的若干意见》】首次明确研学旅行要纳入中小学生日常教育范畴。提出要按照教育为本、安全第一的原则，建立小学阶段以乡土乡情研学为主、初中阶段以县情市情研学为主、高中阶段以省情国情研学为主的研学旅行体系。

【2015.08—国务院办公厅《关于进一步促进旅游投资和消费的若干意见》】提出要把研学旅行纳入学生综合素质教育范畴。支持建设一批研学旅行基地，鼓励各地依托自然和文化遗产资源、红色旅游景点景区、大型公共设施、知名院校、科研机构、工矿企业、大型农场开展研学旅行活动。建立健全研学旅行安全保障机制。旅行社和研学旅行场所应在内容设计、导游配备、安全设施与防护等方面结合青少年学生特点，寓教于游。加强国际研学旅行交流，规范和引导中小学生赴境外开展研学旅行活动。

【2016.03—教育局基础教育司《关于做好全国中小学研学旅行实验区工作的通知》】提出研学旅行应当遵循公益性、普及性、教育性、实践胜、安全性原则。研学旅行每学年累计时间原则上小学生4~5天,在小学四到六年级实施；初中生5~6天，在初中一或二年级实施；高中生5~7天，在高中一或二年级实施。学校可根据教育教学计划、学生活动实际情况灵活安排。

【2016.11—教育部等11部门《关于推进中小学生研学旅行的意见》】将研学旅行上升到落实立德树人根本任务的高度，并纳入学校教育教学计划。界定了中小学生研学旅行：是由教育部门和学校有计划地组织安排，通过集体旅行、集中食宿方式开展的研究性学习和旅行体验相结合的校外教育活动，是学校教育和校外教育衔接的创新形式，是教育教学的重要内容，是综合实践育人的有效途径。进一步明确了研学旅行的内涵，对推进中小学生研学旅行工作的要求、原则、主要任务、组织保障提出了具体要求，成为指导近些年研学旅行发展的纲领性文件。

【2016.12—国家旅游局《研学旅行服务规范》（LB/T054-2016）】2017年5月1日起正式实施，其对服务提供方、人员配置、研学旅行产品、服务项目以及安全管理等几大类内容进行了详细规定。

【2017.07—教育部《教育部办公厅关于开展2017年度中央专项彩票公益金支持中小学生研学实践教育项目推荐工作的通知》】规定可推荐为基地和营地的单位需满足的资源条件。要求推荐时充分考虑基地和营地的教育功能、地理位置、交通条件等情况，构建以基地为站点、营地为枢纽的研学实践教育网络。

【2017.08—教育部《中小学德育工作指南》】把研学旅行纳入学校教育教学计划，促进研学旅行与学校课程、德育体验、实践锻炼有机融合，利用好研学实践基地，有针对性地开展自然类、历史类、地理类、科技类、人文类、体验类等多种类型的研学旅行活动。要求规范研学旅行组织管理，制定研学旅行工作规程，做到"活动有方案，行前有备案，应急有预案"。

【2017.09—教育部《中小学综合实践活动课程指导纲要》】将包括研学旅行在内的综合实践活动纳入中小学必修课程，极大地促进了研学旅行实践教育发展。

图 1.1　研学旅行发展相关政策（1）

年至 10 年随着研学旅行的学校渗透率攀升,研学旅行的总体市场规模有望突破千亿元①,发展空间与潜力巨大。

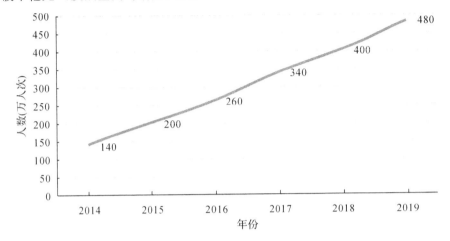

数据来源:前瞻产业研究院

图 1.4　2014—2019 年中国研学旅行人数

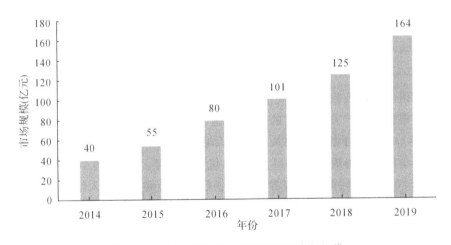

图 1.5　2014—2019 年中国研学旅行市场规模

(三)研学旅行市场主体逐渐发展壮大

研学旅行政策纷纷落地和产业市场规模不断增加激发了供给侧的热情,

---

① 何莽,彭菲,杜洁,沈山,崔永伟.康养蓝皮书:中国康养产业发展报告(2021)[M].北京:社会科学文献出版社,2022:102-104.

教育机构、旅行社、咨询机构以及诸多非营利组织争相抢滩市场(图1.6),越来越多的机构、资金和人才涌入研学服务领域,研学旅行发展也日趋活跃。2020年1月,人民日报社联合中华儿童文化艺术促进会、人民文旅智库共同发布的《中国研学旅行发展白皮书2019》显示:2019年7300多家企业参与了研学旅行业务,头部企业世纪明德研学旅行业务营收已近5亿元;截至2020年8月底,教育部公布了581个中小学生研学实践教育基地(表1.1),地方教育局公布的基地有1105个,全国中小学生研学实践教育营地(含教育部和地方教育局公布的数据)总计有177个。

图 1.6　研学旅行企业的主要类型

表 1.1　国家级研学旅行基地空间结构①　　　　　　(单位:%)

类型	东北地区	华北地区	华东地区	华中地区	华南地区	西南地区	西北地区
国防军事类	3.13	5.51	3.42	1.75	1.92	1.39	3.17
科普教育类	18.75	35.43	33.56	31.58	44.23	29.17	15.87
文化遗址类	1.56	2.36	8.23	17.54	7.69	6.94	6.35
科研机构类	7.81	9.45	4.79	3.51	5.77	4.17	3.17
文博院馆类	26.56	21.26	14.38	24.57	17.31	19.44	30.16
古村古镇类	1.56	2.36	4.11	0.00	1.92	1.39	6.35
民族艺术类	1.56	6.30	0.68	1.75	5.77	1.39	0.00
红色旅游类	15.63	11.02	15.07	14.04	11.54	9.72	12.70
综合实践基地	15.63	2.36	10.27	1.75	3.85	12.50	1.59
青少年活动中心	7.81	3.95	5.49	3.51	0.00	13.89	20.64

注:不含港澳台数据。

　　即便受到新冠疫情的冲击和影响,研学旅行企业还是得到了跨越式发展,2021年研学旅行企业数量已猛增至31699家。② 与此同时,全国的研学旅行

---

　　① 吴儒练,李洪义,田逢军.中国国家级研学旅行基地空间分布及其影响因素[J].地理科学,2021,41(7):1139-1148.

　　② 数据来源于2021年11月中国旅游研究院发布的《2021中国研学旅行发展报告》。

基地、营地数量也呈现快速增长的态势。^① 可以看到,自 2016 年以来,业务涵盖研学旅行的市场主体和国、省、市、区级研学旅行基(营)地的数量每年都呈现了极其显著的增长,研学旅行市场主体正在日渐发展壮大。

（四）研学旅行需求不断激发和释放

从 2011—2022 年研学相关的关键词搜索趋势来看(图 1.7),网民对研学的关注度在 2018 年发生较为显著提升。新冠疫情发生后,由于受到旅行限制、出行减少、集体活动受限等因素影响,研学的网络关注度呈现出较大幅度的波动,但整体来看,研学还是保持了一个较高的受关注水平。从网络搜索量信息来观测研学旅行的时间分布特征可以发现,3、4、6、7、8 月是研学旺季,5、9 月为研学平季,1、2、10、11、12 月为研学的淡季,研学旅行存在着较为显著的季节性差异;从空间分布特征来看,研学旅行在东部沿海以及中部省份受关注较多,而在东北、西北和西南地区相对较少。^②

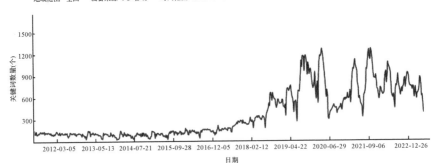

图 1.7　2011—2022 年研学旅行相关关键词搜索趋势

新冠疫情发生以来,观光旅游出行大幅度减少,但以研学旅游为代表的文化旅游需求却呈现出韧性较强且恢复较快的特征。^③ 研学旅行的逆势发展为疫情常态化背景下受到严重冲击的旅游业注入了新活力^④,并成为旅游业在

① 黄玉莹.研学旅行行业发展困境及优化策略[J].当代旅游,2022,20(6):62-64.
② 张慧雾,余正勇,陈兴,李巧凤.研学旅游网络关注度时空差异及影响因素研究[J].河南科学,2022,40(11):1884-1892.
③ 桂茜.名人故(旧)居细分视域下地方故居旅游发展研究[J].旅游纵览,2022(21):83-86.
④ 李田田.政策文本分析视角下研学旅行政策的演进历程[J].教学与管理,2023(6):27-31.

困境之中极为难得的一个新增长点①。在文旅融合发展背景下,研学旅游在丰富游客选择与体验、提升旅游消费与品质上发挥了重要作用,其在激发旅游新业态需求的同时,亦有效增加了新投资与新供给。②③

当下,旅游消费已经逐渐向本地化与近程化方向发展,旅游场景赋予的内容体验以及意义生成越来越受到重视,而本土化文旅资源的开发利用既是研学旅行课程地方性的重要体现,更是研学旅行课程实施可行性的重要保障。④⑤ 因此,研学旅行契合了旅游和教育发展的内在要求,有着与生俱来的市场吸引力。相关数据显示,95%的中小学生喜爱参与研学旅行⑥,而中国旅游研究院的调查数据则显示,八成左右受调查者表示出对研学旅行的兴趣,能接受研学人均花费 3000~10000 元的人占比可达 88%⑦。但从全国来看,研学旅行的学校参与率平均不到四成⑧,未来研学旅行市场需求潜力巨大。再从家庭研学出行数据来看,诸多在线旅游平台(OTA)的研报均显示研学旅行正在摆脱疫情影响,呈现强劲复苏态势,研学旅行需求正在不断被激发和加速释放,研学旅行已然成为旅游界的新蓝海。

二、研学旅行人才培养面临挑战

在政策、市场、供给、需求等多方面因素作用下,研学旅行教育随之兴起。2019 年,研学旅行管理与服务专业众望所归地列入了《普通高等学校高等职业教育(专科)专业目录》,成为当年高职旅游大类增补的两个专业之一。⑨ 在专业介绍中,明确了研学旅行管理与服务专业主要面向旅行社、文博场馆、旅

① 李秀中.“新十条”松绑跨区流动 地方抢抓岁末消费流量旺季[N].第一财经日报,2022-12-09(A07).
② 喻峰.关于研学旅行中主客体的定位思考[J].旅游纵览(下半月),2018(20):222-223.
③ 邹开敏,庄伟光.常态化疫情防控下提振旅游消费的路径探究[J].中国国情国力,2022(10):10-13.
④ 刘俊,周碧蕾.“旅游+教育”的核心意涵和实践路径[J].旅游学刊,2022,37(11):1-3.
⑤ 曹华盛,周春燕.论中小学生研学旅行课程体系构建[J].教育理论与实践,2020,40(8):35-38.
⑥ 钟林凤,谭净.研学旅行的价值与体系构建[J].教学与管理,2017(31):30-33.
⑦ 史一棋,白春阳.博物馆研学旅行如何规范[N].人民日报,2018-08-30(19).
⑧ 数据来源于教育部教育发展研究中心研学旅行研究所在 2018 年对 31 个省区市 4000 多所学校、3.3 万名家长所开展的随机抽样调查结果。
⑨ 当年增补的另一个隶属于旅游大类的专业是葡萄酒营销与服务专业,非旅游大类的专业增补了 7 个。

行景区(点)、研学旅行营地(基地)以及公共文化场馆等企事业单位从事课程开发、线路设计、策划咨询、开发运营等工作的培养目标。2020 年,32 所高职院校正式开展了研学旅行管理与服务专业的招生培养(表 1.2),从院校特点来看,旅游职业院校在首批开设研学旅行管理与服务专业的院校中占比较大。

表 1.2　2020 年首批开设研学旅行管理与服务专业的高职院校①

省份	专业代码	学校代码	学校名称	年限
安徽省	640107	4134013341	安徽中澳科技职业学院	3
北京市	640107	4111014073	北京经济管理职业学院	3
福建省	640107	4135013772	湄洲湾职业技术学院	3
广东省	640107	4144013927	广州华南商贸职业学院	3
广东省	640107	4144014509	广东生态工程职业学院	3
广东省	640107	4144013718	惠州经济职业技术学院	3
广东省	640107	4144013721	广东工商职业技术大学	3
广西壮族自治区	640107	4145014574	广西蓝天航空职业学院	3
贵州省	640107	4152013818	贵州轻工职业技术学院	3
贵州省	640107	4152014616	贵州经贸职业技术学院	3
海南省	640107	4146013575	海南软件职业技术学院	3
海南省	640107	4146014612	三亚中瑞酒店管理职业学院	3
河北省	640107	4113012887	河北旅游职业学院	3
河南省	640107	4241050709	平顶山职业技术学院	3
河南省	640107	4141013791	郑州旅游职业学院	3
黑龙江省	640107	4123013729	黑龙江旅游职业技术学院	3
湖北省	640107	4142014258	三峡旅游职业技术学院	3
湖南省	640107	4143014309	湖南高尔夫旅游职业学院	3

---

① 数据来源于教育部网站,同年另有一所专科院校(成都纺织高等专科学校)也开设了研学旅行管理与服务专业,未统计在本表中。

续表

省份	专业代码	学校代码	学校名称	年限
江西省	640107	4136013422	江西外语外贸职业学院	3
江西省	640107	4136014167	江西枫林涉外经贸职业学院	3
江西省	640107	4136012932	江西旅游商贸职业学院	3
内蒙古自治区	640107	4115012443	兴安职业技术学院	3
内蒙古自治区	640107	4115012674	内蒙古机电职业技术学院	3
青海省	640107	4163014519	西宁城市职业技术学院	3
山东省	640107	4137012844	山东力明科技职业学院	3
四川省	640107	4151014043	四川文化艺术学院	3
四川省	640107	4151014086	四川文化产业职业学院	3
四川省	640107	4151013670	成都信息工程大学 银杏酒店管理学院	3
四川省	640107	4151013816	四川工业科技学院	3
四川省	640107	4151012639	南充职业技术学院	3
浙江省	640107	4133012867	浙江旅游职业学院	3
浙江省	640107	4133013026	杭州科技职业技术学院	3

由教育部教育发展研究中心研学旅行研究所组织开展的全国中小学生研学旅行状况调查显示,在研学活动课程开发上,约有三分之一的学校感到经验与信心不足,对擅长于单门学科教育的广大中小学教师而言,在户外真实复杂环境中开展教育活动和安排吃住行等旅游环节方面存在着难点。对旅游业包括导游在内的从业人员而言,在课程标准与设计、教育理念与教学方法、学生认知和成长规律等方面又存在着先天的短板,如果说导游人员扮演好生活老师或后勤人员的角色问题不大,但带领研学者以游助学、拓展学科相关知识方面力量明显有限。

（一）行业快速发展给人才供给的数量和质量带来挑战

《中国研学旅行发展白皮书 2019》指出,我国的研学旅行已经进入了加速发展阶段,成为新阶段推动文旅与教育事业高质量融合发展的重要抓手。国内研学旅行行业井喷式发展受益于自下而上的市场力量和自上而下的行政力量。但时至今日,2020 年首招的研学旅行管理与服务专业人才仍尚在培育的褓褓之中,专业人才的供给已经远远滞后于行业的快速发展。[①②] 从院校数量上看,2020 年全国 32 所高职院校开设了研学旅行管理与服务专业,2021 年这一数量快速增长至 82 所,及至 2022 年,开设该专业的院校为 93 所,这一数据与业内专家所预测的 2022 年将有超 200 所院校相去甚远。从在校学生数量来看,目前浙江旅游职业学院、湄洲湾职业技术学院和三峡旅游职业技术学院等多家研学旅行院校每届招生人数突破了 100 人,但对大多数"试水"本专业的院校而言,其招生数量通常是 50～100 人(1～2 个教学班级)。这也意味着,专业开设三年来,研学旅行管理与服务专业在校学生数或不足 2 万人[③],未来每年能够为行业输送的专业对口人才仅有寥寥数千人,这与行业已有并仍在快速增长的研学企业数量不相匹配。研学人才质量直接影响着研学旅行的价值发挥[④],但从现有情况来看,研学旅行行业的从业人才均是其他专业、其他行业转化而来[⑤],且行业在人才质量评价和高质量人才培养上仍处于探索期,这使院校对标开展人才培养出现障碍。因此,进一步明确行业人才需求状况和人才需求规格,这对于增强院校人才供给信心和提高人才供给质量至关重要。

(二)教育与旅游的融合带来跨界整合培养人才的挑战

研学旅行是教育与旅游的融合体。[⑥] 研学旅行有着与生俱来的教育属性,体验式教育与研究性学习是研学旅行最为显著的特征之一,其在不同社会都是一种备受肯定的育人方式。[⑦⑧] 中小学生的研学旅行更是被寄予素质教

① 刘俊,周彤昕.利益相关者视角下研学旅行行业发展的内在张力[J].旅游科学,2020,34(4):56-69.

② 杨崇君,杨谷子,杨琨.湖北研学旅行发展:现状、问题与对策[J].武汉商学院学报,2022,36(6):5-10.

③ 以每院校平均招生 2 个班、每班 50 人估算,2020—2022 年三年共招生 414 个班级,约 20700人.

④ 翟孝娜.基于研学产业人才需求分析的高职旅游人才培养模式研究[J].齐齐哈尔师范高等专科学校学报,2022(5):37-40.

⑤ 史玉丁,姚平,姚永昌.基于供需分析的我国研学旅行从业人才素养提升路径探索[J].教育理论与实践,2021,41(23):28-31.

⑥ 李田田.政策文本分析视角下研学旅行政策的演进历程[J].教学与管理,2023(6):27-31.

⑦ 白长虹,王红玉.以优势行动价值看待研学旅游[J].南开学报(哲学社会科学版),2017(1):151-159.

⑧ 陈东军,杨定,谢红彬.研学旅游服务能力评价体系构建与实证研究[J].世界地理研究,2022,31(2):428-439.

育的重任,除了道德养成外,其还承载着青少年实践能力和创新精神培养的重任。[1][2] 与此同时,研学旅行作为一种新的旅游形态,其也有着天然的旅游属性,从全球不同国家的政策来看,研学旅行的旅游属性当下也越来越受到重视。[3] 兼具旅游属性和教育属性的研学旅行被赋予文旅深度融合的厚望[4],这对研学旅行人才提出了复合型的挑战。当前,研学旅行人才在供需数量和结构上存在突出矛盾,各类短平快的培训班仅能适应基础岗位对技能的需求[5],从业人员尤其是研学导师在素养上呈现出了教育与旅游属性的割离[6],或是轻教育重休闲,或是偏讲解轻体验,游育结合仍任重而道远。研学旅行本可以让传统旅游的教育、文化和社会功能更好地延伸[7],但是如缺乏人才对旅行过程中的交流、互动与体验进行设计与管理,就难以有效实现原有的育人初衷。如何让研学人才从分裂的教育与旅游知识中练就融合技能,是应对教育与旅游融合带来跨界整合培养人才的挑战所必须面对的。

（三）传统旅游类人才培养模式影响下的路径依赖隐忧

截至当前,虽然研学旅行管理与服务专业的首届毕业生仍未正式走上工作岗位,但从开设该专业的诸多院校的人才培养方案和已经在实习岗位的毕业班学生反馈来看[8],研学旅行管理与服务专业的人才培养已初现隐忧。从院校的人才培养方案来看,由于同属于旅游大类专业,许多院校研学旅行管理与服务专业的人才培养方案大多是在本校已开设的旅游管理、导游等专业基础上"打磨"而成,通过加入几门教育学课程和研学旅行的专业课程,新瓶装旧酒便谋划了人才培养的框架,对研学旅行人才应具有的教育和旅游知识、技能和素质未有统筹和融合思考,对什么课程应当开设、课程什么时候开设和如何

① 陈晓琴,齐勇军,彭亚南.常州市中小学生研学旅行的发展路径研究[J].经济研究导刊,2020(33):130-132.

② 王雨露.研学旅行课程的内容性质、框架与组织策略[J].教育探索,2019(2):56-59.

③ 严梓溢,沈世伟.研学旅行研究的中外发展新趋势[J].生产力研究,2021(6):76-81.

④ 卢兰凤.粤港澳大湾区青少年研学旅行与文化认同共生机制的建构路径解析[J].广东开放大学学报,2021,30(4):28-32.

⑤ 莫明星.研学旅行管理与服务专业综合实践育人体系构建[J].教育观察,2022,11(14):5-9.

⑥ 赵超越,伍嘉茵,徐嘉剑,严佳静,刘战慧.产教融合视角下研学旅行发展研究[J].合作经济与科技,2021(13):17-19.

⑦ 吴巧凌,汤宁滔,李咪咪.香港青少年国家认同与研学旅行(3)[J].旅游学刊,2022,37(11):9-11.

⑧ 多数高职院校的人才培养方案都规定了半年到一年的顶岗实习(见习)期,目前首届入学的研学旅行管理与服务专业的学生正处于实习培养阶段。

开展课程实施等问题考虑仍不够深入。必须认识到,现有包括旅游管理、导游等旅游大类专业的人才培养模式已不能满足高质量研学旅行人才培养的现实需要①,如何跳出原有旅游院校、旅游院系办旅游的窠臼,加强与教育学科、教育部门的沟通和融合,积极回应研学旅行基(营)地及其他各类研学旅行企业的现实人才需求,走教旅融合的研学旅行创新人才培养之路,是摆脱传统旅游类人才培养模式影响下已然形成的路径依赖所需要努力的方向。

第二节 研究设计与研究特色

一、选题背景与研究意义

(一)选题背景

研学旅行是教育与旅游相互融合的产物,作为一种创新性的教育和人才培养方式,研学旅行在培养参与者探究精神和实践能力上颇具功效。研学旅行亦是一种历史十分悠久的旅游形式,在国内数以亿计的适龄人口面前,其呈现出极其乐观的发展前景,这也为高职研学旅行管理与服务专业办学带来了广阔空间。在近代,国内修学旅行的实践以陶行知和"新安旅行团"为主要代表②,20世纪30年代陶行知组织修学旅行实践,探索足迹遍布诸多大中城市,针对民国教育体制提出了"修学旅行,旅行为增长知识,扩大眼界之教育方法",开创了修学旅行之先河③,其提出的生活教育论和知行合一的思想乃是现代研学旅行重要的思想源泉和理论依据之一。陶行知不仅与研学旅行渊源密切,其生利主义的职业教育思想对当今高职研学旅行人才培养同样具有十分重要的现实指导意义。

当前高职研学旅行人才培养辨识度不高的问题较为突出——不少院校在培养设计上与旅游管理、导游等旅游类专业人才培养方案有着孪生性,且培养

---

① 刘加凤."1+X"证书制度下研学旅行专业人才培养研究[J].湖州职业技术学院学报,2022,20(3):12-16.
② 宋靓雯,刘璐.核心素养背景下体育研学旅行的价值意蕴与实践路径研究[J].福建体育科技,2020,39(6):18-20+30.
③ 杜治华."体育+"视域下我国体育研学旅行的运作机制探讨[J].广州体育学院学报,2019,39(4):53-56.

目标还存在着一定的供需错位的问题。解决上述问题必须从改革研学旅行人才培养模式入手,但是,研学旅行管理与服务专业设立仅有寥寥数年,作为一个新兴专业,如何设置人才培养模式从而能更好地满足研学行业对高素质人才的需求本身就是一个难点。[①] 陶行知生利主义职业教育思想,围绕着职业教育的内涵、目的、师资、学生、设备环境、课程设计、教学模式与方法等方面进行了详细的分析与论述,细致入微,可操作性强,对研学旅行管理与服务专业的职业教育有着极强的指导意义。

杭州科技职业技术学院作为浙江省最早开设研学旅行管理与服务专业的两所高职院校之一[②],其与陶行知教育思想渊源深厚——陶行知于 1928 年指导创办的湘湖师范学校是其极为重要的办学渊源,为传承与实践陶行知职业教育思想,学校在富阳高桥主校区还兴建了国内五大陶馆之一——杭州陶行知研究馆,与安徽、上海、重庆以及南京的陶行知纪念馆并列。自学校建立以来,就以创新传承陶行知职业教育思想培养高素质技能型高职人才为己任,构建了"'职业能力与职业素养并重、基础理论与技术技能并重、校内教学与校外实践并重、第一课堂与第二课堂并重'的'四并重'高素质技术技能人才培养体系"[③]。学校开展研学旅行管理与服务专业办学,在陶行知职业教育思想指导下,亦传承和开展了诸多育人实践,对本章首提出的研学育人"三问"做出了一定的应答,可供同行咨鉴。

(二)研究意义

1. 积极回应了研学旅行行业的人才培养期待

当前,研学行业正进入增长爆发期,人才供需矛盾已经凸显,研学旅行基(营)地及其他研学企业的人才需求缺口呈现出放大趋势。研学旅行从业者大多是旅游从业人员或教辅培训人员未经系统培训考核转行而来[④],人才质量水平参差不齐,这不仅影响了研学参与的效果和研学者的满意度,从长远来看,其还将对行业的健康可持续发展产生严重制约。开展高职研学旅行人才培养模式研究,探索高质量研学旅行人才培养的路径与方法,既是高职院校接

---

① 邵新娟、杨更生、李秀花、曹相东.校企合作下研学旅行管理与服务专业培养模式研究[J].教育教学论坛,2021(34):26-29.

② 浙江省首批开设研学旅行管理与服务专业的另一所高职院校是浙江旅游职业学院。

③ 谢列卫.杭州科技职业技术学院:承陶行知"生活教育"学说 育当代高职人才[N].2021-10-22(8).

④ 莫明星、黄飘.南宁市中小学研学旅行发展对策研究[J].教育观察,2022,11(5):5-9.

轨社会需求开放办学的需要,更是对行业对研学旅行师资数量迫切需求的积极回应。

2. 有力传承和践行了陶行知的职业教育思想

陶行知职业教育思想不仅为近代中国的职业教育提供了指导,其也能在培养目标、师资建设、资源设备、教育课程、学生需求等多方面为当代高等职业教育提供有力启示。[①] 作为陶行知生活教育理论重要组成的生利主义职业教育思想当下仍具有积极的现实价值,亦能对高职研学旅行专业人才培养提供有力的理论指导。杭州科技职业技术学院旅游管理学院开设了三个旅游大类的专业,自办学以来积极探索并实践陶行知先生的职业教育思想,取得了一定的成果。开展生利主义视域下的高职研学旅行人才培养模式研究,既是对本书作者所在高校培养生利的研学旅行特色人才的经验总结,也是研究和深化、传承和弘扬陶行知职业教育思想的着力之举。

3. 丰富了高职人才培养模式改革的理论研究

本书在对陶行知生利主义职业教育思想深入研究的基础上,以研学旅行管理与服务专业人才培养为研究对象,基于前15所研学旅行管理与服务专业高职院校人才培养实践以及研学旅行招聘大数据信息和重点研学旅行基(营)地人才调研,总结、提炼、提升和完善研学旅行人才培养的思路、模式、路径、方法与对策,构建起基于陶行知生利主义职业教育思想的人才培养模式改革实践框架,在丰富高职研学旅行人才培养理论研究的同时,也进一步探索和阐释了陶行知职业教育思想在当代应用的可行模式与实践路径。与此同时,研究成果对研学旅行兄弟院校、高职旅游大类其他专业的人才培养模式改革也具有一定的参考价值,亦进一步丰富了高职人才培养模式改革的理论研究。

二、基本思路与主要内容

研究从研学旅行、研学旅行教育与陶行知生利主义职业教育思想解读入手,基于前15所研学旅行管理与服务专业高职院校人才培养方案的解构[②]、主流在线招聘平台的研学旅行招聘大数据分析以及样本区域研学旅行基(营)地发展和人才需求的调查研究,提出了基于生利主义职业教育思想的高职研学旅行人才培养模式与改革对策。研究对高职研学旅行管理与服务专业建设

---

① 申国昌,郑腾.陶行知的职业教育思想及其当代价值[J].职业技术教育,2022,43(27):67-75.
② 按照"金平果排行榜"(又称"中评榜")的排名确定前15所研学旅行管理与服务专业高职院校。

的理念、思路、模式、路径、方法与对策进行了探讨,为推动高职研学旅行人才培养模式改革、弘扬陶行知生利主义职业教育思想做出了努力,也为高职人才培养模式改革研究提供了新案例、新思考与新成果。

研究分为六个部分。

第一章为绪论。本章从研学旅行行业在新阶段发展面临的环境入手,分析了研学旅行人才培养的必要性和紧迫性,同时提出了研学旅行人才培养中必须直面的"三问",并进一步阐明了本书研究的背景与意义、思路与内容、方法与创新。

第二章为研学旅行教育与陶行知职业教育思想解读。通过文献研究、CiteSpace 文献计量分析等方法系统梳理本书所涉及的核心概念、核心理论以及研究现状和研究趋势,用适合的篇幅对所要研究的问题进行概览式探究,并为后续研究奠定坚实的理论基础。

第三章是高职研学旅行管理与服务专业人才培养方案的比较分析。通过文本分析、词频统计等方法,对前 15 所研学旅行管理与服务专业高职院校的人才培养方案进行了剖析,从人才培养定位、主要课程与实践教学、职业技能证书三个方面对这些具有代表性的高职研学院校人才培养方案进行了解构。

第四章和第五章是两个专题研究。第四章采用了大数据爬虫技术(Web Scraper),基于两个主流在线招聘平台的研学旅行招聘大数据分析,明确了当前研学旅行人才的需求状况和需求企业的总体特征,同时采用统计分析与计量分析的方法,探讨了学历水平、工作经验和研学旅行人才薪资水平的关系。第五章采用了问卷分析、深入访谈的方法,对选定的样本区域开展了研学旅行基(营)地发展和人才需求的调研,结合全国及地方有关研学旅行基(营)地行业标准的相关信息,借助统计分析、文本分析、词频分析的方法,初步掌握了研学旅行基(营)地人才需求的岗位状况和规格要求。

第六章为对策建议。以陶行知生利主义职业教育思想为指导,辅以杭州科技职业技术学院研学旅行人才培养的实践借鉴,采用演化博弈、模型建构、案例分析等研究方法,本部分从高职研学旅行管理与服务专业的目标定位、师资、课程、校企合作等多方面提出人才培养模式改革和完善的建议与对策,最终建构起生利导向的人才培养棱锥模型,并基于陶行知生利主义职业教育思想展示了高职研学旅行人才培养的行动路径。

三、研究方法与研究特色

（一）研究方法

1. 文献分析与案例研究

本书充分利用已有各类文献资料,对研学旅行人才培养和陶行知生利主义职业教育思想的研究进展进行了系统梳理,并将文献研究的方法贯穿整个研究过程;同时,本书以前 15 所研学旅行管理与服务专业高职院校的人才培养模式为研究对象,借助文本挖掘和分析(词频统计),发现问题,总结经验,提炼对策,并以作者所在院校办学实际为案例,从特殊到一般,构建生利的研学旅行人才培养模式。

2. 大数据分析与调查研究

通过对主流在线招聘网站招聘大数据的挖掘,研究对当前研学旅行企业的主体特征和人才需求状况进行了整体把握,为后续人才培养模式改革中的培养目标和方向设定、课程和教学优化等提供了有力支持;此外,本书研究过程中还开展了样本区域的研学旅行基(营)地发展与人才需求的专项调研(含问卷调查和深入访谈),明确了这一类别主体的发展特征、趋势和人才需求,为完善人才培养模式中的职业面向及培养规格提供了有益参考。

3. 统计分析与计量分析

研究对通过调研或文献获得的数据进行了统计分析,从而更好地揭示研学旅行人才需求的差异特征,同时,结合计量分析的方法研究了研学旅行人才薪酬水平的影响因素,重点探讨了学历水平、工作经验和薪资水平的关系,为院校研学旅行人才培养和学生谋划职业成长提供了一定的决策参考。

整体而言,本书在综合使用上述研究方法的同时,也融入了管理和经济、教育与旅游的多种质化或量化研究方法,以尽可能地提升相关研究结论的可靠性与价值性。

（二）研究特色

研学旅行人才培养模式改革本身是一件极为复杂的系统工程,其涉及理念、方法以及资源配置等诸多方面。专业人才是研学旅行行业发展和壮大的支撑,如何培养综合素质与专业技能兼备的高素质研学人才,以满足行业不断发展的人才需求,是高职院校研学旅行人才培养改革必须回应的核心挑战。本书在探索和解决上述问题时,主要形成了以下三个方面的研究特色。

1. 以陶行知生利主义职业教育思想为理论指导；
2. 点面结合的案例研究提供了经验参考与借鉴；
3. 基于大数据分析去除判断偏倚，提升了置信度。

第二章　研学旅行教育与生利主义
职业教育思想

第一节　研学旅行与研学旅行人才培养

一、研学旅行概念与内涵

　　研学旅行,又常被称为研学旅游、修学旅游、教育旅游、游学等。长期以来,其概念表述在学术界和实务界并未得到有效统一,直至 2013 年《国民旅游休闲纲要(2013—2020 年)》中首次正名为研学旅行。教育部 2014 年在《关于进一步做好中小学生研学旅行实验区工作的通知》中界定了研学旅行,表述如下:"面向全体中小学生,由学校组织安排,以培养中小学生的生活技能、集体观念、创新精神和实践能力为目标,通过集体旅行、集中食宿的方式开展的一种普及性教育活动。"[①]可以看到,我国从行政层面所定义的研学旅行与日本相似,但与欧美国家不同,中国的研学旅行通常更多是指向学校教育的延伸(图 2.1)。[②]

　　国外学术界对研学旅行的称呼较为多样,包括旅游式学习(touristic learning)、教育旅游(educational tourism)、大游学(the grand tour)、学习旅行(learning travel)、户外教育(outdoor education)、营地教育(camping

---

　　① 王倩云.高中地理教育中的研学旅行研究[D].芜湖:安徽师范大学,2016.
　　② 袁振杰,谢宇琳,何兆聪.主体、知识和地方:一个研学旅行研究的探索性理论框架[J].旅游学刊,2022,37(11):14-26.

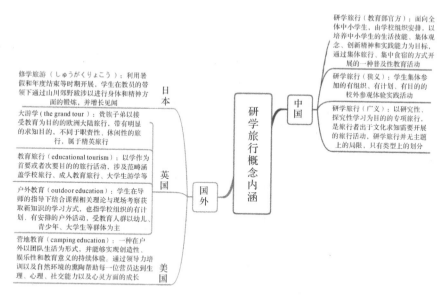

图 2.1　中、日、英、美研学旅行概念内涵对比

education)、实地考察旅行(field trip)、修学旅游(study tour)等。①② 从狭义上看,研学旅行被视为中小学生为主体的知识学习、经验增长为目的的一种旅行教育,而在广义上,研学旅行则泛指所有出于研究性、探究性文化求知需求而开展的旅游活动。③④⑤

　　从全国及省级相关标准中的研学旅行概念界定来看(图 2.2),对研学旅行概念的界定呈现以下几个方面的内涵特点:第一,在研学旅行的对象上,国家旅游局在 2016 年 12 月发布的《研学旅行服务规范》中将中小学生视为研学旅行的主体,安徽省、河北省、吉林省等国内绝大多数已出台研学旅行相关地方标准的省份与其保持了完全一致,但是,也有部分省份对研学旅行的服务对象进行了外延拓展——从更广视角看待研学旅行的参与者,如江西省和辽宁

　　①　白长虹,王红玉.旅游式学习:理论回顾与研究议程[J].南开管理评论,2018,21(2):192-198+209.

　　②　武晓玮.国外研学旅行理论研究综述[J].湖北理工学院学报(人文社会科学版),2019,36(5):12-17.

　　③　刘璐,曾素林.中小学研学旅行研究进展与反思[J].教育探索,2018(1):8-12.

　　④　陈东军,谢红彬.我国研学旅游发展与研究进展[J].世界地理研究,2020,29(3):598-607.

　　⑤　任唤麟,马小桐.培根旅游观及其对研学旅游的启示[J].旅游学刊,2018,33(9):145-150.

全国及省级相关标准中的研学旅行概念界定

【国家旅游局】研学旅行（Study Travel）是以中小学生为主体对象，以集体旅行生活为载体，以提升学生素质为教学目的，依托旅游吸引物等社会资源，进行体验式教育和研究性学习的一种教育旅游活动。

【安徽省】研学旅行（Study Travel）是以全体中小学生为主体对象，以培养中小学生的生活技能、集体观念、创新精神、实践能力为目标，由学校组织安排，通过集体旅行、集中食宿的方式开展的一种普及性教育活动。研学旅行旨在加强和改进未成年人思想道德建设、推动学校教育和社会实践相结合、全面推进素质教育，重点突出全员参与、集体活动、走出校园、实践体验。

【河北省】研学旅行（Study Travel）是由教育部门和学校有计划地组织中小学生，通过集体旅行、集中食宿方式开展的学习和体验相结合的校外教育活动。

【湖南省】研学旅游（Educational Tourism）是研学者以提升综合素养为目的，前往研学场所，开展集研究性学习、实践性教育、文化性体验等为一体的旅行教育活动.

【吉林省】研学旅行（Study Tour）是以中小学生为主体对象，由教育部门和学校组织安排，通过集体旅行、集中食宿方式开展的研究性学习和旅行体验相结合的校外教育活动，是学校教育和校外教育衔接的创新形式，是教育教学的重要内容，是综合实践育人的有效途径。

【江苏省】研学旅游（Study Tourism）是依托各类文化和旅游资源及设施，以促进人的全面发展、坚定文化自信为目标，围绕提升旅游者综合素养和旅游体验质量而开展的旅游实践活动。

【江西省】研学旅行（Study Travel）是由教育部门和学校有计划地组织安排，通过集体旅行、集中食宿方式开展的研究性学习和旅行体验相结合的校外教育活动，是学校教育和校外教育衔接的创新形式，是教育教学的重要内容，是综合实践育人的有效途径。如果研学过程中合理地安排了劳动时间和内容，也可以纳入中小学劳动教育范畴。

【辽宁省】研学旅行（Study Travel）是以学生为主体对象，以集体旅行生活为载体，以提升学生素质为教学目的，依托旅游吸引物等社会资源，进行体验式教育和研究性学习的一种教育旅游活动。

【山西省】研学旅行是以中小学生为主体对象，以集体旅行生活为载体，以提升学生素质为教学目的，依托旅游吸引物等社会资源，进行体验式教育和研究性学习的一种教育旅游活动。

【上海市】研学旅行（Study Travel）是以中小学生为主体对象，以集体旅行生活为载体，以综合实践育人为目的，开展的研究性学习和旅行体验相结合的活动。

【四川省】研学旅行（Study Travel）是以中小学生为主体对象，以集体旅行生活为载体，以提升学生素质为教学目的，依托旅游吸引物等社会资源，进行体验式教育和研究性学习的一种教育旅游活动。

【重庆市】研学旅行（Study Travel）是以中小学生为主体对象，以集体旅行生活为载体，以提升学生素质为教学目的，依托旅游吸引物等社会资源，进行体验式教育和研究性学习的一种教育旅游活动。

图 2.2　全国及省级相关标准中的研学旅行概念界定

省将研学旅行参与对象扩展到所有学生群体,并未明确特指中小学生群体,而湖南省和江苏省则从广义研学旅行的视角界定研学旅行的参与群体,从而使研学旅行参与者的潜在规模有了极大扩充。第二,在研学旅行的目的上,研学旅行"提升学生素质和综合素养,培养中小学生的生活技能、创新精神、集体观念和实践能力,促进人的全面发展、坚定文化自信"的综合实践育人目的得到一致的认同。第三,在研学旅行的载体上,主要依托的是文化旅游吸引物等社会资源。第四,在研学旅行的组织方式上,大部分标准认为研学旅行计划组织由教育部门和学校负责,并以集体旅行、集中食宿的方式开展。第五,在研学旅行的性质上,国家旅游局及多数省份将研学旅行视为一种教育旅游活动,但也有部分省份地方标准的界定存在一些差异,如安徽省、河北省、吉林省等认为其是一种教育活动,湖南省认为是一种旅行教育活动,江苏省认为是一种旅游实践活动。

　　整体来看,国内各地对研学旅行的理解既有共识也还存在着一些差异,参考已有相关研究,本书将研学旅行作了如下界定:研学旅行是面向包括中小学在内的各类参与者,依托文化和旅游吸引物资源,以提升创新精神、实践能力和综合素质,促进人的全面发展为目的,有组织的、集中食宿、集体旅行的一种教育旅游活动。从类型上看,上述概念是一种广义上的研学旅行界定,其关注了当前占据主流的由教育系统所组织的中小学生研学活动,但也对未来家庭及个人为参与主体的多样化研学活动给予了前瞻性关照。

　　研学旅行具有特定的作用和功能,其可为参与者带来积极的结果,图 2.3 显示了研学旅行的角色和功能、教育影响和社会文化影响。

二、研学旅行教育研究述评

　　研学旅行教育首先包含了借助研学活动育人的问题,旅行和休闲促进自由选择学习的机会早已为学者所关注(表 2.1)。[①] 但另一方面,研学旅行教育也有如何为研学旅行行业培养人的问题。需要申明的是,本书关于研学旅行人才培养的探讨聚焦于后者。

---

　　① Falk J H, Ballantyne R, Packer J, et al. Travel and learning: A neglected tourism research area[J]. Annals of Tourism Research, 2012, 39(2): 908-927.

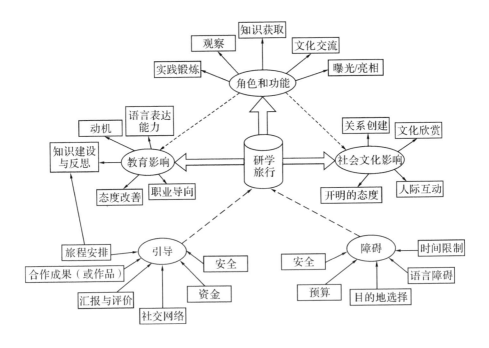

图 2.3 研学旅行的作用和功能①

表 2.1 旅游中的学习类型

	被动学习	主动学习
实践技能	附带发展通用技能和技术(例如沟通,组织,解决问题,导航)	积极寻求控制和掌握身体或认知技能(例如学习高尔夫、帆船、摄影)
知识	偶然和自发地获取知识(例如偶然了解地点、环境和物种)	有意识地寻找知识和理解(例如,有意识地了解地点、环境和物种)
实践智慧	通过接触各种情况和环境(例如自我意识、社会和文化意识)积累"生活经验"	积极追求美好和有道德的生活(例如,有意识地学习可持续和道德的行为及文化观点)

(一)国外研学旅行教育研究述评

旅游业直到 20 世纪 60 年代中期才开始广泛地出现在高等教育的学术目

---

① Chau S. Antecedents and outcomes of educational travel in higher education[J]. Journal of Hospitality, Leisure, Sport & Tourism Education,2021(29):100331.

录之中[1],而旅游教育则至今也仅有 50 多年的历史[2],研究多聚焦于课程设置、教育理念、学科内容和教学策略等诸多方面。Airey 指出,早期的大多数旅游课程都是由教育者设计的(受他们个人偏见的影响),很少/没有来自产业界的声音[3],但实际上,利益相关者参与课程规划和开发是相当关键的,因为它对整体旅游教育有重要影响。[4] Arey 和 Johnson 经过研究后得出结论,旅游学位的课程目标基本上以职业和商业为导向,其核心知识体系包括了旅游业的意义和性质、产业结构、旅游业的维度和衡量问题、旅游业的意义和影响、旅游业的营销、旅游业的规划和发展以及旅游政策与管理七个方面。[5]Jameson-Charles 则提出了行业就业所需的技能,包括旅游专项技能、人力交往能力、基本技能、思维能力和个人素质。[6]

在课程设置上,Tribe 提供了关于过去 20 年旅游培训和教育各个方面的研究历史进展的有用文件,包括课程设计、教学和学习、学生的进步和成就、学习资源以及质量管理和提高等,但其中占据压倒性篇幅(86%)的研究主要集中在与课程相关的问题上。[7] Haywood 和 Maki 研究发现旅游业重视实用和一般可转移的技能,包括计算机知识、管理会计、人力资源管理以及管理服务质量等。[8]Rappole 指出,大多数旅游教育课程都侧重于操作技能,并设有密集的实习计划,让学生体验他们在课堂上学习的理论,从而使他们更具就业

---

① Airey D, Dredge D, Gross M J. Tourism, hospitality and events education in an age of change [M]//The Routledge Handbook of Tourism and Hospitality Education. London: Routledge, 2014: 2-14.

② Airey D. Tourism education: Past, present and future[J]. Turisti ko poslovanje, 2016 (17): 9-12.

③ Airey D. After twenty-five years of development: A view of the state of tourism education in the UK[J]. The ATTT Tourism Education Handbook, 1997: 9-13.

④ Lewis A. Rationalising a tourism curriculum for sustainable tourism development in small island states: a stakeholder perspective [J]. Journal of Hospitality, Leisure, Sport & Tourism Education, 2005, 4(2): 4-15.

⑤ Airey D, Johnson S. The content of tourism degree courses in the UK [J]. Tourism Management, 1999, 20(2): 229-235.

⑥ Jameson-Charles M. Tourism education from a relationship management perspective [J]. Caribbean Curriculum, 2012, 19: 145-170.

⑦ Tribe J. Overview of research [M]// Airey D, Tribe J. An International Handbook of Tourism Education. Oxford: Elsevier, 2005: 26-43.

⑧ Haywood K M, Maki K. A conceptual model of the education/employment interface for the tourism industry[J]. World Travel and Tourism Review, 1992, 2: 237-248.

能力。① 在人才培养中融入实习环节也越来越得到认可,原因在于其被认为是可以培养学生将学术环境中获得的理论知识应用于实际工作环境的能力,学生通过实习可锻炼就业技能,增强信心,获得专业的工作态度以及与广泛人群有效沟通的能力从而来促进自我发展。②③ 新冠疫情发生后,变革教育和混合教育及混合学习成为旅游教育研究的新领域。④⑤⑥⑦

在上述隐含着研学旅行的旅游教育研究之外,也有学者对研学旅行教育做了专门研究和探讨。国外研学旅行教育所涉及的对象不仅仅局限于中小学生,同时也面向高等教育乃至老年人群体。⑧⑨⑩ Sharp 在早期就极有远见地指出,仅仅让年轻人走出家门,收效甚微,成功的研学教育取决于熟练和聪明的领导,但这种领导能力在现有课程中没有得到充分准备,应鼓励教师和准教师进行特殊准备应对在这个不断扩大的领域中出现的问题。⑪ Priest 总结的

① Rappole C L. Update of the chronological development, enrollment patterns, and education models of four-year, master's, and doctoral hospitality programs in the United States[J]. Journal of Hospitality & Tourism Education, 2000, 12(3): 24-27.

② Fidgeon P R. Tourism education and curriculum design: A time for consolidation and review? [J]. Tourism Management, 2010, 31(6): 699-723.

③ Yiu M, Law R. A review of hospitality internship: Different perspectives of students, employers, and educators[J]. Journal of Teaching in Travel & Tourism, 2012, 12(4): 377-402.

④ Kim H J, Jeong M. Research on hospitality and tourism education: Now and future[J]. Tourism Management Perspectives, 2018, 25: 119-122.

⑤ Edelheim J. How should tourism education values be transformed after 2020? [J]. Tourism Geographies, 2020, 22(3): 547-554.

⑥ Griffin W C. The future of hospitality education: A reflection[J]. Journal of Hospitality & Tourism Research, 2021, 45(5): 939-941.

⑦ Menon D, Gunasekar S, Dixit S K, et al. Present and prospective research themes for tourism and hospitality education post-COVID19: A bibliometric analysis[J]. Journal of Hospitality, Leisure, Sport & Tourism Education, 2022, 30: 100360.

⑧ Pittman, Joyce and William Green. Globalizing educational tourism and world learning communities in higher education to advance intercultural awareness, language policy, curriculum and teacher competencies[J]. Journal of Tourism and Hospitality, 2020, 9 (3): 1-5.

⑨ Al-Shwayait M A. International student's perception toward educational tourism at Yarmouk University[J]. Journal of Tourism and Hospitality, 2017, 6(1): 1-6.

⑩ Sie L, Patterson I, Pegg S. Towards an understanding of older adult educational tourism through the development of a three-phase integrated framework[J]. Current Issues in Tourism, 2016, 19(2): 100-136.

⑪ Sharp L B. Basic considerations in outdoor and camping education[J]. The Bulletin of the National Association of Secondary School Principals, 1947, 31(147): 43-47.

研学指导师应具备的 14 项核心能力分为三个部分,分别是技术能力、人际交往能力以及一般技能。[①] Dyment 和 Potter 认为研学旅行教育时常被低估,他们对研学教育作为学科存在的可能性进行了探索,并希望以创新方式将研学教育概念化。[②] Remington 等的研究发现了限制教师实施研学教育能力的主要因素,包括组织主体间的目的冲突、决策不匹配、资金限制、教师培训不足以及安全管理准备缺乏等。[③]

Liu 和 Yang 在对美国、英国、澳大利亚、新西兰、德国、加拿大 6 个国家的 18 家培训机构进行分析的基础上,发现其已从注重"技术技能"转变为注重具有更复杂技能的"体验方法",其课程有以下特点:一是课程多样化,强调安全和风险管理;二是实践课程占比较高,技术技能首先强调安全;三是课程体系完善,兼顾多层次客户需求;四是合理利用社会资源,发挥自身优势;五是注重自我意识培养,营造公平包容的氛围;六是课程内容以职业资格标准为基础,促进国家资格国际互认。[④] 两位作者还对美国、澳大利亚和英国等 6 个国家 17 所大学的户外专业人才培养方案和实践进行了分析,发现有以下共通之处:一是各学校根据自身学科特点和优势,将户外运动、教育、管理、旅游等专业门类纳入;二是以社会发展为中心,注重职业能力、职业精神、职业道德和环境素养的培养;三是根据人才的专业素质,制定符合户外特点和规律的科学课程体系;四是在大学和社会户外机构之间建立健全的合作培训机制,这为提高学生的户外领导力、环境意识等方面提供了条件;五是通过各种和多层次的职业资格培训和认证,促进学生专业能力的提升和实践经验的丰富。[⑤]

(二)国内研学旅行教育研究述评

为更好地把握国内研学旅行教育研究的发展状况,本书采用了文献计量

---

① Pearse L. A school-based curriculum development project in outdoor leadership[J]. ACHPER National Journal, 1989 (125): 21-23.

② Dyment J E, Potter T G. Is outdoor education a discipline? Provocations and possibilities[J]. Journal of Adventure Education and Outdoor Learning, 2015, 15(3): 193-208.

③ Remington T, Legge M. Outdoor education in rural primary schools in New Zealand: A narrative inquiry[J]. Journal of Adventure Education and Outdoor Learning, 2017, 17(1): 55-66.

④ Liu Z, Yang H. Analysis on the objectives and curriculum characteristics of outdoor training institutions in Europe and America[C]//6th International Conference on Education Reform and Modern Management (ERMM 2021). Amsterdam: Atlantis Press, 2021: 202-205.

⑤ Liu Z, Yang H. Characteristics and enlightenment of outdoor talents training in European and American Universities[C]//7th International Conference on Social Science and Higher Education (ICSSHE 2021). Amsterdam: Atlantis Press, 2021: 632-635.

分析的方法。与传统的文献综述方法相比较,文献计量方法结合了定性分析与定量分析的优势,以便研究者能更好地把握研究对象的发展全貌,进而有利于针对性地开展重点文献的定性分析,避免文献筛选过程中的主观偏见。[①]参考徐国庆[②]、胡斌武[③]两位教授的相关成果,本书确定了在中国知网(www.cnki.net)的检索条件为:TI=('研学旅行'+'研学旅游')AND TI=('教育'+'专业'+'学科'+'教学'+'教师'+'人才'+'学生'+'学习'+'课程'+'课堂'+'实训'+'实习'+'就业'+'校企'+'产教'+'职业'+'岗位'+'素养'),检索时间为2023年1月15日,共得到497篇期刊文献。

1. 国内研学旅行教育研究概览

(1)研究总体趋势分析

发文量既是判断某一学术领域发展阶段的重要指标,也是对未来研究趋势判断的一个参考。[④] 研学旅行教育研究自2017年开始进入了明显的加速上升期,至2020年达到一个阶段性的高峰,现该主题年均期刊发文量保持在80篇以上。由图2.4可以看到,研学旅行教育研究总体发展态势与2016年教育部等部门推出重磅研学政策,以及2019年将研学旅行管理与服务纳入高职教育专业目录的时间节点整体是相吻合的。从整体上看,研学旅行教育相关的研究成果正处于持续上升阶段。

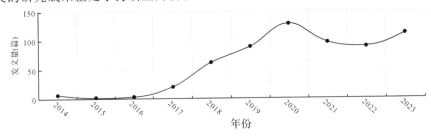

图2.4 国内研学旅行教育研究总体趋势

(2)研究的主要主题分布

从研学旅行教育研究的相关主题分布来看(图2.5),主体对象上关注了

① 张明,蓝海林,陈伟宏.企业注意力基础观研究综述——知识基础、理论演化与研究前沿[J].经济管理,2018,40(9):189-208.DOI:10.19616/j.cnki.bmj.2018.09.012.

② 徐国庆.职业教育项目课程:原理与开发[M].上海:华东师范大学出版社,2015:1-213.

③ 胡斌武.职业教育学[M].北京:高等教育出版社,2015:1-262.

④ 张慧,黄群慧.ESG责任投资研究热点与前沿的文献计量分析[J].科学学与科学技术管理,2022,43(12):57-75.

作为研学旅行管理与服务专业开设方的高校和作为研学旅行活动参与主体的中小学;研究内容上关注了课程和素养两个方面,课程涉及了课程设计与课程开发两个主体,素养则与核心素养、地理实践力相关;活动类型上关注了红色研学这一载体形式。整体而言,除了研学旅行这一本体外,其他研究主题的集中度并不高,如排名第二位的研学旅行管理与服务主题相关的成果也就只占文献总量的 6.6%,如再看排名前二十的研究主题数据可以发现,单一主题的研究文献也就寥寥数篇。

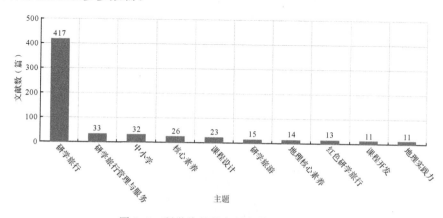

图 2.5　研学旅行教育研究前十主题分布

(3)研学旅行教育研究的机构分布

从研学旅行教育研究主要机构来看(图 2.6),排名前十的机构中有七个是师范类院校,专业旅游院校仅占一席,为江西旅游商贸职业学院。就这一数据看来,与研学旅行实务界偏"教"还是偏"游"的争议不同,在研学旅行教育研究上,教育的学科属性显得毫无异议(图 2.7)。

2. 研究热点聚类分析——基于 CiteSpace 的可视化分析

CiteSpace 是陈超美教授等开发的一款用于文献计量分析的软件,其能够对目标研究领域作者、机构、关键词、参考文献等进行共现、聚类和突现等知识图谱分析,并通过可视化呈现的形式帮助研究者把握研究热点与演化趋势。[1]本书采用 CiteSpace6.1.R6 Basic 版本的软件对上述筛选文献进行了进一步的分析。

① Chen C. Science mapping: a systematic review of the literature[J]. Journal of Data and Information Science, 2017, 2(2): 1-40.

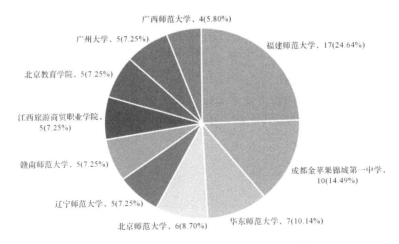

图 2.6 研学旅行教育研究前十位研究机构

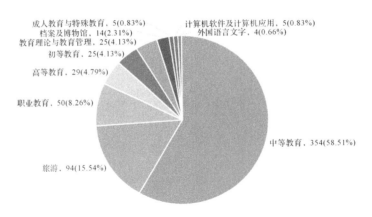

图 2.7 研学旅行教育研究前十位学科分布

(1)关键词共现网络分析

关键词是文章内容的高度凝练,通过关键词共现分析可以帮助研究者更好地把握当前研究热点及其各研究主题的互动关联。[①] 通过对上述文献样本进行关键词共现分析,得到了一个包含 311 个节点、464 条连线、网络密度为0.0096 的关键词共现网络。为了方便理解,通过对阈值、节点大小及形状、字

[①] Chen C. CiteSpace Ⅱ: Detecting and visualizing emerging trends and transient patterns in scientific literature[J]. Journal of the American Society for Information Science and Technology,2006, 57(3): 359-377.

体大小及背景颜色等进行适当调整,得到 2014—2023 年国内研学旅行教育研究文献关键词共现网络知识图谱(图 2.8)。其中,关键词频次越高节点越大,也即表示这一主题研究越多,反之亦然。

图 2.8　2014—2023 年国内研学旅行教育研究文献关键词共现网络

对样本数据进行统计可得到共现频次以及中介中心性,其中,中介中心性作为学术关注度的表征指标,大于 0.1 的节点通常可被判定为某一领域内的关键枢纽。[①] 结合高频关键词共现频次和中介中心性数据可以发现(表 2.2),课程设计、课程开发、课程体系等课程相关主题备受关注,此外核心素养、素质教育与劳动教育等与学生素养相关的主题也是关注的热点。

表 2.2　2014—2023 年国内研学旅行教育研究文献高频关键词共现频次及中心性

序号	关键词	频次	中心性	首现年份
1	研学旅行	409	1.63	2014
2	核心素养	35	0.13	2017
3	课程设计	31	0.28	2018
4	中小学	18	0.19	2014

① 刘井莲,王大玲,赵卫绩,冯时,张一飞.一种面向度中心性及重叠网络社区的发现算法[J].计算机科学,2016,43(3):33-37+71.

续表

序号	关键词	频次	中心性	首现年份
5	课程开发	15	0.09	2014
6	人才培养	13	0.12	2019
7	研学旅游	12	0.17	2016
8	劳动教育	12	0.1	2020
9	中小学生	9	0.03	2019
10	素质教育	8	0.02	2014
11	研学导师	7	0.04	2019
12	课程化	7	0.03	2019
13	高中地理	6	0.03	2020
14	地理教学	6	0.02	2018
15	课程体系	6	0.02	2019

（2）关键词聚类分析

CiteSpace 中聚类清晰度采用 Q 值（模块值）和 S 值（平均轮廓值）来进行衡量，一般说来，Q 值大于 0.3 时聚类结构被认为是显著的，S 值大于等于 0.7 时聚类效率与信服力被认为较高。[①] 本书的关键词聚类结果如图 2.9 所示，其中 Q 值等于 0.6916，S 值等于 0.9742，聚类的显著性和合理性得到验证。进一步分析可知，国内研学旅行教育研究关键词聚类以研学旅行这一本体聚类为核心，向课程设计、课程开发、核心素养、劳动教育、思政教育以及研学导师等聚类扩展，呈现多维度和多层次的特征，覆盖了从教师到学生、理念到课程的诸多方面。

（3）关键词时间线分析

与时区图谱相对比，时间线知识图谱更为注重各种聚类之间的横向关联信息，且重点描绘了不同领域研究主题的时间演变趋势。[②] 2014—2023 年国内研学旅行教育研究文献的关键词时间线知识图谱如图 2.10 所示。由图可

[①] 陈悦，陈超美，刘则渊，胡志刚，王贤文. CiteSpace 知识图谱的方法论功能[J]. 科学学研究，2015,33(2):242-253.

[②] 陈悦，陈超美，胡志刚，等. 引文空间分析原理与应用：CiteSpace 实用指南[M]. 北京：科学出版社，2014:134.

图 2.9　2014—2023 年国内研学旅行教育研究关键词聚类网络

见,研学旅行、课程开发、研学实践等主题的聚类文献研究时间线较长,其他大多研究主题均是近三年内才逐渐显现。从整体来看,2014—2016 年研学旅行教育研究关注主题较少,2017 年后诸如核心素养、课程设计之类的研究主题渐次展开,至 2019 年,研究主题开始有了极大的丰富,包括课程体系、研学导师、人才培养等在内的主题日益受到关注。可以说,研学旅行教育研究与政府政策、行业发展及相关专业开设状况密切相关,相关研究主题亦密切回应了行业及院校的关注。

　　(4)关键词突现情况

　　CiteSpace 可以借助突变检测揭示某一领域的研究兴趣集聚,其也是开展研究热点预测的一种重要方式。① 基于样本数据,排名前 12 位的关键词突现情况如图 2.11 所示。其中,Begin 所在列表示该关键词开始突现的时间,End

---

　　① 刘则渊.科学知识图谱:方法与应用[M].北京:人民出版社,2008:31.

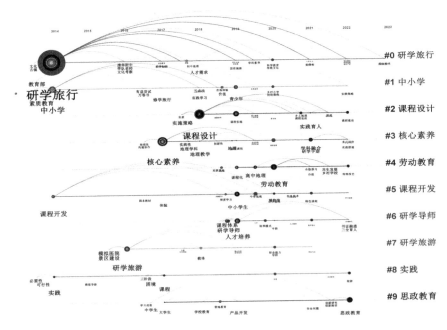

图 2.10　2014—2023 年国内研学旅行教育研究文献的关键词时间线

所在列相应地表示突现的结束时间,Strength 所在列则表示关键词突现的强度,该数值如果越大,则这一关键词突现的强度也越大。从国内研学旅行教育研究文献关键词突现情况来看,素质教育主题研究持续时间最长,从 2014 年一直持续到 2019 年;再看关键词突现的强度,课程设计突现强度最高,其 Strength 值为 5.04,远高于其他突现的关键词,显示出这一主题极高的热点性。

3. 研究热点的进一步评述

(1)课程设计开发研究

国内研学旅行活动课程设计与开发研究主要关注了开发主体、实施路径以及课程体系等多个方面。丁运超认为,与综合实践活动课程相比较,研学旅行在自主性、探究性、实践性和开放性上与之不谋而合,其课程目标具体可分解为知识目标、能力目标和情感目标。[①] 郭锋涛等则认为,小学阶段研学课程应侧重乡土乡情,初中阶段研学课程应侧重县情市情,高中阶段研学课程则应

---

① 丁运超. 研学旅行:一门新的综合实践活动课程[J]. 中国德育,2014(9):12-14.

Keywords	Year	Strength	Begin	End	2014—2023
素质教育	2014	2.43	2014	2019	
教育部	2014	2.4	2014	2017	
中小学	2014	1.58	2014	2018	
实践	2014	1.23	2014	2015	
修学旅行	2017	1.03	2017	2018	
实践性	2018	0.8	2018	2019	
深度学习	2019	1.12	2019	2020	
课程开发	2014	0.81	2019	2021	
博物馆	2020	1.09	2020	2021	
课程设计	2018	5.04	2021	2023	
实践育人	2021	1.01	2021	2023	
学科融合	2021	1.01	2021	2023	

图 2.11　国内研学旅行教育研究文献关键词突现情况

侧重省情国情,并进而形成研学旅行活动课程体系,同时,还应从课程结构、学时与课时上进一步细化研学旅行课程的设计(图 2.12)。[①] 曲小毅从做好顶层设计、多主体协同、机制保障和三级评价体系四个方面探讨了研学旅行活动课程开发的路径。[②] 基于泰勒的现代课程理论以及多尔的后现代课程理论,朱洪秋构建了研学旅行"三阶段四环节"课程模型,在有现实操作性课程模型设计上做了有益探索。[③] 研学旅行采用做中学的形式推动学习方式变革,基于真实自然与社会情境,通过研究性和探索性学习促进知识、技能以及综合素质的全面提升。在课程主题设计上,曹华盛和周春燕认为应主要关注人与自然、社会、国家、自我以及科学间的五大关系,开设自然地理与自然环境、历史文化与伦理道德及社会责任、爱国主义与国际理解、学会学习与健康生活、科学精

---

① 郭锋涛,段玉山,周维国,袁书琪.研学旅行课程标准(二)——课程结构、课程内容[J].地理教学,2019(6):4-7.

② 曲小毅.研学旅行课程化的路径探讨[J].教学与管理,2020(6):44-46.

③ 朱洪秋."三阶段四环节"研学旅行课程模型[J].中国德育,2017(12):16-20.

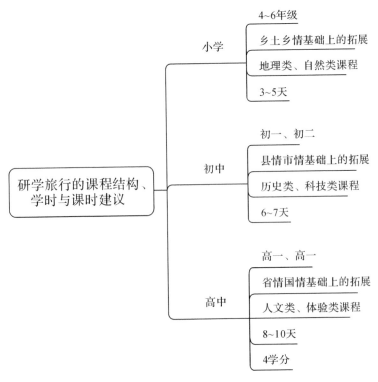

图 2.12　研学旅行的课程结构、学时与课时建议

神与技术运用等主题课程。[①]

（2）核心素养培养研究

中国学生发展核心素养分为六大素养、十八个基本要点[②]，作为一种综合实践活动课程，研学旅行十分契合学生核心素养培养的主旨要义[③]。殷世东、汤碧枝认为，研学旅行对改变"圈养"式学校教育大有裨益，其能在"为学生全面发展奠基、提升社会参与能力、培养自主发展能力、增强社会责任感和夯实

---

① 曹华盛,周春燕.论中小学生研学旅行课程体系构建[J].教育理论与实践,2020,40(8):35-38.

② 核心素养研究课题组.中国学生发展核心素养[J].中国教育学刊,2016(10):1-3.

③ 吴支奎,杨洁.研学旅行:培育学生核心素养的重要路径[J].课程·教材·教法,2018,38(4):126-130.

发展的基本素养"方面助力学生核心素养提升。[1] 李艳等通过将研学旅行课程目标与核心素养基本内容对比,归纳出核心素养融入研学旅行课程的四大目标:热爱祖国、强健身心、践行所学和担当重任(图 2.13)。[2] 在研学旅行核心素养目标上,吴颖惠等的研究提出了与六大素养目标相对应的活动设计(图2.14),并提出了与学科课程相结合、与校本课程相结合、与地方课程相结合、与其他综合实践方式相结合、与团队活动相结合以及与国际友好交流相结合的"六结合"实施路径。[3]

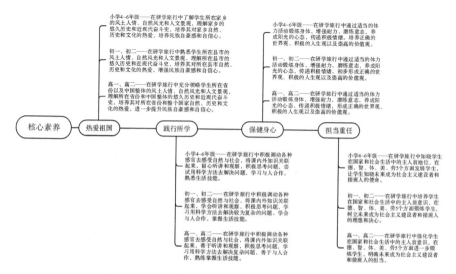

图 2.13　融入核心素养的研学旅行课程目标内容

（3）人才培养模式研究

研学旅行的交叉性特质决定了其对复合型应用型人才的偏向,高校在研学旅行服务与教育人才培养上,要关注学生讲解能力、课程设计能力、组织教学能力以及处理突发事件能力的培养。[4] 在研学旅行管理与服务人才培养模

①　殷世东,汤碧枝.研学旅行与学生发展核心素养的提升[J].东北师大学报(哲学社会科学版),2019(2):155-161.

②　李艳,陈虹宇,陈新亚.核心素养融入的中国研学旅行课程标准探讨[J].教学研究,2020,43(3):76-85.

③　吴颖惠,宋世云,刘晓宇.中小学研学旅行课程设计与实施策略[J].上海教育科研,2021(3):67-71.

④　郭珊珊,严小燕,邹艳艳.基于研学旅行的高职旅游教育人才培养策略[J].山西财经大学学报,2020,42(S2):91-94.

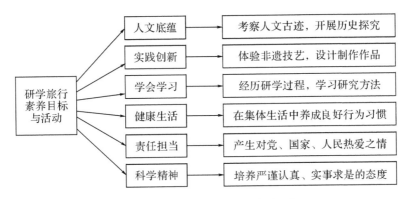

图 2.14 研学旅行活动中的素养目标

式上,陈瑶认为应从人才培养目标、教学设计、课程体系和师资队伍四个方面开展模式改革,并提出了职业能力为"核"的研学旅行课程体系设计(图 2.15)。[1] 申桂娟提出研学旅行管理与服务人才培养应确立多维度的质量标准,主要包括能力知识结构、能力结构、素质结构和创新创业四个方面,并从"三元制"模式、教学模式、培训平台等六个方面构建了人才培养模式。[2] 刘佳玲基于智慧旅游的行业环境和智慧教学的教育模式的"双智"环境背景,从构建互动式智慧课堂模式、创设情境式研学课程体系等方面提出了研学旅行人才培养模式构建的策略。[3] 职业教育与普通教育有所不同,其既关注学生综合素质的培养,亦十分重视学生职业技能的培训,刘加凤从"1+X"证书协同研学旅行专业人才培养模式创新角度开展了研究,提出了研学旅行管理与服务专业实训场地建设的创新方案(图 2.16)。[4]

① 陈瑶.高职教育研学旅行人才培养模式构建[J].科技视界,2019(36):213-215.
② 申桂娟.研学旅行管理与服务专业人才培养模式的构建[J].开封大学学报,2020,34(2):60-62.
③ 刘佳玲."双智"驱动下高职院校研学旅行管理与服务专业人才培养模式研究[J].重庆电子工程职业学院学报,2021,30(5):10-13.
④ 刘加凤."1+X"证书制度创新专业人才培养模式的实践研究——以研学旅行管理与服务专业为例[J].宁波职业技术学院学报,2022,26(4):12-17.

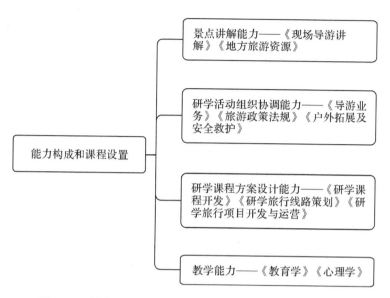

图 2.15　研学旅行管理与服务专业人才能力构成与课程设置

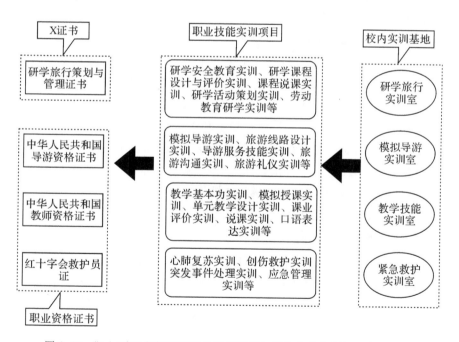

图 2.16　"1+X"证书制度下研学旅行管理与服务专业实训场地建设方案

第二节　生利主义职业教育思想要义与启示

一、陶行知生利主义职业教育思想要义

陶行知先生是我国著名的教育思想家,在我国近现代职业教育思想发展和整体进步上,其与黄炎培都是重要的推动者,作出过重要贡献。1918年发表的《生利主义之职业教育》一文是陶行知职业教育思想的集中反映①,文中明确提出了流传后世的生利主义职教观,从理论渊源上看,陶行知早期的职业教育思想深受蔡元培的实利主义和杜威的实用主义的影响,亦得到黄炎培职业教育思想的启发。生利主义包含了陶行知职业教育思想的功能与目的、师资与课程、设备以及学生等诸多方面的论述,其是陶行知生活教育学说中不可或缺的重要部分,亦是我国近现代职业教育思想进程史上浓墨重彩的一笔。

（一）职业教育的宗旨

在《生利主义之职业教育》文章中,陶行知在阐明了职业教育与"衣食主义""生活主义"的区别后指出,衣食主义和生活主义都不适用于职业教育,因为前者既多弊窦,后者又太宽泛。随后,陶行知在文中明确提出了生利主义的标志性观点:"职业作用之所在,即职业教育主义之所在。职业以生利为作用,故职业教育应以生利为主义。"②陶行知生利主义职业教育思想,从本质上看,其以生利为主义;从功能上看,其追求的是以物利群或以事利群;从目的上看,其希望学生能衣食乐业。③ 在陶行知看来,职业教育最终需要实现的是"国无游民,民无废才,群需所济,个性所舒"的目的。

（2）职业教育的实现路径

1. 毕百课则生百利的职业课程

陶行知十分重视职业课程的设计,其认为职业课程应做到一课一得:"职业学校之课程应以一事之始终为一课。"④在每个课程学习中,既要有理论学

---

① 申国昌,夏豪杰.陶行知与黄炎培职业教育思想比较[J].职业技术教育,2021,42(34):6-11.
② 华中师范大学教育科学研究所.陶行知全集:第1卷[M].长沙:湖南教育出版社,1984:78.
③ 赵婧,周洪宇.论陶行知对职业教育的先驱性探索[J].职业技术教育,2021,42(34):12-18.
④ 华中师范大学教育科学研究所.陶行知全集:第1卷[M].长沙:湖南教育出版社,1984:84.

习,也要安排实践,并将两者有机融合,保证学完一课就能相应做成一件事,如此循环往复。在陶行知看来,课程设置对生利人才培养至关重要,职业教育课程应当兼具实用性、导向性、适用性与创造性。① 陶行知指出:"定课程者必使每课为一生利单位,俾学生毕一课,即生一利;毕百课则生百利,然后方无愧于职业之课程。"②此外,陶行知还强调了课程设计的逻辑,应当是"自易至难,从简入繁,所定诸课,皆以次学毕,是谓毕课"③,也就是说课程的设置应当是循序渐进的,由简至繁、从易到难,从而实现课程学习与能力培养的阶梯式递进与螺旋式上升。此外,陶行知还倡导了课程的小班制教学,在其看来,如欲按事施教,采用小班制教学是必然之举,否则难以实现有针对性的因材施教。④

2. 以应所攻各业之需求的设备

在陶行知看来,职业教育欲善其事必先利其器,因此必须高度重视职业教育的设备供给和保障,职业设备被认为是职业教育生利的必备条件。⑤ 其指出,职业教育开展"必先有种种设备,以应所攻各业之需求,然后师生乃能从事于生利"⑥。生利设备对于职业院校的人才培养的重要性是毋庸置疑的,但由于经费、场地等种种条件限制,院校可能自身难以达到生利设备的需求,陶行知对此提出了引进和利用的解决思路,其认为职业教育可通过"一是自有之设备;二是利用职业界之设备"⑦协同来解决上述难题。陶行知十分注重后一种生利设备的开发与利用,这也契合了其一贯强调的利用社会力量办学的教育思想。⑧

3. 有生利之经验的职业教师

职业教育要培养生利之才,这对职业教育师资提出了明确的要求。在陶行知看来,"职业教育既以养成生利人物为其主要之目的,则其直接教授职业之师资,自必以能生利之人为限"⑨。针对教师应具备的生利素养,陶行知从经验、学识和教授三个方面提出了具体的要求。首先,"职业教师之第一要事,

---

① 申国昌,郑腾.陶行知的职业教育思想及其当代价值[J].职业技术教育,2022,43(27):67-75.
② 陶行知.中国教育改造[M].北京:人民出版社,2008:8.
③ 陶行知.中国教育改造[M].北京:人民出版社,2008:9.
④ 陈茜.高等数学教学现状及改革探析[J].新西部(理论版),2016(6):159-160.
⑤ 时宇娇.论陶行知职业教育思想[J].教育探索,2016(11):1-5.
⑥ 华中师范大学教育科学研究所.陶行知全集:第1卷[M].长沙:湖南教育出版社,1984:84.
⑦ 华中师范大学教育科学研究所.陶行知全集:第1卷[M].长沙:湖南教育出版社,1984:84.
⑧ 朱玉萍.浅析陶行知职业教育思想及其当代价值[J].现代交际,2021(14):137-139.
⑨ 华中师范大学教育科学研究所.陶行知全集:第1卷[M].长沙:湖南教育出版社,1984:81.

即在生利之经验"①。陶行知认为,职业教育不能纸上谈兵,教师没有生利经验就不能算是真正的职业教育教师,教师只有自己先掌握专业的知识与技能,才能培养出生利的职业人才。其次,"职业教师之第二要事,是为生利之学识"②。在陶行知看来,教师仅有经验是不够的,因为如果没有学识而仅仅依靠经验来指导,就势必会出现故步自封的状况。最后,"职业教师之第三要事,为生利之教授法"③。在陶行知看来,教法要建立在学生的认知水平上④——也即教的方法应该根据学的方法而定,同时,教授也应"随业而异"。

4. 才能与兴味兼备的职业学生

在论之前学生在发展上的弊端时,陶行知表示:"学生择事不慎,则在校之时,学不能专;出校之后,行非所学。"⑤这种学不能专、行非所学的专业或兴趣不对口问题不仅对学生个体而言是痛苦的,从社会所需的生利人才培养视角来看,也是极其不利的。因此,陶行知提出学生在选择时应考虑自身擅长与兴趣:"所谓最适者有二:一曰才能,二曰兴味。吾人对于一业,才能兴味皆最高,则此业为最适;因其最适而选之,则才能足以成事。"⑥在陶行知看来,学生一旦有了兴味就会尽心竭力去做事⑦,而具备了才能,才能更好地做成事。如何才能帮助职业教育的学生更好地依托才能与兴味进行选择,陶行知的思路是设立"职业试习科"。此种方法的价值在于,一是使学生能自由主动选择职业,二是真正探测出学生的"兴味"与"才能",进而更好地实现乐业与成事。⑧

5. "教学做合一"的方法论

"教学做合一"是职业教育与普通教育的重要区别特征⑨,其经历了从"教授法"至"教学法"和从"教学合一"到"教学做合一"的两次关键性思想飞跃。⑩以生利主义来发展职业教育要取得实效,切实可行且行之有效的教学方法便

---

① 华中师范大学教育科学研究所.陶行知全集:第1卷[M].长沙:湖南教育出版社,1984:81.
② 华中师范大学教育科学研究所.陶行知全集:第1卷[M].长沙:湖南教育出版社,1984:81.
③ 华中师范大学教育科学研究所.陶行知全集:第1卷[M].长沙:湖南教育出版社,1984:82.
④ 王土荣.看图讲故事也可精彩高效[J].语文建设,2017(10):64.DOI:10.16412/j.cnki.1001-8476.2017.10.022.
⑤ 华中师范大学教育科学研究所.陶行知全集:第1卷[M].长沙:湖南教育出版社,1984:85.
⑥ 华中师范大学教育科学研究所.陶行知全集:第1卷[M].长沙:湖南教育出版社,1984:85.
⑦ 江苏省陶行知研究会.陶行知文集(上)[M].南京:江苏教育出版社,2008:4.
⑧ 周桂宏,尤国勋.职业试习科:一个被忽略的话题——重温陶行知《生利主义之职业教育》有感[J].职业技术教育,1994(5):6-7.
⑨ 时宇娇.论陶行知职业教育思想[J].教育探索,2016,(11):1-5.
⑩ 姜丽芳.陶行知如何引领我国早期职业教育发展[J].兰台世界,2014,(10):47-48.

是"教学做合一"。① 在陶行知看来,"教的法子根据学的法子,学的法子根据做的法子"②,"先生拿做来教,乃是真教;学生拿做来学,方是实学。不在做上用功夫,教固不成教,学也不成学"③。如果将教、学、做切割成三个方面,那么这就不是教学做合一,而是教学做分家。"教学做合一"的实践也得到梁漱溟的高度认可,"事情怎样做就怎样学,怎样学就怎样教,在我觉得是很合于教育道理的"④。行动是老子,思想是儿子,创造是孙子,从笃信"知是行之始,行是知之成"到"行是知之始,知是行之成",陶行知"教学做合一"的思想与杜威"做中学"有着本质区别。⑤ 如果说行知合一是陶行知职业教育理论的方法论,那么有效践行陶行知生利主义职业教育思想的教学方法便是"教学做合一"。⑥

二、生利主义职业教育思想的现代启示

尽管陶行知生利主义职业教育主张形成并发展于 20 世纪初期,但因其符合职业教育的内在规律,所以至今仍然是我国职业教育改革与发展的重要指导参考。⑦ 陶行知职业教育思想不仅为中国 20 世纪 20 年代前后的职业教育活动提供了有力指导,也能为当代职业教育培养目标设定、职业教育师资建设、职业教育资源设备优化、职业教育课程设置以及职业教育学生需求满足等诸多方面提供积极启示。⑧ 就当前我国高职教育发展中存在的人才培养目标模糊、课程设置不合理、双师型师资力量短缺以及经费投入不足等问题来看,陶行知生利主义教育思想都有着十分重要且显著的借鉴价值。⑨

具体来看,课程设置上,高职院校应突破"以学科为中心"的课程模式,更加注重高职学生未来职业生涯的可持续发展,以提高学生动手能力为核心设

① 牛金成.陶行知生利之职业教育思想探微[J].继续教育研究,2011,(11):1-3.
② 陶行知.陶行知全集(第 1 卷)[M].成都:四川教育出版社,2005:106.
③ 陶行知.陶行知全集(第 2 卷)[M].长沙:湖南教育出版社,1985:42-43.
④ 马秋帆.梁漱溟教育论著选[M].北京:人民教育出版社,1994:186.
⑤ 董宝良.试论陶行知"教学做合一"同杜威"做中学"的本质区别[J].教育研究与实验,1984(1):87-96.
⑥ 杨常唯.践行陶行知职业教育思想"行知合一"教学模式探索[J].林区教学,2018(9):21-23.
⑦ 周洪宇.陶行知职业教育思想的历史地位与当代价值[J].职业技术教育,2021,42(34):1.
⑧ 申国昌,郑腾.陶行知的职业教育思想及其当代价值[J].职业技术教育,2022,43(27):67-75.
⑨ 沈荣生.陶行知生利主义教育思想及其对我国高等职业教育的启示[D].芜湖:安徽师范大学,2018.

置相关课程。① 在职教设备方面,教育供给侧改革、工学结合以及现代学徒制等措施,都是院校充分借力职业社会力量办学,提升设施设备供给的有益探索。② 师资建设上,选聘可以不拘一格,积极吸纳企业界的技术技能型人才到校任教或以兼职形式任教,通过专业课教师进修制度与企业实践制度、多元教师任用制度、教学研究活动制度和校企双向交流机制等提升师资水平。③ 此外,职业院校要"以学生为中心"开展教育教学,改善学生专业学习的条件,引导学生选择合适专业,注重学生实践能力的培养,加强学生的人文素质教育,严格执行学生课程考核标准。④

就研学旅行教育而言,虽然行业实践早已开始,但这一专业在高职院校正式开设时间较晚,也正因如此,目前的研学旅行专业办学和人才培养在理念、目标、课程、师资、设备等诸多方面都仍存在着不少有待提升和完善之处。陶行知生利主义教育思想作为中国近现代职业教育发展史上最为重要的思想之一,其内涵与中国当下职业教育目标有着内在一致性与高度融合性⑤,仍能为高职院校专业办学提供理论指导和实践依据,理所当然,其同样也可以是指导当下研学旅行管理与服务专业人才培养改革的有力理论武器。

---

① 马桂霞.陶行知职业教育思想与高职院校课程设置的哲学思考[J].教育与职业,2010,(35):130-132.

② 朱玉萍.浅析陶行知职业教育思想及其当代价值[J].现代交际,2021(14):137-139.

③ 张玉荣.论陶行知职业教育思想及其当代启示[J].职教通讯,2012(16):46-49.

④ 陈智行.陶行知职业教育思想的特色及其对当代的启示[J].职业技术教育,2012,33(4):76-80.

⑤ 丁水娟.以"生利主义"思想促进高职教育的实践探究[J].牡丹江大学学报,2012,21(11):162-164.

第三章 研学旅行管理与服务人才培养方案剖析

第一节 研学旅行管理与服务专业竞争力排行榜

2022 年 3 月,"金平果"推出了最新版中国高职院校综合竞争力排行榜(第十一版)①,本年度高职院校评价对象依据教育部最新公布的《2021 年全国高等学校名单》,同时结合高校的实际招生情况,最终确定了 1516 所高职院校评价对象,其中职业本科 32 所、高职高专 1484 所。同年 5 月,"金平果"再次发布了高职专业群综合竞争力和高职专业排行榜评价数据,涵盖了全国 1484 所高职院校 19 个专业大类、97 个专业类、731 个专业、246 个专业群以及 1065 个群内专业的综合实力分布情况。

从 2022—2023 年研学旅行管理与服务专业高职院校排名情况来看(表 3.1),湄洲湾职业技术学院、青岛酒店管理职业技术学院、浙江旅游职业学院三所高职院校的研学旅行管理与服务专业竞争力位居前列。教育部和国家发展改革委等 11 个部门在 2016 年 11 月联合制定的《关于推进中小学生研学旅行的意见》中明确了教育部门在我国研学旅行实施中的指导与监管地位②③,与此同时,由于旅游部门通常擅长针对成年人的旅游产品经营,其主导设计的研学课程往往适用性不够,因此由教育部门根据不同年级学习要求和各学段

---

① "金平果排行榜"(又称"中评榜")由杭州电子科技大学中国科教评价研究院、浙江高等教育研究院和高教强省发展战略与评价研究中心、武汉大学中国科学评价研究中心联合中国科教评价网(www.nseac.com)研发,包括中国大学、世界大学、研究生教育和学术期刊四大评价报告。

② 教育部等 11 部门.关于推进中小学生研学旅行的意见[EB/OL].(2016-12-19)[2023-01-10]. http://www.moe.gov.cn/srcsite/A06/s3325/201612/t20161219_292354.html.

③ 刘翔武.关于构建研学旅行教育协同育人共同体的思考[J].教育理论与实践,2020,40(26): 20-22.

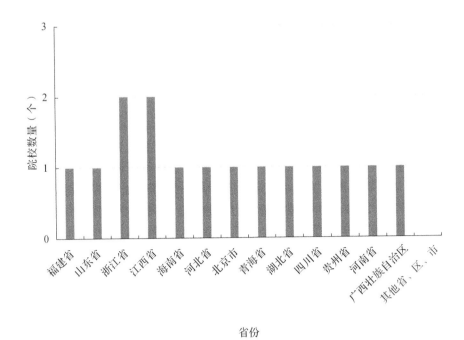

图 3.1　前 15 所研学旅行管理与服务专业高职院校的区域分布

第二节　前 15 所研学旅行管理与服务专业
高职院校人才培养方案比较

一、人才培养定位

教育部职业教育专业简介(2022 年修订)指出,研学旅行管理与服务专业"面向研学、旅游或教育相关企事业单位的课程设计、活动策划、讲解员、导游、旅游团队领队、安全员、旅行社计调、市场营销、咨询师、培训师等岗位(群),致力于培养德智体美劳全面发展,掌握扎实的科学文化基础和研学旅行课程设计与实施、旅行社服务与管理及相关法律法规等知识,具备较强的研学旅行课程设计、研学旅行产品研发、研学旅行市场营销等能力,具有良好的服务意识、人文素养和信息素养,能够从事面向研学、旅游、教育行业的,实施服务、研学旅行项目策划、产品开发、课程设计、市场营销、安全管理、基地运营与管理等工作的高素质技术技能人才"[①]。

　　人才培养定位是学校确立办学类型定位的重要基础[②],明晰人才培养理念和人才培养定位对职业教育发展而言尤为重要,其回应了职业教育在经济建设、人才培养和社会服务等过程中做什么、为什么和怎么做的问题[③]。从职业面向来看(表3.3),前15所研学旅行管理与服务专业高职院校人才培养的职业主要面向文博场馆、研学旅行基(营)地、旅行社、公共文化场馆、旅行景区(景点)、中小学、教育培训机构等,从事与研学旅行相关的营销、咨询、计调、运营、设计、方案实施、导游、策划及管理工作(图3.2)。整体来看,文博场馆、研学旅行基(营)地和旅行社是前15所研学旅行管理与服务专业高职院校人才培养方案中最聚焦的就业领域,而营销咨询、设计策划、计调运营是最受重视的岗位类型。

表3.3　前15所研学旅行管理与服务专业高职院校人才培养定位

排名	院校名称	培养目标	职业面向
1	湄洲湾职业技术学院	本专业培养德、智、体、美、劳全面发展,具有良好职业道德和人文素养,掌握研学旅行相关政策法规和规范标准,熟悉中小学研学旅行相关教育政策、目标、大纲和方案要求,从事研学旅行项目开发运营、策划咨询、线路设计、课程开发与运营、管理及服务工作的高素质复合型技术技能人才。	从事目前市场极度紧缺的研学旅行相关的经营、管理、投资、策划、规划等工作的旅游管理类创新创业创造人才。
2	青岛酒店管理职业技术学院	本专业面向山东半岛经济区,辐射全国,立足研学业、旅游业、文博业等,培养熟悉拥护党的路线、方针、政策,德、智、体、美、劳全面发展,具有良好职业道德和人文素养,掌握研学旅行相关政策法规和规范标准,熟悉中小学研学旅行相关教育政策、目标、大纲和方案要求,从事研学旅行项目开发运营、策划咨询、线路设计、课程开发等运营、管理及服务工作的高素质技术技能人才。	主要面向中国旅游集团、青岛旅游集团、青岛国信发展集团、崂山旅游集团、青岛海信科学探索中心、青岛海尔科技馆、青岛啤酒博物馆、极地海洋科普研学基地等就业单位。

　　① 教育部.研学旅行管理与服务专业简介[EB/OL].(2022-09-05)[2022-10-15].http://www.moe.gov.cn/s78/A07/zcs_ztzl/2017_zt06/17zt06_bznr/bznr_zdzyxxzyml/gaozhizhuan/lvyou/.
　　② 柳德荣.我国公办财经类本科院校办学定位研究——基于54所院校关于办学定位的表述[J].当代教育论坛,2022(2):23-32.
　　③ 肖幸,杨春和.生态宜居:职业教育"生态＋"教育的逻辑框架[J].国家教育行政学院学报,2020(11):80-87.

续表

排名	院校名称	培养目标	职业面向
3	浙江旅游职业学院	本专业培养具有良好思想素质、业务素质,了解研学旅行相关政策法规、安全标准、保险知识,熟悉中小学课程方案、《中小学综合实践活动课程指导纲要》,掌握研学旅行课程开发、活动策划、安全预案编制、方案实施、咨询营销等专业知识与技能,胜任研学旅行管理与服务的高素质技术技能人才。	主要面向中小学、旅行社、红色景区、文博场馆、研学基地营地、辅导培训机构等行业企业,从事研学旅行课程开发、计调、指导、咨询与营销等工作。
4	江西外语外贸职业学院	本专业培养德、智、体、美、劳全面发展,具有良好职业道德和人文素养,掌握研学旅行相关政策法规和规范标准,熟悉中小学研学旅行相关教育政策、目标、大纲和方案要求,从事研学旅行项目开发运营、策划咨询、线路设计、课程开发等运营、管理及服务工作的高素质技术技能人才。	从事博物馆、纪念馆、景区定点导游讲解工作(事业单位);从事出境领队、全陪导游、地陪导游、计调工作;从事高端定制旅游设计、休闲景区策划与运营工作;可报考公务员、事业单位教师,可自主创业。
5	三亚中瑞酒店管理职业学院	本专业培养掌握研学旅行相关政策法规和规范标准,熟悉中小学研学旅行相关教育政策、目标、大纲和方案要求,从事研学旅行项目开发运营、策划咨询、线路设计、课程开发等运营、管理及服务工作的高素质应用型技术技能人才。	面向旅行社、相关旅行景区(点)、文博场馆、公共文化场馆、研学旅行营地(基地)等企事业单位从事研学旅行运营、设计、咨询、营销、方案实施等工作。
6	河北旅游职业学院	培养具有良好职业道德和人文素养,掌握研学旅行相关政策法规和规范标准,能够从事研学旅行项目开发运营、课程研发、方案策划、组织实施、咨询营销等研学运营、管理及服务工作的高素质技术技能人才。	在研学旅行专业机构、文博场馆、公共文化场馆、研学旅行营地(基地)、学校等企事业单位从事研学旅行运营、设计、咨询、营销、方案实施等工作。
7	北京经济管理职业学院	坚持"旅游＋教育"的高素质人才培养标准,应对研学旅行对复合型人才的需求,提高专业标准,注重综合素质的培养,具有旅游技能和教育能力,具有理论素养和创新思维;注重培养教育、策划、营销、运营、管理及服务等多元能力,打造"更专业、更厚实、更高端"的复合型研学旅行实战人才。	主要在旅行社、相关旅行景区(点)、文博场馆、公共文化场馆、研学旅行营地(基地)等企事业单位从事研学旅行运营、设计、咨询、营销、方案实施等工作。

续表

排名	院校名称	培养目标	职业面向
8	西宁城市职业技术学院	本专业培养具有良好思想素质、业务素质、理想信念坚定、德技并修、全面发展,了解中小学教育理论知识,熟悉旅行业务经营管理知识,掌握研学旅行通识性知识和研学旅行课程开发知识,具备中小学课外实践指导、旅行业务操作、旅游服务和研学旅行课程实施等能力,能够在教育培训机构、旅行社、研学基地营地、文博场馆、红色景区、爱国主义教育示范基地等企事业单位从事研学旅行指导师、研学计调人员、研学咨询人员、研学产品销售人员、研学旅行经营管理人员及导游领队等工作的高素质技术技能人才。	与本专业最直接相关的就业职业领域为旅行社、中小学研学营地、中小学研学基地、博物馆等单位。
9	江西旅游商贸职业学院	本专业培养具有良好思想素质、业务素质、理想信念坚定、德技并修、全面发展,熟悉研学旅行管理与服务通识性知识,掌握研学旅行安全管理、研学旅行业务经营管理知识和研学旅行课程开发与实施知识,具备中小学课外实践指导、研学旅行业务操作和旅游服务、研学旅行课程实施等能力,能够在中小学、教育培训机构、旅游企业、研学基地营地、文博场馆、红色景区、爱国主义教育示范基地等企事业单位从事研学企业(基地)指导师、旅游企业策划师、中小学及教育培训机构实践课程教师以及经营管理等工作的高素质技术技能人才。	中小学、教育培训机构、旅游企业、研学基(营)地、文博场馆、红色景区、爱国主义教育示范基地等企事业单位。
10	三峡旅游职业技术学院	本专业以立德树人为根本任务,培养德、智、体、美、劳全面发展,具有良好职业道德和人文素养,掌握研学旅行相关政策法规和规范标准,熟悉中小学研学旅行相关教育政策、目标、大纲和方案要求,从事研学旅行项目开发运营、策划咨询、线路设计、课程开发等运营、管理及服务工作的高素质技术技能人才。	主要面向研学旅行课程设计、研学导师、研学旅行项目开发运营、策划咨询、线路设计、旅行社计调、导游等岗位就业。

续表

排名	院校名称	培养目标	职业面向
11	南充职业技术学院	本专业培养德、智、体、美、劳全面发展,具有良好职业道德和人文素养,掌握研学旅行相关政策法规和规范标准,熟悉中小学研学旅行相关教育政策、目标、大纲和方案要求,从事研学旅行项目开发运营、策划咨询、线路设计、课程开发等运营、管理及服务工作的高素质技术技能人才。	面向商业服务行业,从事导游、旅游团队领队、旅行社计调、营销员、前厅服务员、餐厅服务员、客房服务员、研学导师、景区讲解员、门市接待、网络运营等工作。
12	贵州经贸职业技术学院	本专业培养德、智、体、美、劳全面发展,具有良好职业道德和人文素养,掌握研学旅行相关政策法规和规范标准,熟悉中小学研学旅行相关教育政策、目标、大纲和方案要求,从事研学旅行项目开发运营、策划咨询、线路设计、课程开发等运营、管理及服务工作的高素质技术技能人才。	主要在旅行社(研学旅行专业机构)、相关旅行景区(点)、文博场馆、公共文化场馆、研学旅行营地(基地)、学校等企事业单位从事研学旅行运营、设计、咨询、营销、方案实施等工作。
13	杭州科技职业技术学院	本专业致力于培养具有良好职业道德和人文素养,掌握研学旅行相关政策法规和规范标准,熟悉中小学研学旅行相关教育政策、目标、大纲和方案要求,能从事研学旅行项目开发运营、策划咨询、线路设计、课程开发等运营、管理及服务工作的高素质复合型技术技能人才。	面向研学旅行基地(营地)、旅行社、研学景区(景点)、文博场馆等企事业单位的一线服务与管理岗位,如研学辅导员、导游、计调、营销策划、产品设计等基础岗位,研学旅行指导师、研学旅行运营、部门经理等中高层管理岗位。
14	郑州旅游职业学院	本专业培养德、智、体、美、劳全面发展,具有良好职业道德和人文素养,掌握研学旅行相关政策法规和规范标准,熟悉中小学研学旅行相关教育政策、目标、大纲和方案要求,从事研学旅行项目开发运营、策划咨询、线路设计、课程开发等运营、管理及服务工作的高素质技术技能型人才。	本专业学生就业面向主要包括中小学、文博场馆、公共文化场馆、研学旅行营地(基地)、旅行社、相关旅行景区(点)等研学旅行相关企事业单位。
15	广西机电职业技术学院	本专业培养德、智、体、美、劳全面发展,具有良好职业道德和人文素养,掌握研学旅行相关政策法规和规范标准,熟悉中小学研学旅行相关教育政策、目标、大纲和方案要求,从事研学旅行项目开发运营、策划咨询、线路设计、课程开发等运营、管理及服务工作的高素质技术技能人才。	在景区、文博场馆、研学旅行营地(基地)、教育培训机构等从事管理、策划、咨询、营销、教育培训等工作。

图 3.2　前 15 所研学旅行管理与服务专业高职院校人才培养的职业面向词云

在培养目标上,前 15 所研学旅行管理与服务专业高职院校中 12 所院校将研学旅行专业培养规格定位为高素质技术技能人才,有 3 所院校将人才培养的培养规格定位为高素质复合型技术技能人才。为适应我国产业结构调整与技术创新的现实需要,《国家教育事业发展第十二个五年规划》明确了高职教育的人才培养规格为高素质技术技能人才,前 15 所研学旅行管理与服务专业高职院校均较好地贯彻和落实了这一整体教育方针。从内涵上理解,高素质技术技能人才应具备如下能力和素养:一是良好的行业与职业认同感;二是较为完整的基础知识和理论;三是良好的人际交往技能;四是现代信息处理能

力、思辨能力和创新能力;五是两种及以上的基本技能。[①] 研学旅行涵盖旅游
与教育两个领域,要提升研学旅行效果必须平衡好游与学的关系[②],这对研学
人才培养也提出了如何培养复合型人才的挑战,由此湄洲湾职业技术学院、北
京经济管理职业学院和杭州科技职业技术学院三所院校提出了高素质复合型
技术技能型研学人才的培养目标。

就人才培养的具体知识、能力和素质目标来看(图 3.3),"熟悉中小学研
学旅行相关教育政策、目标、大纲和方案要求""掌握研学旅行相关政策法规和
规范标准""了解中小学教育理论知识""熟悉旅行业务经营管理知识""掌握研
学旅行通识性知识和研学旅行课程开发知识"等知识目标,"开发运营""策划
咨询""线路设计"和"课程开发"等运营、管理及服务能力目标,以及"具有良好
职业道德和人文素养""德、智、体、美、劳全面发展"的素质目标,成为前 15 所
研学旅行管理与服务专业高职院校人才培养的共识。

图 3.3　前 15 所研学旅行管理与服务专业高职院校人才培养目标词云

---

① 何龙,杨建国,张蕴启,张轩.试论高素质技术技能人才必备的基本内涵——以现代制造业为
例[J].成都航空职业技术学院学报,2016,32(2):1-3+23.
② 赵明.关于中小学研学旅行的建议[J].中学教学参考,2021(3):53-54.

二、主要课程与实践教学

（一）主要开设课程

从前15所研学旅行管理与服务专业高职院校主流开设课程情况来看（表3.4），相较于2020年研学专业创办之初的有限课程门类，如今的高职研学旅行管理与服务专业的课程已然十分丰富，相关理实课程数量已近80门。[1] 对内涵相似课程进行归并后的统计结果显示（表3.5），研学旅行安全管理、研学旅行课程开发、研学旅行咨询服务与市场营销、研学旅行项目开发与运营以及研学旅行政策法规是前15所研学旅行管理与服务专业高职院校开设最多的五门课程，研学旅行指导师实务、研学旅行计调实务、导游实务、中小学德育及实践课程概论、全国导游基础知识、研学旅行教育理论与实践、研学旅行实施指导与评价、研学旅行产品线路设计和研学旅行服务礼仪等课程开设比例也较高（开设院校数量在40%及以上）。

表 3.4　高职院校研学旅行管理与服务专业主流开设课程一览表[2]

排名	院校名称	主要课程
1	湄洲湾职业技术学院	研学旅行资源调查与评价、研学导师综合素养提升、研学旅行服务语言艺术、中小学生认知与学习、研学旅行服务礼仪、教育学概论、研学旅行项目开发与运营、研学旅行产品线路设计、中小学德育及实践课程概论、研学旅行课程开发、旅游学概论、研学旅行安全管理、生涯规划研学旅行设计与实践、研学旅行咨询服务、常用急救知识与技能、研学旅行实施指导与评价、研学旅行政策法规、研学旅行市场营销、食品安全与健康等。
2	青岛酒店管理职业技术学院	研学旅行政策法规、中小学德育及实践课程概论、研学旅行项目开发与运营、旅行社计调实务、研学旅行产品线路设计、研学旅行咨询服务与市场营销、研学旅行安全管理、研学旅行实施指导与评价、研学旅行课程开发等。
3	浙江旅游职业学院	研学旅行策划实务、研学旅行计调实务、研学旅行指导师实务、研学旅行安全管理、教育学、市场营销实务、教育心理学等。

---

[1]　该数量为对前15所研学旅行管理与服务专业高职院校开设课程的简单词频统计，并未对名称或内涵相近的课程进行归并。

[2]　15所研学管理与服务专业高职院校的课程信息均来自所在院系及学校招生部门的官方信息，部分引自其他公开资料。感谢江西外语外贸职业学院旅游学院邬艳艳、西宁城市职业技术学院蔡淑婷等老师提供的信息支持。

续表

排名	院校名称	主要课程
4	江西外语外贸职业学院	旅游行业基础、研学旅行概论、形象设计与礼仪训练、旅游法规实务、导游基础知识Ⅰ-Ⅲ、研学旅行实务Ⅰ-Ⅲ、模拟导游Ⅰ-Ⅱ、研学旅行安全管理、大数据分析与数字营销、研学旅行课程设计与开发、研学踩点、导游业务、研学旅行政策法规、计调实务、旅游产品设计与数字化运营、毕业设计(论文、翻译等)、顶岗实习、基础英语(非涉外非语言类专业)、茶艺等。
5	三亚中瑞酒店管理职业学院	研学旅行政策法规、计调实务、研学旅行产品线路设计、研学旅行项目开发与运营、中小学德育及实践课程概论、研学旅行咨询服务与市场营销、研学旅行安全管理、研学旅行课程开发、导游实务、研学旅行实施指导与评价等。
6	河北旅游职业学院	研学旅行基(营)地服务与管理、研学政策法规实务、研学旅行产品线路设计、研学旅行指导师实务、研学旅行咨询服务与市场营销、研学旅行计调实务、团队拓展与户外运动、研学旅行安全管理、研学旅行项目开发与运营等。
7	北京经济管理职业学院	研学旅行指导师实务、中小学德育及实践课程概论、研学旅行项目开发与运营、研学旅行课程开发、研学旅行咨询服务与市场营销、研学旅行实施指导与评价等。
8	西宁城市职业技术学院	旅游文化、研学旅行教育理论与实践、教育教学知识与能力、综合素质、研学旅行概论、导游业务、研学旅行基地营地服务与管理、研学旅行课程设计与实施、研学旅行市场营销、实践活动设计与实施、全国导游基础知识、旅游政策法规、乡村旅游开发实务、青海导游词、旅游英语、研学旅行安全管理、领队实务、形体训练、旅游服务礼仪等。
9	江西旅游商贸职业学院	研学旅行课程设计、研学旅行概论、研学旅行教育理论与实践、研学旅行指导师实务、研学旅行市场营销、研学旅行基(营)地服务与管理、研学旅行政策法规、研学旅行安全管理等。
10	三峡旅游职业技术学院	中华传统文化、研学旅行概论、旅游概论、全国导游基础知识、研学旅行课程开发、普通话、研学旅行实施指导与评价、教学论等。
11	南充职业技术学院	研学旅行政策法规、中国旅游地理、研学旅行安全实务、导游实务、研学旅行课程开发、旅行社计调业务等。

续表

排名	院校名称	主要课程
12	贵州经贸职业技术学院	研学旅行政策法规、研学旅行咨询服务与市场营销、研学旅行项目开发与运营、计调实务、研学旅行产品线路设计、导游实务、研学旅行安全管理、研学旅行实施指导与评价、中小学德育及实践课程概论、研学旅行课程开发等。
13	杭州科技职业技术学院	导游实务、旅游政策与法规、导游文化基础知识、研学企业运营管理、研学旅行课程设计、研学旅行安全管理、研学旅行指导师实务等。
14	郑州旅游职业学院	研学旅行指导实务、导游实务、旅行社计调实务、研学旅行课程设计、研学旅行市场营销、研学旅行基地运营与管理等。
15	广西机电职业技术学院	中小学教育管理、研学旅行安全管理、研学产品线路设计、研学旅行实务等。

表 3.5　前 15 所研学旅行管理与服务专业高职院校课程设置分布统计

课程名称	频次	相似课程分布
研学旅行安全管理	14	研学旅行安全管理(11)、研学旅行安全实务(1)、食品安全与健康(1)、常用急救知识与技能(1)
研学旅行课程开发	14	研学旅行课程开发(7)、研学旅行课程设计(3)、研学旅行课程设计与开发(1)、研学旅行课程设计与实施(1)、生涯规划研学旅行设计与实践(1)、实践活动设计与实施(1)
研学旅行咨询服务与市场营销	12	研学旅行咨询服务与市场营销(5)、研学旅行市场营销(4)、研学旅行咨询服务(1)、市场营销实务(1)、大数据分析与数字营销(1)
研学旅行项目开发与运营	11	研学旅行项目开发与运营(6)、旅游产品设计与数字化运营(1)、团队拓展与户外运动(1)、研学旅行资源调查与评价(1)、研学旅行策划实务(1)、乡村旅游开发实务(1)
研学旅行政策法规	11	研学旅行政策法规(7)、旅游法规实务(1)、研学政策法规实务(1)、旅游政策法规(1)、旅游政策与法规(1)
研学旅行指导师实务	9	研学旅行指导师实务(5)、研学旅行指导实务(1)、研学旅行实务(2)、领队实务(1)

续表

课程名称	频次	相似课程分布
研学旅行计调实务	8	计调实务(3)、旅行社计调实务(2)、研学旅行计调实务(2)、旅行社计调业务(1)
导游实务	8	导游实务(5)、导游业务(2)、模拟导游(1)
中小学德育及实践课程概论	7	中小学德育及实践课程概论(5)、中小学生认知与学习(1)、中小学教育管理(1)
全国导游基础知识	7	全国导游基础知识(2)、导游基础知识(1)、导游文化基础知识(1)、中华传统文化(1)、旅游文化(1)、中国旅游地理(1)
研学旅行教育理论与实践	7	研学旅行教育理论与实践(2)、教育学概论(1)、教育学(1)、教育心理学(1)、教育教学知识与能力(1)、教学论(1)
研学旅行实施指导与评价	6	研学旅行实施指导与评价(6)
研学旅行产品线路设计	6	研学旅行产品线路设计(5)、研学产品线路设计(1)
研学旅行服务礼仪	6	研学旅行服务语言艺术(1)、研学旅行服务礼仪(1)、形象设计与礼仪训练(1)、茶艺(1)、形体训练(1)、旅游服务礼仪(1)
研学旅行基(营)地服务与管理	5	研学旅行基(营)地服务与管理(2)、研学旅行基地营地服务与管理(1)、研学企业运营管理(1)、研学旅行基地运营与管理(1)
研学旅行概论	4	研学旅行概论(4)
旅游学概论	3	旅游学概论(1)、旅游行业基础(1)、旅游概论(1)
研学导师综合素养提升	2	研学导师综合素养提升(1)、综合素质(1)
旅游英语	1	旅游英语(1)
普通话	1	普通话(1)

　　具体来看,在不进行课程名称归并的情况下,前 15 所研学旅行管理与服务专业高职院校中有 11 所院校开设了研学旅行安全管理课程,7 所院校开设

了研学旅行课程开发和研学旅行政策法规课程,6 所院校开设了研学旅行项目开发与运营课程,开设研学旅行咨询服务与市场营销、研学旅行指导师实务和导游实务课程的院校也达到 5 所,上述课程的开设院校数量均在三分之一及以上(图 3.4)。总体而言,前 15 所研学旅行管理与服务专业高职院校在开设政策法规、安全管理、课程开发、项目运营等研学专业课程之外,还开设了包括旅游学概论、旅游行业基础、导游实务、导游业务、计调实务、导游文化基础知识、旅游政策法规、旅游服务礼仪等在内的旅游类课程,亦开始了包括教育学概论、教育学、教育心理学、教育教学知识与能力、教学论、中小学德育及实践课程概论、中小学生认知与学习、中小学教育管理等在内的教育类课程,充分响应了研学旅游作为教育和旅游融合发展新业态对人才培养的内在要求①,为既懂得旅游又理解教育的研学人才培养提供了坚实保障。

(二)实践教学设计

前 15 所研学旅行管理与服务专业高职院校在人才培养中均十分注重实践教学环节,研学踩点、毕业设计、顶岗实习是人才培养方案中较为常见的实践环节安排。如湄洲湾职业技术学院学前教育系为了提升研学旅行管理与服务专业学生实践能力和研学综合素养,组织学生赴三福集团进行研学踩点,在进行红木艺术馆、博物馆、红木工厂和生态园参观了解基础上,对标中小学的课程教材探讨研学设计;江西外语外贸职业学院通过"市内—省内—国内—高端定制"四个层次开展由国家高级导游现场授课的实践教学;杭州科技职业技术学院学生入学即进行企业宣讲分流,第 1 学期进行企业文化、企业岗位、职业生涯规划导入,引导入教,短学期学生进入学徒岗位企业进行岗位实践锻炼,第 5 学期开始,学生全面进入企业进行岗位学徒培养。

在校内实训课程和场地安排上,各院校研学旅行管理与服务人才培养方案中实训环节的课时大多占比逾 50%,同时,校内实训室和实训基地建设也获得了普遍重视。浙江旅游职业学院设有中央财政支持的实训基地,其与省内外主要研学旅行营地、基地签有合作协议,教学设施与实训条件一流。西宁城市职业技术学院已有 6 间实训室开展校内综合实训以及企业生产实践教学、顶岗实习,可以满足所有实训课教学要求。江西旅游商贸职业学院拥有中央、省财政支持的国家级旅游实训基地 1 个、江西省非物质文化遗产传播基地

① 孙九霞."游育":研学旅游新论[J].旅游学刊,2022,37(11):5-7. DOI:10.19765/j.cnki.1002-5006.2022.11.003.

图 3.4　前 15 所研学旅行管理与服务专业高职院校开设课程词云

1 个、江西省中小学研学实践教育基地 1 个、江西教育旅游示范区(3A 级旅游景区)1 个、江西风景独好旅游文化展厅等不同功能的实训室 22 个。杭州科技职业技术学院校内设有模拟导游实训室、礼仪实训室、旅游综合管理实训室、茶艺实训室等实训场地,学生可在校内进行研学旅行产品线路设计、课程开发、实施指导与评价等方面的实训。郑州旅游职业学院投资数千万元先后修建了云景点模拟导游实训室、导游急救实训室、OTA 运营实训室、旅游概念体验店以及河南旅游文化综合实训室等支持校内实训活动的开展。

三、职业技能证书

从前 15 所研学旅行管理与服务专业高职院校的职业资格证书要求来看(图 3.5),导游资格证书、1＋X 研学旅行策划与管理职业技能等级证书、教师资格证书和研学旅行指导师证书是最受认可的四大证书。在上述证书之外,携程定制旅行管家证书、人力资源管理师证书、茶艺师证书、旅游大数据分析证书等证书也获得了部分前15所研学旅行管理与服务专业高职院校的认可。

图3.5　前15所研学旅行管理与服务专业高职院校人才培养资格证书词云

（一）导游资格证书

在我国，导游人员须通过全国导游人员资格考试后方能执业，考试分为笔试和现场考试（面试）两个环节（中文"导游资格证书"转换外语语种的考生无需参加笔试），考核科目分别为政策与法律法规、导游业务、全国导游基础知识、地方导游基础知识以及现场考试（面试）科目——导游服务能力。笔试和现场考试（面试）的成绩以及总成绩均满足当年划线要求的考生，可获得导游资格证书。对高职学生而言，导游人员资格考试存在着知识面大、内容繁复和掌握难度大的挑战[①]，考试通过率低也就成为一个共同的难题[②]。

但是，对旅游类专业学生而言，全国导游资格证书可以说是进入行业的敲门金砖。[③] 因此，帮助在校学生考取导游资格证书成为高职院校旅游类专业

　　① 刘溪辰.以导游资格证考试为核心的高职旅游专业课程改革探讨[J].辽宁师专学报（社会科学版），2016（3）：87-89.
　　② 史小露，濮阳书红，王辰杰，李珊英.高职院校旅游管理专业学生导游资格证考试通过率提升对策研究[J].才智，2019（23）：13.
　　③ 吴世雄.贵州高职导游专业学生职业能力培养途径探究[J].旅游纵览（下半月），2018（16）：197.

人才培养的重要目标。[①] 导游资格证书同样是最受前 15 所研学旅行管理与服务专业高职院校认可的证书,其中,江西外语外贸职业学院还对研学专业的学生提出了考取外语导游证的更高要求。对导游资格证书的热衷,可以从两个方面来理解:从学生角度来看,在校期间获得导游证和教师资格证这两项证书将极大增强自身就业竞争力[②];从企业角度来看,当下从事研学相关业务的旅行企业在对研学导师的选择上,持证的导游人员当仁不让成为首选[③]。

(二)研学旅行策划与管理(EEPM)职业技能等级证书

针对当前研学旅行"游而不学,重游轻学""一味包办,学生主体缺失""研学带队老师准入门槛低、水平参差不齐""研学旅行带队老师培训混乱""本末倒置,研学'假大空'""安全教育与风险保障意识弱,应急救护能力弱""缺乏对学生、带队老师立体的评价机制"等问题,亲子猫(北京)国际教育科技有限公司推出了研学旅行策划与管理(EEPM)职业技能等级证书,聚焦学生高质量就业、教师双师型成长和学校产教融合共赢式发展。

研学旅行策划与管理(EEPM)职业技能等级证书分为初级、中级和高级三个等级,关注中小学研学实践教育教学的内容目标与人才培养需求,涵盖了项目策划、安全管理、实施服务、课程设计、运营管理等诸多方面(表3.6)。该证书已在云南师范大学、大连外国语大学、广东工商职业技术大学等高职/应用型本科院校以及青岛酒店管理职业技术学院、浙江旅游职业学院、南京旅游职业学院等高职学校试点,目前参与证书试点的院校有近千所,申报学生人数逾 200000 人。在 2022 年 9 月教育部发布的修订版专业简介中,研学旅行策划与管理(EEPM)职业技能等级证书被编进了旅游、教育与体育两大类 13 个专业的人才培养职业技能等级证书要求之中。[④] 基于无锡城市职业技术学院的抽样调研结果亦显示,学生考取最多的职业资格证书就是研学旅行策划与

① 贺小群.浅谈高职院校旅游管理专业导游资格证考试通过率提高的对策——以黑龙江农业工程职业学院为例[J].经济研究导刊,2015(15):205-206.

② 陈安慧.研学旅行管理与服务专业人才培养体系的构建[J].湖北成人教育学院学报,2020,26(2):22-27.

③ 刘松敏."粤港澳大湾区"背景下发展蓝色海洋研学旅行的思考——以广东省阳江市为例[J].珠江水运,2021(15):7-13.

④ 何赪,邓青.从盲点到契合点:"1+X"证书双主体初始合作试点的微观探析[J].天津中德应用技术大学学报,2022(5):39-46.

管理（EEPM）职业技能等级证书。[①] 同样地，该证书也是广受前 15 所研学旅行管理与服务专业高职院校认可的职业资格证书。

表 3.6　研学旅行策划与管理（EEPM）职业技能等级证书简介

等级	面向群体	技能要求	等级要求描述
EEPM 初级（基础性工作）	主要面向其他教学人员、讲解员、安全员、导游、旅游团队领队、旅行社计调、企业经理、项目管理、工程技术人员等职业岗位	主要职责是能为中小学生提供基础性安全落实、教学引导和服务管理，对中小学生进行基础性实践教育等服务活动	识别安全隐患点 安全巡查 安全教育 写实性评价 辅导学生做研学学生手册 安排接待计划 针对性地讲解 遵照安全清单执行 对常见疾病预防 调动五感开展体验式活动 讲故事 做预算、结算 处理投诉、突发事件 开发研学活动单元课程 ……
EEPM 中级（复杂性工作）	主要面向其他教学人员、讲解员、安全员、导游、旅游团队领队、旅行社计调、企业经理、项目管理、工程技术人员等职业岗位	主要职责是在能够履行初级职责的基础上，为中小学生提供针对性安全管理、教学辅导和策划管理，对中小学生进行实践教育，掌握课程策划和设计等新知识、新技能	对人员——分工 遴选合适的安全人员 启发引导学生提出开放式、探索式问题 组合最佳研学线路 开营、闭营 开发一天以上的研学活动 开展过程性、表现性和档案袋评价 踩点 设计《研学学生手册》 定价、报价、核酸等 ……

　　① 郭瑞."1＋X"证书制度下高职研学旅行复合型人才培养路径研究[J].宁波职业技术学院学报,2022,26(6):24-28.

续表

等级	面向群体	技能要求	等级要求描述
EEPM 高级（综合性工作）	主要面向其他教学人员、讲解员、安全员、导游、旅游团队领队、旅行社计调、企业经理、项目管理、工程技术人员等职业岗位	主要职责是在能够履行中级职责的基础上，掌握中小学生的身心发展特点与培养方法，能对低级别研学旅行策划与管理人员进行培训、指导，掌握安全机制、教学指导、运营管理的知识和技能及素养	心理疏导 构建组织机构 设计《研学安全手册》 指导学生开展 PBL 项目式学习 对研学 EEPM 证书（初级、中级）持有者进行岗位督导 开展复盘 设计《研学运营手册》 使用数字化平台管理 ……

（三）教师资格证书

当下，不少旅行社在进入高职院校招聘研学旅行人才时，都明确强调了持有"双证"的毕业生优先，双证指的就是导游资格证书与教师资格证。[①] 在前15所研学旅行管理与服务专业高职院校的人才培养方案中，教师资格证书与导游资格证书、研学旅行策划与管理（EEPM）职业技能等级证书一起并列成为最受重视的专业职业资格证书。一方面，不少高职大学生为给将来就业增加砝码而热衷于考取包括教师资格证等在内的各种证书[②]，另一方面，现在有些研学旅行地方标准已经要求研学导师应持有导游员资格证书或者教师资格证书[③]，这都使教师资格证书越来越受到青睐。

严谨地说，高职研学专业学生关注的是中小学教师资格证书，其包括幼儿园教师资格考试、小学教师资格考试、初级中学教师资格考试、普通高级中学教师资格考试、中等职业学校文化课教师资格考试、中等职业学校专业课教师资格考试、中等职业学校实习指导教师资格考试。实际上，高职研学院校的课程安排与中小学教师资格证书所涉及的职业道德与基本素养、教育知识与应

---

① 陈安慧.研学旅行管理与服务专业人才培养体系的构建[J].湖北成人教育学院学报,2020,26(2):22-27.

② 孙艺文.在经济新常态下大学生如何树立正确的就业观[J].中小企业管理与科技(上旬刊),2015(12):230.

③ 谭健萍,曾惠华,殷志颖.基于网络招聘信息的研学旅行人才需求现状分析[J].现代商贸工业,2023,44(1):127-131.

用和教学知识与能力考核内容有较好耦合,这为研学旅行管理与服务专业的学生顺利通过教师资格证考试提供了一定的便利。

在上述提及的证书之外,健康证、救生员证、心理咨询师证、营地指导员证、户外领队证、户外拓展训练师证、攀岩证等证书也获得一些高职研学专业院校的采用,而由北京中凯国际研学旅行股份有限公司推出的"1+X研学旅行课程设计与实施(DIEE)职业技能等级证书"亦得到了300多所合作院校的认可,证书的推广与应用呈现出积极前景。

第三节　研学旅行管理与服务人才培养方案反思

前15所研学旅行管理与服务专业高职院校整合自身优势资源和独特办学基础,充分发挥办学积极性和主动性,在完善研学旅行管理与服务人才培养方案和创新人才培养模式上做出了有力探索,通过提供专业化人才和智力支持有效保障了我国研学旅行活动的顺利、有效开展。但是,一方面,目前研学旅行管理和服务人才供给还远未能满足研学旅行市场的迫切发展需求[①],另一方面,由于研学人才培养质量受到师资素养、生源基础、教学资源、学习环境和社会需求等诸多因素的影响[②],当前研学旅行人才培养质量与行业人才期望仍有一定距离,因此,研学人才仍是羁绊研学旅行发展的主要瓶颈之一。基于前15所研学旅行管理与服务专业高职院校研学旅行管理与服务人才培养方案的比较分析,可以发现高职院校研学人才培养上或还存在着以下主要问题。

一、人才培养的前瞻性和特色性仍显不足

从前15所研学旅行管理与服务专业高职院校的人才培养定位来看,文博场馆、研学旅行基(营)地和旅行社是前15所研学旅行管理与服务专业高职院校人才培养方案中最聚焦的就业领域,景区景点、中小学和教育培训机构是紧随其后的重要就业面向,在主要就业岗位上,营销咨询、设计策划、计调运营是

---

① 李丽,高思佳,杨艳丽.社会服务视角下地方院校与中小学共建"五色教育"育人模式研究——以绥化学院为例[J].黑龙江教师发展学院学报,2021,40(1):80-83.

② 申桂娟.研学旅行管理与服务专业人才培养模式的构建[J].开封大学学报,2020,34(2):60-62.

最受重视的岗位类型,导游讲解、研学旅行指导师、门市接待等岗位也受到一定的关注,但整体来看,各院校在研学旅行管理与服务人才的培养目标上存在着目标定位趋同化、雷同化和同质化的问题①,人才培养创新仍显缺乏。

（一）职业面向缺乏前瞻预判

张丽利、杨德芹对湖北省宜昌市的研学人才需求调研报告指出,当前研学旅行市场最迫切需求的是三大岗位,分别是研学导师、研学课程开发及设计人员和研学课程实施服务人员,研学市场拓展人员需求紧随其后。② 可以看到,这些岗位和研学旅行基地、营地的人才需求十分匹配。从目前研学旅行管理与服务学生实际实习情况来看③,虽然有不少学生仍在传统旅游管理、导游专业常见的旅行社、景区景点进行实习④,但是已经有学生在研学旅行基地、营地或文博场馆实习（表 3.7）。前 15 所研学旅行管理与服务专业高职院校的人才培养目标虽然表明了对文博场馆和研学旅行基地、营地的重视,但在人才培养方案的整体设计中（尤其是课程设计上）,绝大多数院校并未对上述职业领域未来人才需求的比例和增长前景有前瞻预判,人才培养职业面向还是较多回归于传统旅游大类所面向的就业单位和就业岗位。

表 3.7　杭州科技职业技术学院 2020 级研学旅行管理与服务学生实习去向

单位类型	景区景点	旅行社	研学基(营)地	酒店	教育培训机构	文博场馆
人数（人）	32	17	7	24	3	5
占比（%）	36.36	19.32	7.95	27.27	3.41	5.68

（二）人才培养的同质化问题

在旅游管理专业人才培养上,学者们已经发现了专业人才培养和旅游人才市场需求之间存在的错位和同质化问题。⑤ 从前 15 所研学旅行管理与服务专业高职院校的人才培养方案来看,亦存在培养模式单一、自身特色缺乏、

---

① 付海南,毛丽娅."双一流"建设下高校人才培养的定位、缺位和进位[J].黑龙江高教研究,2018,36(10):11-14.

② 张丽利,杨德芹.湖北省宜昌市研学旅行管理与服务专业人才需求调研报告[J].经济师,2020(10):162-163.

③ 高职研学旅行管理与服务专业于 2020 年首届招生,目前首批入学的学生仍在实习期,该专业尚无毕业生。

④ 参考杭州科技职业技术学院 2020 级研学旅行管理与服务专业两个实习班级的统计数据。

⑤ 邓琼芬、梁锦梅.研学旅行背景下旅游管理专业特色人才培养模式——以嘉应学院为例[J].嘉应学院学报,2020,38(2):79-83.

课程设置创新不足甚至课程内容雷同的问题。[①] 在人才培养的具体知识、能力和素质目标上,各院校人才培养目标雷同化程度较高,在人才培养的课程设置上,更是存在较为严重的趋同化。前 15 所研学旅行管理与服务专业高职院校作为我国研学旅行管理与服务人才培养的典型、示范和代表,其人才培养在结合地区人才需求特点、地域文化和资源特色以及院校办学历史与专业积累上仍显不足,这也带来了研学专业人才培养的同质化问题。为解决上述问题,高职研学院校应坚持服务地方经济社会发展,突出适应基层和地方的人才培养导向,在职业观念、职业精神、职业知识以及职业能力维度上完善专业人才培养目标设定。[②]

二、课程设置的科学性和融合性有待提升

(一)课程整体设置重旅游而轻教育

从前 15 所研学旅行管理与服务专业高职院校主要开设的 20 门课程来看(表 3.5),教育类的专门课程仅有中小学德育及实践课程概论、研学旅行教育理论与实践两门,与旅游类的专门课程的开设相比,占比明显不足。应该说,研学旅行管理与服务专业人才培养中重旅游轻教育与行业当下发展中存在的价值认识不足、功能定位不清和重旅游而轻教育的阶段性特点大体吻合。[③] 当前,一些研学实践基地、营地由于对学生身心发展、成长规律以及学校课程体系不甚了解,仅根据固有的旅游活动运行模式,将研学旅行异化成单纯讲解式的"耳朵课程"或走马观花式的"眼睛课程",归根结底,其主要问题就在于教育理论与方法的储备不足,这直接影响了研学旅行活动在立德树人根本任务达成上的功效。[④]

(二)研学旅行基(营)地关照不足

研学旅行基(营)地是研学教育实践活动的重要载体[⑤],在"双减"政策不

[①]　丁晓娜.优质旅游新时代背景下旅游人才培养模式研究[J].旅游纵览(下半月),2020(10):167-168+171.

[②]　龙海军.民族地区高校经管类专业课程思政的理论溯源与实践路径——以吉首大学为例[J].对外经贸,2022(11):108-111.

[③]　朱琼琳.我国研学旅行的发展对策研究[J].长春师范大学学报,2019,38(5):167-170.

[④]　邓纯考,李子涵,孙芙蓉.衔接学校课程的研学旅行课程开发策略[J].教育科学研究,2020(12):58-64.

[⑤]　南晓芳.肇庆打造全域研学旅行目的地的实施路径和行动策略[J].特区经济,2021(12):123-128.

断贯彻落实背景下,各类研学旅行基地、营地在研学旅行发展中的重要作用将会进一步凸显[①],研学旅行基地、营地高质量发展离不开专业研学旅行人才的支持。一方面,随着区级、市级、省级和国家级研学旅行基地、营地的不断涌现,研学旅行基地、营地的品牌化、规范化发展对专业运营管理人才的需求将越来越凸显,但从前15所研学旅行管理与服务专业高职院校主要开设课程的情况来看,只有五所院校开设了研学旅行基(营)地服务与管理课程,开设比例仅占三分之一。另一方面,研学旅行基地、营地是研学教育活动落地实现的重要场所,其链接了政府、学校、旅行社及其他利益相关者,因此,在人才培养的课程设计上,应当围绕研学旅行基(营)地开展一系列的策划、设计、课程、营销、运营和管理理论课程和实践活动设计,这也能够使课程整体呈现出基于工作过程的系统思维。

(三)实训课程"教""旅"融合薄弱

在实践教学环节上,前15所研学旅行管理与服务专业高职院校较多还是利用校内功能复用的旅游类实训室开展校内技能训练,加上以外出参观、顶岗实习为主要手段的常规校外锻炼。但是,研学旅行与一般旅游服务之间存在最本质区别——服务对象不同,这导致了两者在工作流程、内容以及方法和原则等方面存在着诸多差异[②],这对研学旅行人才的培养也提出了新的要求。为了更好地融汇理论课程所学,在实践环节应加强与教育部门和旅游部门的合作。与教育部门的融合上,应创设更多实践场景和机会,让研学学生更多观察、接触和熟悉服务对象的特点,实践教育设计理念、方法和手段;与旅游部门的融合上,要加强与重点研学旅行基地、营地的合作,让学生有更多机会在真实工作场景锤炼职业技能。在实践育人环节促进教育与旅游的有机整合和深度融合,将有利于研学旅行人才培养质量的提升。对研学旅行的参与者而言,知识、认知、情感以及行为都会正向影响旅游体验,从这一点上说,教育与旅游融合是顺理成章的[③],于是乎,院校在实施实践教学过程中也应扭转教学观念,从教育与旅游融合的视角将研学学生的实践教学也视为研学旅行教育,将

① 张志荣,罗怡欣,刘啸,蒋敏婕.基于内容分析的中国研学旅行基地标准研究[J].西部旅游,2022(6):70-72.

② 欧越男,张婷婷.研学旅行背景下景区讲解员转型研学导师能力知识探讨[J].中国市场,2022(34):102-105.

③ 黄俊毅.研学旅行、旅游体验与非遗保护——基于永春非遗研学旅行的实证研究[J].西部学刊,2022(10):133-138.

知识与技能传授付诸具体的实践育人过程,践行研学旅行"因学而游,在游中学,学游结合"的内涵精髓。

附录1:前15所研学旅行管理与服务专业高职院校及其主干课程简介

表 3.8 前 15 所研学旅行管理与服务专业高职院校及其课程简介

排名	院校名称	专业及课程信息网址
1	湄洲湾职业技术学院	https://mp. weixin. qq. com/s? __biz＝MzA4NTYzMzUzMg＝＝&mid＝2650142634&idx＝1&sn＝ea05744286e57e27441fb3d73306001d&chksm＝87d5a739b0a22e2f09658c262a86eafe45bda
2	青岛酒店管理职业技术学院	http://wlxy. qchm. edu. cn/yxlxglyfwzy/list. htm
3	浙江旅游职业学院	https://lgx. tourzj. edu. cn/zyjs/yxlxglyfwzy. htm
4	江西外语外贸职业学院	http://gsx. jxcfs. com/info/1018/2239. htm
5	三亚中瑞酒店管理职业学院	https://mp. weixin. qq. com/s? src＝11&timestamp＝1673863901&ver＝4292&signature＝T0As26KbjqfZsnSiIgP2pEFTdReEwtHHC9EJ5ucLTbieI11v-Vc3ULOg7rQvZFFx＊f6czkOe1zp8k-yYkRdSgsFjj4SA13v2IJcshKgN8nom＊a3XEHo-IeIVoS7O0GPv&new＝1
6	河北旅游职业学院	https://www. hbly. edu. cn/zsb/info/1146/1225. htm
7	北京经济管理职业学院	https://glxy. biem. edu. cn/info/4619/1576. htm
8	西宁城市职业技术学院	http://www. xncy. edu. cn/news/165413582732338172. html
9	江西旅游商贸职业学院	https://zsb. jxlsxy. com/zkzx/zyjs/44492. htm
10	三峡旅游职业技术学院	http://zs. sxlyzy. com. cn/zcjy/zsxxw/zhaoshengzusz/2022/0513/16157. html
11	南充职业技术学院	http://112. 19. 25. 2:8159/cjx/contents/3784/16323. html

续表

排名	院校名称	专业及课程信息网址
12	贵州经贸职业技术学院	https://www.gzjmzy.cn/xyjg/jxjg/lvglx/zyjs/2020-07-10/10510.html
13	杭州科技职业技术学院	https://www.hzpt.edu.cn/Recruitment/20/c0/c164a73920/page.htm
14	郑州旅游职业学院	https://www.zztrc.edu.cn/lygl/zysz/yxlxglyfwzy.htm
15	广西机电职业技术学院	http://www.gxcme.edu.cn/rwx/xygk.htm

第四章　基于招聘大数据的研学人才需求分析

第一节　基于大数据视角的研究设计

"双减"政策落地后,研学旅行成为素质教育领域和文旅消费领域重要的新赛道。携程《2021暑期旅游大数据报告》数据显示,休闲亲子游和研学旅行体验已经成为暑期定制游的主力:研学旅行产品较往年暑期增长超过了650%,而研学类产品相关搜索量则较上年同期增长了2倍以上。[①] 小猪民宿《2021亲子民宿大数据报告》亦显示,附有研学功能的民宿产品较往年增长超450%,搜索量同比增长则超3倍。[②] 驴妈妈平台的数据亦显示,2021年国庆期间的研学旅行出游人数与2020年同期相比增长约78%。[③] 研学旅行市场正由学校主导逐步向家庭主导蔓延,作为替代"补习"的寓教于乐产品,随着素质教育理念的深入以及旅游产业跨界融合,研学旅行市场需求正在全面释放,千亿级的中国研学旅行市场已经浮现。

一、研学旅行重点关注城市

由教育部教育发展研究中心对31个省(自治区、直辖市)3946所学校的3.3万名家长实施的中小学生研学旅行情况调查显示,2017年全国学校研学

---

① 李婷,李栋.《2021暑期旅游大数据报告》发布:研学游搜索量增超2倍[EB/OL].(2021-07-12)[2022-10-15]. https://life. southcn. com/node_746d39dcff/c463d44f22. shtml.

② 北京商报. 小猪民宿发布暑期亲子报告:研学民宿同比去年增长超450%[EB/OL].(2021-07-23)[2022-10-15]. https://baijiahao. baidu. com/s? id=1706058339536799483&wfr=spider&for=pc.

③ 班娟娟. 亲子游研学游需求加速释放[N]. 经济参考报,2021-12-01(008).

旅行平均参与率为 38%,但到了 2018 年,参与率已快速提升至 50%。其中,2017 年参与率超过了 50% 的地方主要有上海、天津、山东、湖北、辽宁、江苏等省份,至 2018 年,北京、重庆、黑龙江、内蒙古、福建、浙江和新疆等省份参与率也纷纷超过了 50%。[①] 从理论上分析,地方研学旅行参与率越高,从一定程度上可以表征研学旅行市场活跃度越高(实际需求状况还与学校学生基数密切相关),而其与研学课程研发、研学计调、研学导师、素质拓展导师、营地设计人才和研学市场开拓人才的需求增长直接关联。[②] 参照上述调研数据和理论分析,研究将 4 个直辖市和 9 个省份的省会城市和计划单列市作为大数据采集的重点对象,同时,结合 2016 年 3 月教育部基础教育一司在《关于做好全国中小学研学旅行实验区工作的通知》(基一司函〔2016〕14 号)文件中公示的 10 个全国中小学研学旅行实验区情况(表 4.1),最终确定了研学旅行重点关注城市(表 4.2)。

表 4.1　全国中小学研学旅行实验区

序号	研学旅行实验区	所属市
1	天津市滨海新区	天津
2	河北省邯郸市	邯郸
3	江苏省苏州市	苏州
4	安徽省合肥市	合肥
5	江西省兴国县	赣州
6	河南省济源市	济源
7	湖北省麻城市	黄冈
8	重庆市(教委)	重庆
9	贵州省遵义市	遵义
10	新疆维吾尔自治区乌鲁木齐市	乌鲁木齐

----

① 王晓燕.研学旅行亟须专业化引领发展[J].人民教育,2019(24):13-16.
② 周伟伟.研学旅游背景下陕西研学旅游人才需求分析[J].旅游纵览(下半月),2018(24):164+166.

表 4.2　研学旅行重点关注城市一览表

序号	类别	城市名称
1		上海
2	直辖市	天津
3		重庆
4		北京
5		济南
6		青岛
7		南京
8		武汉
9		沈阳
10		大连
11		呼和浩特
12		哈尔滨
13		杭州
14	省会城市/计划单列市/研学旅行	宁波
15	实验区所在地级市	福州
16		厦门
17		乌鲁木齐
18		邯郸
19		苏州
20		合肥
21		赣州
22		济源
23		黄冈
24		遵义

二、研学旅行典型岗位类型

谭健萍、曾惠华和殷志颖基于 BOSS 直聘（www. zhipin. com）、前程无忧（www. 51job. com）和猎聘网（www. liepin. com）三大招聘网站的数据,采用内容分析法对广州这一单个城市的研究结果显示,可将研学旅行岗位分成开发策划类、导师类、编辑与推广类、销售类、管理统筹类、营地岗位类和其他类共七类,其中管理统筹岗人才需求占比最多,导师类和开发策划类研学岗位需求亦较为显著(表4.3)。[1]

表 4.3　研学旅行岗位类型

类型及占比	岗位	岗位内容
导师类 (29.51%)	研学导师/老师/指导师;研学导师助理/助教;班主任/辅导员;研学领队/老师;科普专员	市场调研;行业分析;研学活动招生及咨询服务;教学/产品/路线研发;课件制作;授课;研学手册编辑;家长、学生沟通协调工作;研学活动执行;安全管理;突发事件处理;研学活动效果评估与反馈;客户回访;项目预算与控制;公众号编辑;活动推广等
开发策划类 (20.77%)	研学课程设计师/课程开发/课程研发;研学计调;研学项目/产品/活动/策划师/策划助理	产品市场定位;课程研发;课程优化;课程评估;设计/策划路线;活动方案策划;制定预算;成本核算;报价;供应商沟通与采购;客户关系维护;活动落地总控;产品营销推广;产品/活动效果复盘评估;品牌策划等
销售类 (6.56%)	研学销售代表;研学旅行市场经理/产品销售经理	市场调研;政策分析;同行产品分析;销售计划制订;制定销售/营销策略;产品推广;电商平台运营;完成销售任务;合作方洽谈沟通;客户关系维护;开拓市场;品牌塑造等
编辑/推广类 (2.19%)	文案编辑;新媒体运营/运营编辑;研学宣传推广员	短视频平台内容搭建与推广;公众号编辑与运营;微信群维护;平台活动策划与执行;平台流量变现等
营地岗位类 (2.73%)	研学营地教练/户外教练;研学营地运营经理/负责人;研学基地储备干部/管培生;研学讲解员	研学活动执行;现场管理;场地设施维护;制定活动运行标准;活动监督实施;教育部门/企业/旅行企业对接业务;日常接待;产品讲解等

① 谭健萍,曾惠华,殷志颖.基于网络招聘信息的研学旅行人才需求现状分析[J].现代商贸工业,2023,44(1):127-131.

续表

类型及占比	岗位	岗位内容
管理统筹类（33.88%）	产品主管/主任/经理/总监/负责人；项目经理/总监/负责人；区域经理	分析政策、行业动态；制定规章制度；制定业务工作流程与标准；团队组建与管理；人员培训；制定运营计划与目标；监督实施；成本管理；市场调研；产品开发/研发；产品定位；活动统筹；协调与维护外部关系；整合行业资源；服务质量管理；产品跟踪评估；产品升级完善；营销与推广；塑造企业/品牌形象
其他（4.37%）	研学培训师；海外研学导师/领队/助理；产业研究员；咨询师；实习生	团队培训；行业动态分析，报告撰写；海外研学市场分析；海外研学活动开展；协助日常研学工作；产品/项目咨询

　　翟孝娜、吕俊芳通过自身从业经验以及行业调研数据，对研学行业紧缺人才进行类型梳理后发现，行业主要就业岗位多集聚于研学活动服务与管理、研学产品研发、基地运营与管理和研学项目开发四大领域，具体职业岗位包括研学导师、文案策划师、基地品牌营销专员和游线设计专员等（表 4.4）。[①]

表 4.4　研学产业人才需求类型

序号	职业领域	职业岗位	主要工作任务
1	研学活动服务与管理	研学导师	按照带团计划安排接待 根据中小学生群体特点做好接待和安全工作 处理好突发事件 做好团队离开后的后续工作 专项课程教学 主题课程的教学指导
		计调	编排线路，提供相应价格信息 编制接团、带团计划、编制预算单 合理安排调配各岗位接待人员

　　① 翟孝娜，吕俊芳.基于研学产业需求的高职旅游专业人才培养策略研究[C]//中国旅游研究院.2021 中国旅游科学年会论文集：新发展格局中的旅游和旅游业新发展格局.中国旅游研究院，2021：399-406.

续表

序号	职业领域	职业岗位	主要工作任务
2	研学产品研发	文案策划师	策划研学活动主题,设计研学活动方案 自媒体平台文案撰写与营销
		课程设计师	结合省情、县情、乡情设计研学课程 根据中小学学科知识设计校外延伸课程 综合素质拓展等课程设计
3	基地运营与管理	基地品牌营销人员	营销方案的策划 区域市场的宣传与拓展 与学校做好对接与关系维护
		基地服务与安全管理人员	基地研学活动的接待及师生服务工作 基地食品、住宿的安全监控与管理 娱乐体验项目设施的安全检查与应总管理 基地环境与基础设施安全管理
4	研学项目开发	游线设计专员	主题线路规划设计
		研学项目规划师	研学基地项目策划 景区景点项目规划 乡镇研学项目规划设计 社会性研学资源项目策划

由上可见,研学旅行相关岗位涉及了从管理到服务、策划到执行的诸多环节,作为一种创新型跨领域合作业态,研学旅行的实践主题、内容和载体日益细化和丰富多样,研学旅行人才的需求类型和岗位设置也随之呈现出越来越多样化且专业化的特征。[①] 因此,如以具体岗位名称来在线摸排研学旅行人才的需求状况,既存在着种类繁多的问题又难以避免挂一漏万,为了在更大样本城市范围内更全面地了解当前研学旅行行业的人才需求状况,本研究在数

---

① 郭瑞.基于"1+X"证书制度的高职研学旅行教学改革实践研究[J].南通职业大学学报,2022,36(2):40-44.

据采集阶段不具体指定岗位名称,采用对招聘信息全文进行"研学"关键词搜索并辅以人工审核剔除无效信息的方法。

三、研学岗位招聘平台选择

与传统的线下招聘渠道相比,网络招聘打破了时空限制,在招聘效率和招聘成本方面体现出显著竞争优势。[①] 互联网招聘的主要路径包括专业招聘网站、社交关系网站/平台、公众社区/论坛和自媒体平台(表 4.5),基于数据采集可得性、可靠性和丰富性的考虑,研究初步确定采用前程无忧作为数据采集的平台,该招聘平台作为中国最具影响力也是最大的人力资源服务商,其深耕于各行业拥有着完善的上下端服务体系与庞大的市场占有率及多渠道优势,在产品黏性和用户满意度及忠诚度上具备显著优势。[②] 总体而言,利用前程无忧平台进行研学旅行岗位招聘信息采集具有两大显著优势:一是招聘资讯来源公开,信息获取相对便利;二是信息内容有着较高的置信度。[③]

表 4.5　互联网招聘的主要路径

序号	类型	主要平台
1	专业招聘网站	前程无忧、中华英才、智联招聘等
2	社交关系网站/平台	领英、优仕网、微博、QQ 等
3	公众社区/论坛	校园论坛、专业性交流社区等
4	自媒体平台	企业网站、微信公众号、知乎等

基于代表性招聘网站,将搜索地域范围限定为全国、职位名称锚定于研学、其他不作附加限定的验证性搜索结果显示(截至 2023 年 1 月 12 日),BOSS 直聘和前程无忧的职位数据信息量具有显著优势(表 4.6)。其中,BOSS 直聘在职位数上更胜一筹,而前程无忧发布职位信息的企业均经过信息审核且被收取招聘信息管理费,因此其数据来源的真实性可以说相对更有

① 王轶,王香媚,冯科."互联网+"对返乡创业企业经营业绩的影响——基于全国返乡创业企业的调查数据[J].中国科技论坛,2021(7):137-147.
② 周佳颖,王莉红.新冠疫情背景下互联网招聘企业商业模式研究——以前程无忧与 BOSS 直聘为例[J].现代商业,2021(27):6-8.
③ 钱明辉,徐志轩,王玉玺.基于网络招聘信息文本挖掘的企业竞争力识别研究[J].管理评论,2022,34(7):150-156.

保障。[①] 出于信息丰富度和可靠性的考虑,后续职位分析将基于 BOSS 直聘和前程无忧两大招聘平台的搜索结果展开。

表 4.6　招聘网站研学相关岗位职位数排名

排名	招聘网站	职位数(个)
1	前程无忧	2760
2	BOSS 直聘	3000＋
3	智联招聘	32
4	猎聘网	990
5	拉勾网	500＋
6	应届生求职网	406
7	中华英才网	2
8	数字英才网	43

四、招聘信息的大数据采集方法

就大数据采集而言,当前市面上使用较广的火车采集器、八爪鱼等爬虫软件在定制化爬取上通常会收取一定费用,而使用 Python 编程实现爬虫功能往往需要较长时间的软件学习,相较而言,Web Scraper 作为依托浏览器的免费爬虫插件有着易学易用的显著优势。[②] 在确定了数据采集平台(前程无忧)以及城市范围、岗位名称等检索条件后,本研究使用 Web Scraper(版本号 0.3.8)插件,对检索到的相关职位信息进行批量数据采集。本次职位检索和信息采集的时间为 2023 年 1 月 12—13 日。本研究抓取的目标信息呈现二级结构(图 4.1)。

采集内容 Company、Type、Scale、Field、Position、Salary、Summary 分别指的是公司名称、公司类型、公司规模、所处领域、职位名称、薪资水平和招聘摘要,其中,招聘摘要主要采集的是 City、Experience、Education 信息,分别代表所在城市、经验要求、学历要求,Other 中所采集的信息主要是 Supplement(岗位有关的一些补充信息)。

---

① 田红娜,范呈丰,李永华.高校人力资源管理专业学生职业能力培养研究——基于企业对人力资源管理专业毕业生的职业能力调查研究[J].黑龙江教育(理论与实践),2017(6):30-31.
② Ullah H, Ullah Z, Maqsood S, et al. Web scraper revealing trends of target products and new insights in online shopping websites[J]. International Journal of Advanced Computer Science and Applications, 2018, 9(6):427-432.

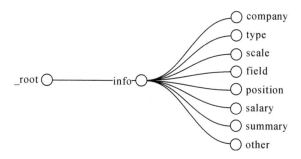

图 4.1　重点关注城市研学旅行招聘职位数据抓取结构图

具体抓取程序如表 4.7 所示。

表 4.7　重点关注城市研学旅行招聘职位数据抓取程序

序号	抓取平台	示例程序（北京）
1	前程无忧	{"_id":"job2","startUrl":["https://we. 51job. com/pc/search? jobArea＝010000&keyword＝％E7％A0％94％E5％AD％A6& search Type＝2&sortType＝0&metro＝"],"selectors":[{" clickElementSelector":" a. e _ icons"," clickElementUniqueness Type":" uniqueText","clickType":"clickMore","delay":2000," discardInitialElements":"do-not-discard","id":"info","multiple": true,"parentSelectors":["_root"],"selector":"a. el","type":" SelectorElementClick}，{"id":"link","multiple":false," parentSelectors":["info"],"selector":"_parent_","type":" SelectorLink"}，{"id":"company","multiple":false," parentSelectors":["link"],"regex":"","selector":". com _ name p","type":"SelectorText"}，{"id":"type","multiple":false," parentSelectors":["link"],"regex":"","selector":"p[title＝´民营 ´]","type":"SelectorText"}，{"id":"scale","multiple":false," parentSelectors":["link"],"regex":"","selector":"p[title＝´500- 1000 人´]","type":"SelectorText"}，{"id":"field","multiple": false,"parentSelectors":["link"],"regex":"","selector":". at a: nth-of-type（1）","type":"SelectorText"}，{"id":"position"," multiple":false," parentSelectors":["link"]," regex":""," selector":"h1","type":"SelectorText"}，{"id":"salary","multiple": false,"parentSelectors":["link"]," regex":"","selector":". cn strong","type":"SelectorText"}，{"id":"summary","multiple": false," parentSelectors":["link"],"regex":"","selector":"p. msg","type":"SelectorText"}，{"id":"other","multiple":false," parentSelectors":["link"],"regex":"","selector":"div. t1"," type":"SelectorText"}]}

续表

序号	抓取平台	示例程序（北京）
2	BOSS 直聘	{"_id":"job","startUrl":["https://www.zhipin.com/web/geek/job?query=%E7%A0%94%E5%AD%A6&city=101010100&page=[1-10]"],"selectors":[{"id":"info","parentSelectors":["_root"],"type":"SelectorLink","selector":"a.job-card-left","multiple":true},{"id":"company","parentSelectors":["info"],"type":"SelectorText","selector":"a[ka='job-detail-company_custompage']","multiple":false,"regex":""},{"id":"type","parentSelectors":["info"],"type":"SelectorText","selector":".sider-company p:nth-of-type(2)","multiple":false,"regex":""},{"id":"scale","parentSelectors":["info"],"type":"SelectorText","selector":".sider-company p:nth-of-type(3)","multiple":false,"regex":""},{"id":"field","parentSelectors":["info"],"type":"SelectorText","selector":".sider-company p a","multiple":false,"regex":""},{"id":"position","parentSelectors":["info"],"type":"SelectorText","selector":"h1","multiple":false,"regex":""},{"id":"salary","parentSelectors":["info"],"type":"SelectorText","selector":"span.salary","multiple":false,"regex":""},{"id":"summary","parentSelectors":["info"],"type":"SelectorText","selector":".info-primary p","multiple":false,"regex":""},{"id":"other","parentSelectors":["info"],"type":"SelectorText","selector":"ul.job-keyword-list","multiple":false,"regex":""}]}

第二节　研学旅行人才需求状况分析

一、数据描述性统计

（一）数据采集结果

通过对上述选定的目标城市进行数据采集①，共获得 3155 条岗位招聘信息。其中，BOSS 直聘平台抓取了 1945 条原始数据，前程无忧平台抓取了

---

①　研究选择招聘网站访问的空闲时段对公开数据进行分批数据采集，一是尽量减少对正常访问用户的资源占用，二是避免触发招聘平台的"反爬"阈值，基于研究目的做到合理合规地采集信息。

1210 条原始数据,考虑到批量数据采集可能存在的过度抓取(非研学相关岗位)和重复抓取(两个平台的信息重合)的问题,研究首先采取人工审核数据的形式,对非研学相关岗位进行了剔除,然后在 EXCEl 中进行了重复数据的批量剔除,最终获得 1510 条有效数据。值得注意的是,相关研究中同样是基于大数据的信息采集,会展专业面向上海一个城市所得到的数据就高达 6945 条[①],而本研究中面向 24 个城市所获得的岗位数据相较仅有五分之一左右,因此,从线上研学旅行人才的整体需求状况来看,研学旅行行业发展仍处于成长前期。

(二)数据的进一步清洗与整理

1. 公司类型(type)

将公司类型分为已上市、已融资、未融资和未报告四类,其中明确报告了公司融资状态处于天使轮、A 轮、B 轮、C 轮、D 轮及以上的企业均列入已融资序列,未报告有融资状况的企业单列未融资类别。

2. 公司规模(scale)

将公司规模分为 20 人以下、20～99 人、100～499 人、500～999 人、1000～9999 人和 10000 人及以上六类,由于样本所报告的公司规模类别种类过多,如 1000～9999 人规模区间就包含了 1000～5000 人、1000～9999 人和 5000～10000 人三个类型,故进行了合理的区间合并。[②]

3. 所处领域(field)

将所处领域分为教育/培训/院校、酒店/旅游、文化/体育/娱乐/休闲、广告/公关/会展、计算机/互联网/电子商务、影视/媒体/艺术/传播、专业服务(咨询、人力资源、财会、金融)、其他领域八类,样本原始报告的领域类别多达 89 个,为方便后续统计分析,研究对相关领域进行了归并。[③]

4. 薪资水平(salary)

首先,将薪资水平的单位均统一为千元(K)。其次,对于以小时计薪的职位,按照每天 8 小时、每月 22 个工作日计算月薪;对于日薪岗位,同样按照 22

① 苏永华,王美云.生利主义视域下的高职会展课程建设研究[M].武汉:华中科技大学出版社,2021:63.

② 原始区间的上区间值均以不含为标准处理,如 0～20 人视为 20 人以下,5000～10000 人视为 5000～9999 人。

③ 以包含、接近的原则进行合并,如将培训机构、在线教育、学前教育、教育/培训/院校、院校等归并为教育/培训/院校一个类别,将旅游、酒店/旅游、酒店等归并为酒店/旅游一个类别。

个工作日计算月薪;对于周薪岗位,按照 4 周的标准计算月薪;对于标准 13～24 薪的岗位,将额外部分平均摊入每年 12 月的单月月薪中。最后,对于区间工资,则以均值作为岗位月薪。

5. 经验要求(experience)

由于许多岗位原始报告的工作年限要求是一个区间值,研究将其均值作为经验要求值,但在后续结果分析时进行还原解读。[①] 对于无需经验、在校生/应届生的岗位经验要求取值为均赋值为 0,而 10 年以上经验要求的取值统一为 10。

6. 学历要求(education)

将学历要求划分为硕士、本科、大专、高中和学历不限五类,其中将原始职位要求为高中、中职/中技的合并为高中学历,将初中及以下、学历不限及未报告学历要求的均视为学历不限类别。

(三)数据描述性统计

从清洗后的数据来看,除薪资水平(salary)有小部分值缺失外,其他观测变量的数据完整性均较好,主要变量的描述性统计如表 4.8、4.9 所示。研究对研学旅行人才需求的分析将基于宝贝走天下(杭州沐童旅行社有限公司)、利为游学科技(北京)有限公司、阳光控股教育集团有限公司、朕的小时候(北京优爱未来文化交流有限公司)、鸿鹄研学(天津)教育科技有限公司、井上书研学旅游(上海井上书文化发展中心)等在内的 897 家企业发布的 1510 个研学旅行相关职位进行。

表 4.8　研学人才需求描述性统计(1)

变量	类别	数量	占比(%)
公司类型 (type)	已上市	46	3
	已融资	206	13.6
	未融资	767	50.8
	未报告	491	32.5

---

① 以 3.5 年工作经验为例,代表岗位要求的工作年限要求是 3～4 年,以此类推。

续表

变量	类别	数量	占比（%）
公司规模 （scale）	20 人以下	535	35.4
	20～99 人	598	39.6
	100～499 人	208	13.8
	500～999 人	85	5.6
	1000～9999 人	63	4.2
	10000 人以上	21	1.4
所处领域 （field）	教育/培训/院校	591	39.1
	酒店/旅游	355	23.5
	文化/体育/娱乐/休闲	143	9.5
	广告/公关/会展	35	2.3
	计算机/互联网/电子商务	63	4.2
	影视/媒体/艺术/传播	100	6.6
	专业服务(咨询、人力资源、财会、金融)	101	6.7
	其他领域	122	8.1
学历要求 （education）	硕士	10	0.7
	本科	624	41.3
	大专	667	44.2
	高中	39	2.6
	学历不限	170	11.3

表 4.9　研学人才需求描述性统计（2）

变量名	样本量	极小值	极大值	均值	标准差
salary	1507	1	65	7.8	4.576
experience	1510	0	10	1.96	1.841

二、研学旅行人才需求分析

（一）招聘职位集中度情况

从研学旅行招聘职位数前 50 位企业的招聘情况来看（表 4.10），宝贝走天下当期招聘人数最多,达到 17 个,利为游学科技(北京)、皓石教育的研学人才招聘位列第二、三名,人才招聘职位数分别为 16 个、12 个,招聘职位数前 50 位企业的招聘量占市场总量的 18.74%,平均每家企业招聘职位数为 5.66 个,企业岗位需求从整体上看集中度较低,单个企业招聘职位数也较为有限。这一需求状况与研学市场和研学企业的发展阶段有关,目前来看,研学旅行企业仍处于发展壮大过程中,个体企业的人才需求量仍较为有限。张英吉、张瑾在对井冈山市葛田乡上古田村乡村旅游的研究中亦曾指出,研学基(营)地所提供的岗位以临时性和兼职岗位为主,全职就业的岗位机会并不太多。[1]

表 4.10　研学旅行招聘职位数 TOP50 企业[2]

序号	研学机构名称	职位数(个)	占比(%)
1	宝贝走天下	17	1.13
2	利为游学科技(北京)	16	1.06
3	皓石教育	12	0.79
4	阳光控股教育集团	10	0.66
5	朕的小时候	10	0.66
6	鸿鹄研学	9	0.60
7	井上书研学旅游	8	0.53
8	课课通	7	0.46
9	深大智能	7	0.46
10	学知苑	7	0.46
11	周游列国	7	0.46
12	自信朗朗	7	0.46
13	绿山川阳光农场	6	0.40
14	学乐保科技	6	0.40
15	优无界	6	0.40
16	杭州新东方	5	0.33

---

[1]　张英吉,张瑾.革命老区乡村旅游"新内源性"发展的农户生计效应研究——以井冈山上古田村为例[J].江西科学,2022,40(6):1215-1221.

[2]　由于招聘人员数为 3 人的研学企业较多,本表仅列出 SPSS18.0 软件"描述统计—频率"分析中按照"计数的降序排序"自动生成的前两家公司。

续表

序号	研学机构名称	职位数（个）	占比（%）
17	华声志海	5	0.33
18	亲和力旅游	5	0.33
19	亲子猫	5	0.33
20	探程科技	5	0.33
21	乡振文旅	5	0.33
22	学易佳教育	5	0.33
23	尤尼森林营地	5	0.33
24	知行研学	5	0.33
25	中科格致	5	0.33
26	铂霆国际旅行社	4	0.26
27	创元邦达软件	4	0.26
28	当代公益	4	0.26
29	读行合一	4	0.26
30	护林家族	4	0.26
31	汇景研学	4	0.26
32	辽牙户外	4	0.26
33	明伦集团	4	0.26
34	南大千智研学	4	0.26
35	南京星辉旅行社	4	0.26
36	齐物社	4	0.26
37	三只熊教育旅行	4	0.26
38	森林营教育科技	4	0.26
39	山海恒达发展	4	0.26
40	莳光之礼	4	0.26
41	苏州翰林研学	4	0.26
42	沃乐团建	4	0.26
43	新旅之家	4	0.26
44	尤里卡教育	4	0.26

续表

序号	研学机构名称	职位数（个）	占比（％）
45	游侠客旅行社	4	0.26
46	振乡文旅	4	0.26
47	知道吗教育	4	0.26
48	重庆点划科技	4	0.26
49	ASDAN 阿思丹	3	0.20
50	爱杰恩营地教育	3	0.20
	总计	283	18.74

　　而从研学企业所提供的兼职岗位来看，主要为研学导师、研学导师助理、研学辅导员和研学旅行实习生的职位，薪资水平绝大多数集中于 $100 \sim 300$ 元/天，兼职岗位薪酬均值为 $150 \sim 200$ 元/天，要求每周工作时间长短不一，从每周 1 天到每周 6 天均有分布，每周兼职时间均值要求在 4 天左右。

表 4.11　研学旅行企业提供的兼职岗位示例

序号	公司名称	兼职岗位	薪资水平	所处城市	工作时间
1	湖北趣营国旅	研学旅行实习生	$150 \sim 300$ 元/天	武汉	5 天/周
2	小石头	研学课程设计	$100 \sim 200$ 元/天	武汉	4 天/周
3	复礼经心教育	博物馆历史老师	$150 \sim 300$ 元/天	武汉	1 天/周
4	第一站信息技术	研学导师	$120 \sim 130$ 元/天	沈阳	6 天/周
5	哈尔滨纵横文体	研学助理	$100 \sim 120$ 元/天	哈尔滨	6 天/周
6	右满舵	营地导师助理	$100 \sim 200$ 元/天	福州	3 天/周
7	悦动行	研学导师实习生	$150 \sim 300$ 元/天	厦门	1 天/周
8	布拉兔	研学老师	$100 \sim 200$ 元/天	厦门	5 天/周
9	厦门静远教育有限公司	研学辅导员	$180 \sim 210$ 元/天	厦门	2 天/周
10	知游	旅游顾问	$100 \sim 140$ 元/天	厦门	5 天/周
11	宝贝走天下	活动运营实习生	$150 \sim 300$ 元/天	厦门	6 天/周
12	共享天文	研学老师	$140 \sim 150$ 元/天	乌鲁木齐	5 天/周
13	远海国际	兼职研学导师	$180 \sim 200$ 元/天	遵义	3 天/周

（二）公司类型

　　未融资的企业占据了研学旅行需求的主体,未报告是否融资的企业次之,两者一共提供了超八成的研学旅行岗位(图 4.2)。具体来看(表 4.12),在总共 1510 个岗位中,未融资研学企业提供了 767 个岗位,岗位需求量占市场总数的一半多;未报告融资情况的研学企业提供了 491 个岗位,岗位需求量占市场总数的三成多;已融资研学企业提供了 206 个岗位,岗位需求量占市场总数的一成多;已上市研学企业提供了 46 个岗位,岗位需求量仅约占市场总数的 3%。由此可初步推断,研学旅行人才需求主体或以未发生融资的中小研学企业为主,已融资及至上市的大企业在研学领域的人才需求或者说业务布局仍较欠缺,这一判断可结合公司规模来进一步推断。

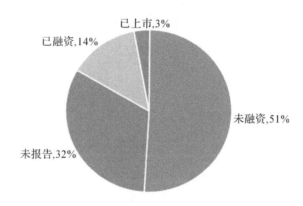

图 4.2　研学旅行人才需求主体类型

表 4.12　分类型研学旅行人才需求主体招聘情况

序号	公司类型	职位数(个)	占比(%)
1	未融资	767	50.79
2	未报告	491	32.52
3	已融资	206	13.64
4	已上市	46	3.05
	总计	1510	100.00

（三）公司规模

　　百人以下的中小研学旅行企业占据了岗位提供的主体(图 4.3),其提供的岗位数占总岗位数近八成。具体来看(表 4.13),20 人以下规模的研学旅行企业提供了 535 个职业岗位,占岗位总数的三成多;20~99 人规模的研学旅行企业提供了 598 个职业岗位,占岗位总数近四成;100~499 人规模的研学旅行企业提供了 208 个职业岗位,占岗位总数超一成;500~999 人规模的研学旅行企业提供了 85 个职业岗位,约占岗位总数的 5%;1000~9999 人规模的研学旅行企业提供了 63 个职业岗位,不到岗位总数的 5%;10000 人以上规模的研学旅行企业提供了 21 个职业岗位,不到岗位总数的 2%。整体来看,500 人以下规模公司提供了近九成的研学旅行职业岗位,500 人以上规模的企业在研学领域里人才需求并不突出,通过与不同类型研学旅行企业提供岗位的情况进行综合分析,基本可以廓清目前市场上研学旅行需求主体的大致状况。

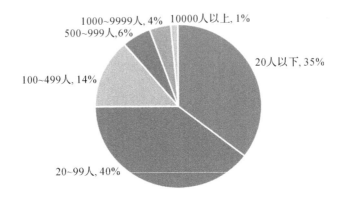

图 4.3　研学旅行人才需求主体规模

表 4.13　不同规模研学旅行人才需求主体招聘情况

序号	公司规模	职位数(个)	占比(%)
1	20 人以下	535	35.43
2	20~99 人	598	39.60
3	100~499 人	208	13.77
4	500~999 人	85	5.63
5	1000~9999 人	63	4.17
6	10000 人以上	21	1.39
	总计	1510	100.00

（四）所处领域

虽然说研学旅行与旅游有着显著的差异（表 4.14）[1]，但是研学旅行兼具教育属性[2]和旅游属性[3]却是毋庸置疑的。杨成在研究中指出，如按照旅游属性与教育属性的比例而言，游学产品两者比例应是 7∶3，研学产品两者比例应是 5∶5，而营地教育产品中旅游占比要下降至 20% 以内。[4] 从人才市场的需求表现来看，亦印证了上述判断，教育相关企业和旅游相关企业一起提供超过六成的研学旅行职位（图 4.4）。

表 4.14　研学旅行与旅游的差异

项目指标	目的	计划与组织	构成要素	任务完成后	参加人员	目的地
研学旅行	学校综合实践课程，是教育教学活动，有教学目标，有主题	由学校组织，以班级或年级为单位，是集体活动	吃、住、行、游、学，一般没有购物，一般有娱乐，不是主要目的	活动后要相互研讨，书写研学日志，形成研学总结报告	学生、教师、研学导师	可以有景点、景区，但不是必需，一般在基地（营地）
旅游	休闲、娱乐、度假，探亲访友，商务、专业访问，健康医疗，宗教/朝拜及其他，无主题	个人，或者组团，组织可有可无，有计划性，可由旅行社组织	吃、住、行、游、购、娱六大要素	旅游完成后一般无确定事项	旅客、导游	主要是景点、景区

具体来看（表 4.15），教育/培训/院校领域的研学旅行企业提供了 591 个职位，占总职位数的近四成；酒店/旅游领域的研学旅行企业提供了 355 个职位，占总职位数超二成；以职位数从高到低排列，其他研学职位提供主体所处的领域分别为文化/体育/娱乐/休闲、其他领域、专业服务、影视/媒体/艺术/传播、计算机/互联网/电子商务和广告/公关/会展，共计提供不到四成的总职位。

① 李先锋.基于素质教育的研学旅行课程建设探究——以南昌市开展研学旅行为例[J].豫章师范学院学报,2022,37(5):120-123.

② 温士贤,廖健豪.研学旅行中的生态文明与动物伦理教育[J].旅游学刊,2022,37(11):11-13.

③ 严梓溢,沈世伟.研学旅行研究的中外发展新趋势[J].生产力研究,2021(6):76-81.

④ 杨成.我国青少年营地教育的发展策略研究[J].广东青年职业学院学报,2018,32(3):36-40.

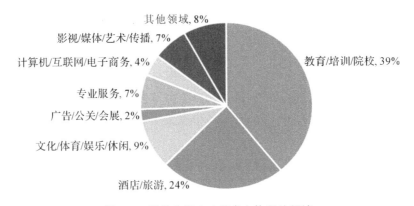

图 4.4 研学旅行人才需求主体所处领域

表 4.15 不同领域的研学旅行人才需求主体招聘情况

序号	所处领域	职位数(个)	占比(%)
1	教育/培训/院校	591	39.14
2	酒店/旅游	355	23.51
3	文化/体育/娱乐/休闲	143	9.47
4	广告/公关/会展	35	2.32
5	专业服务	101	6.69
6	计算机/互联网/电子商务	63	4.17
7	影视/媒体/艺术/传播	100	6.62
8	其他领域	122	8.08
	总计	1510	100

(五)城市活跃度

地方研学人才的需求量既反映市场主体的发展状况,更在一定程度上可以表征产业的活跃程度。基于研学旅行人才招聘数量的城市研学活跃度显示,北京、重庆和上海位列前三(图 4.5)。具体来看(表 4.16),对研学旅行人才需求最为显著的城市分别为北京、重庆、上海、南京、厦门、杭州、青岛、武汉、福州和济南,这些城市一共提供了 1069 个研学旅行岗位,超过总岗位数的七成,而后 14 个城市一共提供的研学旅行岗位则不足三成。可以看到,排名靠前的城市多为东南沿海城市,其与这些地区在教育①及旅游②上的领先优势也是密切相关联的。

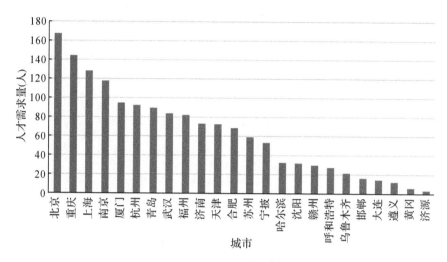

图 4.5　基于研学旅行人才招聘数量的城市研学活跃度

表 4.16　分城市研学旅行人才需求状况

活跃度排名	城市	职位数(个)	占比(%)
1	北京	167	11.06
2	重庆	144	9.54
3	上海	128	8.48
4	南京	117	7.75
5	厦门	94	6.23
6	杭州	92	6.09
7	青岛	89	5.89
8	武汉	83	5.50
9	福州	82	5.43

---

①　戴琼瑶,刘家强,唐代盛.中国人力资本红利及空间效应研究[J].人口研究,2021,45(5):33-48.

②　舒波,靳晓双,程培娴.省域旅游产业高质量发展水平评价指标体系构建与实证[J].统计与决策,2022,38(24):22-27.

续表

活跃度排名	城市	职位数（个）	占比（%）
10	济南	73	4.83
11	天津	72	4.77
12	合肥	68	4.50
13	苏州	59	3.91
14	宁波	53	3.51
15	哈尔滨	32	2.12
16	沈阳	31	2.05
17	赣州	29	1.92
18	呼和浩特	27	1.79
19	乌鲁木齐	21	1.39
20	邯郸	16	1.06
21	大连	14	0.93
22	遵义	12	0.79
23	黄冈	5	0.33
24	济源	2	0.13

（六）薪资水平

从研学旅行人才的薪资分布来看（表 4.17），绝大多数研学旅行职位的月薪在 1 万元以内，占总职位数的 81.66%。其中，月薪在 5000 元及以下岗位 404 个，占总职位数近三成，而月薪在 5000 元以上且小于等于 10000 元职位数最多，占据了招聘职位总数的一半以上。研学招聘高薪职位整体较少，月薪 2 万元以上的职位数仅有 48 个，仅占总职位数的 3.18%。

表 4.17　研学旅行人才招聘薪资分布

薪资（千元/月）	职位数（个）	均值	标准差	最小值	最大值
salary≤5	404	4.15	0.86	1.3	5
5<salary≤10	829	7.13	1.28	5.28	10
10<salary≤20	226	13.29	2.67	10.29	20
20<salary	48	24.35	7.37	20.5	65

从月薪 2 万元以上的研学旅行高薪职位分布来看(表 4.18),职位基本为联合创始人、总监、经理、副总经理、店长等中高管理岗位,另有少量训练师、营造师、策划师、教官等在内的专业技术岗位。研学旅行高薪职位的经验要求均值约为 3 年,而学历大多要求本科以上。当然也存在不对工作经验和学历设限的招聘,但这类岗位从整体上看毋庸置疑仅是个案。

表 4.18 研学旅行相关高薪职位分布①

公司	职位名称	月薪(千元)	经验要求(年)	学历要求	城市
子川文化	联合创始人	65	2	大专	重庆
知新研学	运营总监	45	0	本科	济南
堃润科技	户外拓展训练师	30.5	2	大专	厦门
金满缘网络科技	时尚文旅副总经理	30	0	学历不限	青岛
济南新东方学校	产品经理(研学营地项目)	25	0	本科	济南
上海胜者教育科技有限公司	研学项目主管/经理	24	6	本科	上海
新东方	研学营地产品经理	23.33	4	本科	北京
恭州映象	研学市场总监	22.5	4	大专	重庆
同创文旅	文旅场景营造师	22.5	7~8	本科	北京
北京盛世文航教育	旅游策划师	22.5	7~8	本科	北京
北京禹博文化传媒	研学产品研发经理	22.5	0	大专	北京
费边教育	研学旅游产品经理	22.5	0	本科	北京
邯郸志者研学	研学旅行教官	22.5	1	本科	邯郸
朗阁教育	游学项目经理	22.5	3~4	本科	上海
利为游学科技(北京)有限公司	游学门店店长	21	6	本科	北京

(七)经验要求

从招聘单位对研学旅行人才的经验要求来看(表 4.19),两年及以下工作

---

① 本表中的薪资水平和经验要求已按照均值进行了处理(非原始值),具体处理方法见本节"数据描述性统计"部分。

经验要求的职位占据大多数,一共 1160 个职位,占总职位数的近八成。值得注意的是,不少招聘企业对研学旅行人才并未有工作经验的要求,这类岗位数有 454 个,占职位总数超三成,虽然其中也有少量是实习生或兼职岗位,但大部分仍为全职岗位,这意味着不少研学岗位对研学旅行管理与服务专业毕业的应届生还是较为友好的。在工作经验要求上,还有一个分水岭是 4 年工作经验,求职者只要有 4 年以上工作经验,那么就可以符合超九成研学旅行岗位的工作经验要求。当然,也有一些对工作经验较为严苛的岗位——要求 10 年以上工作经验,但这部分岗位数量极少,且均为中高级管理岗位。

表 4.19　研学旅行岗位招聘的经验要求

经验要求(年)	职位数(个)	占比(%)
0	454	30.1
1	87	5.8
2	619	41
3~4	25	1.7
4	246	16.3
6	27	1.8
7~8	47	3.1
10	5	0.3

(八)学历要求

从学历来看(图 4.6),本科生和大专生成为研学旅行人才市场需求的绝对主力,两者岗位数合计有 1291 个,占总职位数的近九成。具体来看(表 4.20),研学旅行人才招聘的学历分布中大专学历要求的岗位最多,一共有 667 个岗位,占职位总数的 44.17%;硕士研究生学历要求岗位数最少,仅有 10 个岗位,占总职位数的一成不到。整体来看,高中、硕士研究生及学历不限的人才需求较少,总计 219 个岗位,占职位总数的 14.5%。与同是旅游大类的导游、会展等专业相比较,市场对研学旅行人才的学历有着更高要求,这或许与研学相关岗位对个体综合素质要求更高,无论是理论内化还是实践经验都可能需要更为长期的积淀有关。[①]

---

　　① 张耀武,谢兵.研学指导师队伍建设研究[C]//2022 中国旅游科学年会论文集:旅游人才建设与青年人才培养,2022:184-191.

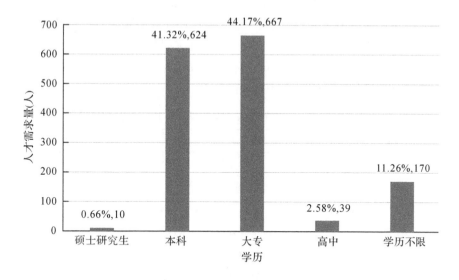

图 4.6　研学旅行人才招聘的学历要求

表 4.20　研学旅行人才招聘的学历分布

学历层次	职位数(个)	占比(%)
硕士研究生	10	0.66
本科	624	41.32
大专	667	44.17
高中	39	2.58
学历不限	170	11.26
总计	1510	100

（九）其他要求

从招聘的附设条件来看,绝大多数岗位均未提及其他的门槛性要求,少数提及的附加要求主要就是外语语言要求,这些岗位主要对应聘者的英语水平进行了限定。

（十）主要岗位

虽然研学旅行人才需求岗位前 100 位仅涵盖了 792 个职位信息(表 4.21),占总职位数的 52.5%,但从前 100 位内岗位和前 100 位外岗位的职位名称内涵来看,存在着非常普遍的重复现象,且前 100 位外的岗位需求极为分散,单

一职位名称下需求量均为 1~2 人,故而,有较大把握能够确认,前 100 位岗位
中的职位信息基本涵盖了研学旅行人才需求的所有高频类型。显而易见的
是,指导师资类(如序号 1、序号 6、序号 8 等对应职位)、设计开发类(序号 2、
序号 3、序号 4、序号 9 等对应职位)和运营管理类(序号 5、序号 7 等对应职位)
三大类岗位是研学旅行市场人才需求的重点。

表 4.21　研学旅行人才需求岗位前 100 位[①]

排序	职位名称	职位数(个)
1	研学导师	109
2	研学产品经理	56
3	课程设计	27
4	研学课程设计	25
5	研学项目经理	24
6	研学老师	23
7	研学计调	21
8	导游	20
9	产品经理	18
10	拓展培训师	18
11	研学旅游产品经理	16
12	游学门店店长	16
13	旅游策划师	15
14	活动策划	15
15	研学产品策划	14
16	军训教官	12
17	研学旅行导师	12
18	课程研发	12
19	研学辅导员	11
20	营地导师	11

　　[①]　职位名称总计有 769 种,岗位名称较不统一。本书词频统计完全基于在线招聘岗位原始职位
名称,未对内涵相近的职位做合并处理,排序时剔除了实习类职位。以下同。

续表

排序	职位名称	职位数(个)
21	讲解员	10
22	项目经理	9
23	计调	9
24	研学经理	9
25	研学策划师	9
26	研学活动策划	8
27	教官	8
28	游学导师	7
29	营长	7
30	拓展教练	7
31	儿童户外活动领队	6
32	研学专员	6
33	研学课程研发	5
34	策划	5
35	主管	5
36	运营总监	5
37	拓展教官	5
38	课程编辑	5
39	研学助理	5
40	助教	5
41	军事教官	5
42	文案策划	5
43	研学教师	4
44	旅游产品开发	4
45	新媒体运营	4
46	研学教练	4
47	课程策划	4
48	研学主管	4

续表

排序	职位名称	职位数（个）
49	课程设计主管	4
50	研学课程设计师	4
51	研学讲师	4
52	亲子研学产品经理	4
53	研学课程策划	4
54	研学导师助理	4
55	团建拓展教练	4
56	户外领队	4
57	研学导游	4
58	运营服务	4
59	教育活动计调	3
60	研学课程开发专员	3
61	营地教育产品经理	3
62	营地策划	3
63	营地教练	3
64	研学课程开发	3
65	研学运营总监	3
66	户外研学导师	3
67	课程研发总监	3
68	动植物研学导师	3
69	课程设计与研发	3
70	教务班主任	3
71	研学活动执行	3
72	旅游计调	3
73	研学领队	3
74	研学产品主管	3
75	亲子研学	3
76	研学辅导师	3

续表

排序	职位名称	职位数(个)
77	亲子活动策划执行	3
78	校长	3
79	自然教育导师	3
80	研学旅行指导师	3
81	市场经理	2
82	亲子旅游产品策划助理	2
83	游学产品顾问	2
84	研学项目专员	2
85	亲子游学讲师	2
86	旅游产品设计	2
87	研学助教	2
88	研学产品开发	2
89	助理教练	2
90	民宿管家	2
91	兼职助教	2
92	外采记者	2
93	研学旅行事业部总经理	2
94	拓展执行老师	2
95	亲子游学产品经理	2
96	产品策划助理	2
97	假日活动主管	2
98	研学负责人	2
99	带队教练	2
100	研学产品专员	2
	总计	792

从指导师资类岗位具体来看(表 4.22),研学导师(职位数 109)、研学老师(职位数 23)、导游(职位数 20)、拓展培训师(职位数 18)、军训教官(职位数 12)和研学旅行导师(职位数 12)是此类岗位招聘中提及最多的六大职位名

称。从岗位需求来看,指导师资类包含了研学导师、研学老师、研学辅导员等常见岗位,但军训教官、拓展教练、动植物研学导师、博物馆讲解员和自然教育导师等新兴职位需求也正初露端倪。

表 4.22　研学旅行指导师资类人才需求岗位前 50 位

排序	职位名称	职位数(个)
1	研学导师	109
2	研学老师	23
3	导游	20
4	拓展培训师	18
5	军训教官	12
6	研学旅行导师	12
7	研学辅导员	11
8	营地导师	11
9	讲解员	10
10	教官	8
11	游学导师	7
12	营长	7
13	拓展教练	7
14	儿童户外活动领队	6
15	研学专员	6
16	拓展教官	5
17	研学助理	5
18	助教	5
19	军事教官	5
20	研学教师	4
21	研学教练	4
22	研学讲师	4
23	研学导师助理	4
24	团建拓展教练	4

续表

排序	职位名称	职位数(个)
25	户外领队	4
26	研学导游	4
27	营地教练	3
28	户外研学导师	3
29	动植物研学导师	3
30	教务班主任	3
31	研学活动执行	3
32	研学领队	3
33	研学辅导师	3
34	自然教育导师	3
35	研学旅行指导师	3
36	游学产品顾问	2
37	亲子游学讲师	2
38	研学助教	2
39	助理教练	2
40	拓展执行老师	2
41	带队教练	2
42	儿童自然教育导师	2
43	户外营地导师	2
44	研学顾问	2
45	景点讲解员	2
46	活动辅导员	2
47	博物馆讲解员	2
48	营地营长	2
49	专职导游	2
50	中医药博物馆讲解员	2

再看设计开发类人才需求岗位(表 4.23),研学产品经理(职位数 56)、课程设计(职位数 27)、研学课程设计(职位数 25)、产品经理(职位数 18)和研学旅游产品经理(职位数 16)是此类岗位招聘中提及最多的五大职位名称。此类岗位既涉及了常见的课程设计、产品开发和线路策划岗位,还包括了营地策划开发、主题市场开发(亲子、儿童)等岗位。

表 4.23　研学旅行设计开发类人才需求岗位前 50 位

排序	职位名称	职位数(个)
1	研学产品经理	56
2	课程设计	27
3	研学课程设计	25
4	产品经理	18
5	研学旅游产品经理	16
6	旅游策划师	15
7	活动策划	15
8	研学产品策划	14
9	课程研发	12
10	研学策划师	9
11	研学活动策划	8
12	研学课程设计师	6
13	研学课程研发	5
14	策划	5
15	课程编辑	5
16	文案策划	5
17	旅游产品开发	4
18	课程策划	4
19	课程设计主管	4
20	研学课程策划	4
21	亲子研学产品经理	4
22	研学课程开发专员	3
23	营地策划	3

续表

排序	职位名称	职位数(个)
24	研学课程开发	3
25	课程研发总监	3
26	课程设计与研发	3
27	亲子研学	3
28	亲子活动策划执行	3
29	营地教育产品经理	3
30	研学产品主管	3
31	亲子旅游产品策划助理	2
32	旅游产品设计	2
33	研学产品开发	2
34	产品策划助理	2
35	研学产品专员	2
36	研学方案设计总监	2
37	儿童研学	2
38	PBL 课程研发	2
39	研学策划	2
40	产品专员	2
41	课程研发专员	2
42	亲子活动策划	2
43	研学旅行产品经理	2
44	研学产品设计师	2
45	研学活动策划与执行	2
46	教育课程开发	2
47	亲子旅游线路策划师	2
48	亲子游学产品经理	2
49	游学产品经理	2
50	研学产品负责人	2

最后看运营管理类人才需求岗位状况(表 4.24),研学项目经理(职位数24)、研学计调(职位数 21)、游学门店店长(职位数 16)、项目经理(职位数 9)、计调(职位数 9)和研学经理(职位数 9)是此类岗位招聘中提及最多的六大职位名称。可以看到,中高级管理人员是运营管理类岗位需求的一个集中点,包括项目经理、门店店长、部门经理、主管、总监等,此外,营销推广以及计调岗位亦是此类岗位需求的相对密集点。

表 4.24 研学旅行运营管理类人才需求岗位前 50 位

排序	职位名称	职位数(个)
1	研学项目经理	24
2	研学计调	21
3	游学门店店长	16
4	项目经理	9
5	计调	9
6	研学经理	9
7	主管	5
8	运营总监	5
9	新媒体运营	4
10	研学主管	4
11	运营服务	4
12	教育活动计调	3
13	研学运营总监	3
14	旅游计调	3
15	校长	3
16	市场经理	2
17	研学项目专员	2
18	民宿管家	2
19	外采记者	2
20	研学旅行事业部总经理	2
21	假日活动主管	2
22	研学负责人	2

续表

排序	职位名称	职位数（个）
23	校园渠道专员	2
24	农场经理	2
25	景区合作经理	2
26	计调操作	2
27	研学市场专员	2
28	研学活动计调经理	2
29	游研学项目经理	2
30	研学执行经理	2
31	景区运营总监	2
32	研学旅行计调	2
33	计调专员	2
34	生态园区亲子研学负责人	2
35	文旅负责人	2
36	研学产品计调	2
37	中心主任	2
38	华东计调	2
39	研学项目主管	2
40	研学营地负责人	2
41	研学基地副总	2
42	储备校长	2
43	计调经理	2
44	亲子研学运营专员	1
45	营地运营经理	1
46	研学销售	1
47	校区主管	1
48	研学营主管	1
49	教育市场经理	1
50	新媒体拍摄剪辑	1

总体来看,指导师资类前 50 位岗位共 372 个,设计开发类前 50 位岗位共 328 个,运营管理类前 50 位岗位共 185 个,指导师资类岗位需求集中度最高,设计开发类岗位次之,相对而言,运营管理类岗位需求较少(表 4.25)。这与已有相关研究成果所指出的"研学行业最紧缺岗位主要有研学指导师、研学课程研发、市场拓展、营地设计和研学计调等"的结论大体相吻合。[1]

表 4.25　不同类别的研学旅行人才需求岗位前 50 位对比

排序	职位名称	职位数(个)
1	指导师资类	372
2	设计开发类	328
3	运营管理类	185

第三节　研学旅行人才薪资影响因素

人才薪资水平可能受到多种因素的影响,整体来看,就业薪酬是包括个体特征、家庭背景、人力资本以及劳动力市场特征等在内诸多因素共同作用的结果。[2] 从理论上看,研学旅行人才的薪资水平将受到公司类型、公司规模、所处领域、所处城市、学历水平、工作经历以及具体岗位等多因素的影响,值得注意的是,这些影响因素(自变量)多为分类变量,因此,通过多因素方差分析模型可以较好地探究研学旅行人才薪资高低背后的影响因素。本研究重点关注了学历水平和工作经验两个方面因素对薪资水平的影响,因为与公司类型、公司规模、所处领域、所处城市等影响因素相较,探究上述两个因素的影响[3],对于更好地引导个体的自主努力有着积极的现实价值。

---

① 陈再鲜.广西中职学校研学旅行课程体系构建初探[J].广西职业技术学院学报,2020,13(2):118-123.

② 岳昌君,周丽萍.经济新常态与高校毕业生就业特点——基于 2015 年全国高校毕业生抽样调查数据的实证分析[J].北京大学教育评论,2016,14(2):63-80+189.

③ 人力资本理论创始人 Becker 在其出版的《人力资本》一书中将人力与实质资本视为同等,认为其同样可进行投资(指教育和工作经验等)进而提升报酬(指薪资)。

一、学历水平、工作经验与薪资水平

智联招聘在其发布的《2020 年秋季大学生就业报告》中指出,薪资待遇和毕业生的学历水平普遍呈现出正比关系,学历越高一般而言也意味着薪酬越高,且收入高低与毕业生的毕业院校所处等级也形成了较强关联。[①]　基于企业对珠宝电商人才招聘情况显示,大专学历以 53% 的比例占比最高,本科、硕士学历的比例次之,但薪资待遇整体上会随着学历提升而逐步升高。[②]　针对教育技术学岗位的学历水平、工作经验及薪资水平相关性检验表明,学历水平与工作经验对薪资水平有着显著的影响。[③]　但也有针对商务智能相关岗位的研究表明,企业在薪资决策时更看重工作经验而非学历水平。[④]　总体看来,在实践中,学历水平多受组织重视,不少企业按照员工学历水平对薪资进行划级,一般而言,学历水平越高者其基本工资水平也愈高,同时,技能水平越高的员工其通常获得的薪资也愈高。[⑤⑥]　与此同时,学历水平越高或者工作经验越丰富的人对于未来发展空间和薪资水平等要求也越高[⑦],学历水平与薪资水平间呈现出互动增强的趋势。

在 Becker 看来,教育并不会直接影响薪资,其认为是通过教育中的正式训练以及非正式的工作经验提升员工工作技能进而提升了生产力,最终决定了薪资高低。[⑧]　在现实中,因为专业的不同,薪水会产生差异,但一般来讲薪水与求职者的工作经验通常都呈现出正相关,招聘中薪资水平较高岗位其工

① 央广网.《2020 秋季大学生就业报告》发布应届生平均起薪为 5290 元/月[EB/OL].(2020-09-17)[2022-10-15]. https://baijiahao. baidu. com/s? id = 1678039924367234761&wfr = spider&for = pc.

② 董志良,白季晨,安天沛,安海岗.新文科背景下珠宝电商人才需求特征——基于复杂网络方法[J].河北地质大学学报,2022,45(6):127-136.

③ 欧梦吉,刘永贵.基于企业招聘信息的教育技术学专业人才需求分析与启示[J].中国教育信息化,2020,463(4):77-82.

④ 胡忠义,李雅,吴江,张毅铖,赵杨.基于招聘信息的商务智能人才需求分析与启示[J].信息资源管理学报,2019,9(3):111-118+129.

⑤ 余凤婷.TH 汽车技术服务有限公司薪酬管理优化研究[D].成都:四川师范大学,2022.

⑥ 吴薛凯,刘天波,胡文馨.基于网络爬虫的 Java 行业的就业分析[J].科技资讯,2021,19(2):13-16.

⑦ 祝慧,谢祈星.政策支持与治理创新:非营利组织人力资源管理策略探讨[J].云梦学刊,2016,37(6):87-92.

⑧ 郭弘卿,郑育书,林美凤.会计师事务所人力资本与薪资对其经营绩效之影响[J].会计研究,2011(9):80-88+97.

作经验要求一般也较高。① 基于江苏省 12 所高校的 566 名毕业生的调查显示,工作经验对于高校毕业生的薪资水平影响十分显著。② 在互联网领域,"大厂"③建立了一套稳定的、行业普遍认可的内部职级体系,在这一体系中,特定等级往往对应着一定的工作经验、工作能力与薪资水平。④ 有关金融科技人才招聘的研究亦显示,工作经验的增加会对薪资水平的提升具有促进作用。⑤ 在律师行业,工作经验对薪资的影响更是十分显著,工作经验越丰富其所对应的薪资水平也越高,且相较于其他因素而言,薪资随工作经验变动所产生的变化幅度更为巨大。⑥ 对于 GIS 人才而言,工作经验则是能够决定薪资待遇的关键性因素之一,求职者可凭借自身工作经验来筛选职位并提出期望薪资。⑦ 但也有针对台湾地区的研究表明,薪资水平很大程度上难以随着工作经验变化而变化,这主要是地方劳动力市场的非完全就业模式不断深化所致。⑧ 基于北京、上海、杭州和武汉等 19 个城市 156 家单位员工的调查研究显示,知识技能直接且显著地影响着薪资水平,而工作经验与社会资本对薪资水平的影响并未显现出显著性。⑨ 但整体看来,在正规就业情境中,薪资水平通常与年资(也即工作经验)呈现出正相关关系,年资越高者其职级和收入也越高,即便是随着年龄增长,工作体力或能力略有下降,其收入增速只会放缓而不至于下降。⑩

基于上述分析,研究提出如下假设:

———————————

① 李建豪,林绮洁,李杰华,马坚辉,廖志勇.数据挖掘在大学生就业领域中的应用[J].福建电脑,2022,38(6):27-30.

② 刘尧飞.高校初就业毕业生生存状况调查分析[J].高等农业教育,2014(9):104-107.

③ 互联网巨头企业通常被称为"大厂",而互联网小型创业企业则被戏称"小厂"。

④ 李晓天.当"流动"成为"常态":互联网行业青年劳动者的职业选择[J].中国青年研究,2022(6):5-13+19.

⑤ 裴乐琪.我国金融科技类岗位市场情况研究及人才培养启示——基于招聘网站的数据[J].北京城市学院学报,2022(6):93-98.

⑥ 李欣桐,荣慧娟.基于决策树和随机森林模型对律师收入的预测[J].营销界,2022(6):143-145.

⑦ 周霞,彭孝谱,刘彦文,姜宇榕.基于招聘信息的 GIS 人才就业前景分析[J].地理空间信息,2021,19(12):157-160+168+8.

⑧ 王瑜,王华.基于地区性因素分解的台湾地区人力资本回报率研究[J].台湾研究集刊,2018(5):46-57.

⑨ 刘芳,吴欢伟.个人人力资本、社会资本对职业成功的作用研究[J].中国科技论坛,2010(10):128-133.

⑩ 吕达奇,周力.多维视角下中国劳动力就业质量研究[J].人口与经济,2022(6):130-144.

假设 1：对研学旅行人才而言，学历水平越高，其薪资水平越高。

假设 2：对研学旅行人才而言，工作经验越多，其薪资水平越高。

假设 3：对具有一定学历水平的研学旅行人才而言，工作经验越多，其薪资水平越高。

假设 4：对具有一定工作经验的研学旅行人才而言，学历水平越高，其薪资水平越高。

二、基于多因素方差分析的实证检验

多因素方差分析主要是分析两个以上的类别自变量（离散变量）对单个因变量（连续变量）的影响。其主要分析三个方面的影响：一是主效应（main effect），即单个类别自变量对因变量产生的影响（在不考虑其他类别自变量的情境下）；二是交互作用（interaction effect），即一个类别自变量对因变量产生的影响在其他（一个或多个）类别自变量不同水平上所呈现的不同，线图交互是其具体表现；三是单独效应（simple effect），即固定一个类别自变量水平时，另一类别自变量对因变量所产生的影响。双因素方差分析是最简单的多因素方差分析，其适用条件主要有三个：第一，自变量是两个分类变量，因变量是一个连续型变量；第二，类别自变量需要分成至少两个水平；第三，正态性与方差齐性是各组数据需满足的条件（该条件可以适当放宽），当然，其对样本数量也还有一定的限制要求。[①]

（一）正态性检验

1. 单样本正态性

基于 SPSS25.0 软件，通过正态直方图可以粗略判断薪资水平数据在整体上是否符合正态分布，从图 4.7 初步可以看出，数据可能存在一定的偏态分布。进一步的正态性检验表明（表 4.26），薪资水平在整体上拒绝了正态分布的假设。[②]

---

① 申希平，祁海萍，刘小宁，任晓卫，李娟生.两因素非参数方差分析在 SPSS 中的实现[J].中国卫生统计，2013，30(6)：913-914.

② K-S 检验适合用于数据量在 2000 及以上的大样本正态性检验，S-W 检验则主要适用于样本量在 2000 以下的小样本正态性检验，本研究中案例样本数是 1507 个，所以倾向于看 S-W 检验结论（在本研究中两种检验均拒绝了数据正态性的假设）。

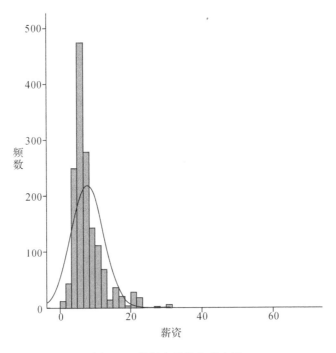

图 4.7　薪资水平分布直方图

表 4.26　薪资水平的正态性检验

	Kolmogorov-Smirnov[a]			Shapiro-Wilk		
	统计量	自由度	显著性	统计量	自由度	显著性
salary	0.195	1507	0.000	0.757	1507	0.000

a. Lilliefors 显著水平修正,以下同。

2. 多样本正态性

以学历水平作为因子、薪资水平作为因变量的正态性检验结果显示(表4.27),除硕士学历样本组薪资水平分布呈现正态性,其他分组的薪资水平均拒绝了正态分布的假设。以工作经验作为因子、薪资水平作为因变量的正态性检验结果显示(表 4.28),除工作经验在 3～4 年、7～8 年和 10 年三个样本组的薪资水平分布呈现正态性,大多数分组的薪资水平均拒绝了正态分布的假设。

表 4.27　不同学历水平下薪资水平的正态性检验

	学历水平	Kolmogorov-Smirnov[a]			Shapiro-Wilk		
		统计量	自由度	显著性	统计量	自由度	显著性
薪资水平	学历不限	0.217	167	0.000	0.704	167	0.000
	高中	0.195	39	0.001	0.904	39	0.003
	大专	0.214	667	0.000	0.655	667	0.000
	本科	0.189	624	0.000	0.826	624	0.000
	硕士	0.177	10	0.200	0.938	10	0.535

表 4.28　不同学历水平下薪资水平的正态性检验

	工作经验	Kolmogorov-Smirnov[a]			Shapiro-Wilk		
		统计量	自由度	显著性	统计量	自由度	显著性
薪资水平	0	0.190	451	0.000	0.685	451	0.000
	1	0.163	87	0.000	0.778	87	0.000
	2	0.197	619	0.000	0.642	619	0.000
	3～4	0.147	25	0.168	0.929	25	0.081
	4	0.157	246	0.000	0.857	246	0.000
	6	0.384	27	0.000	0.751	27	0.000
	7～8	0.118	47	0.101	0.962	47	0.129
	10	0.214	5	0.200	0.894	5	0.378

　　进一步交叉分组后的正态性检验显示(表 4.29),24 个分组中仅有 10 个分组呈现正态分布,组别分别为"学历不限、工作经验 1 年""学历不限、工作经验 4 年""高中学历、工作经验不限""大专学历、工作经验 3～4 年""大专学历、工作经验 6 年""大专学历、工作经验 7～8 年""本科学历、工作经验 3～4 年""本科学历、工作经验 7～8 年""本科学历、工作经验 10 年"和"硕士学历、工作经验 4 年"。

表 4.29　不同学历水平和工作经验下薪资水平的正态性检验

学历水平	工作经验	Kolmogorov-Smirnov[a]			Shapiro-Wilk		
		统计量	自由度	显著性	统计量	自由度	显著性
学历不限	0	0.171	108	0.000	0.678	108	0.000
	1	0.282	5	0.200*	0.897	5	0.391
	2	0.226	49	0.000	0.713	49	0.000
	4	0.238	5	0.200*	0.932	5	0.607
高中	0	0.136	17	0.200*	0.947	17	0.413
	1	0.385	3	.	0.750	3	0.000
	2	0.259	18	0.002	0.843	18	0.007
大专	0	0.148	193	0.000	0.814	193	0.000
	1	0.108	53	0.178	0.931	53	0.004
	2	0.246	297	0.000	0.506	297	0.000
	3~4	0.218	13	0.092	0.889	13	0.093
	4	0.227	92	0.000	0.713	92	0.000
	6	0.350	5	0.044	0.788	5	0.065
	7~8	0.129	13	0.200*	0.936	13	0.409
本科	0	0.252	132	0.000	0.598	132	0.000
	1	0.229	26	0.001	0.691	26	0.000
	2	0.151	252	0.000	0.899	252	0.000
	3~4	0.169	11	0.200*	0.950	11	0.640
	4	0.148	144	0.000	0.922	144	0.000
	6	0.456	22	0.000	0.629	22	0.000
	7~8	0.137	33	0.117	0.941	33	0.074
	10	0.231	4	.	0.948	4	0.704
硕士	2	0.385	3	.	0.750	3	0.000
	4	0.253	4	.	0.873	4	0.309

（二）双因素方法分析

上述正态性检验表明，不同分组中的薪资水平分布并不都呈现正态性分布。但考虑到实际应用中，双因素分析方法并不严苛要求观测服从于正态分布,而样本方差不齐对双因素分析结果的影响也不会太严重,因此,本研究首先采用双因素方差分析的方法对上述假设进行了初步检验。

1. 描述性统计

从变量的描述性统计(表 4.30)整体来看,薪资水平从高中、大专、本科到硕士,随着学历水平的不断提升,薪资水平呈现出上升态势。[①] 从不同学历水平的组内来看,薪资水平总体上也呈现出与工作经验的正向相关,在工作经验3~4 年处出现一个阶段性峰值,但后期整体上工作经验还是有助于不同学历水平的薪资提升。

表 4.30 变量的描述性统计

学历水平	工作经验	薪资水平均值	标准偏差	N
学历不限	0	5.73	3.209	108
	1	5.30	1.483	5
	2	8.16	5.481	49
	4	9.48	2.895	5
	总计	6.55	4.133	167
高中	0	4.74	1.954	17
	1	5.17	0.577	3
	2	6.07	2.423	18
	4	4.50	.	1
	总计	5.38	2.164	39
大专	0	5.93	3.052	193
	1	5.87	2.121	53
	2	7.23	4.968	297
	3~4	10.88	6.185	13
	4	8.84	4.332	92
	6	11.74	1.910	5
	7~8	11.77	4.974	13
	10	13.54	.	1
	总计	7.17	4.427	667

[①] 学历不限组的薪资水平高于高中组,主要原因可能是其既包含了初中及以下学历要求岗位,也包含了一些实际上需要较高学历但未明示学历要求的中高管理职位。

续表

学历水平	工作经验	薪资水平均值	标准偏差	N
本科	0	7.52	4.798	132
	1	7.08	3.775	26
	2	7.68	3.035	252
	3～4	14.60	5.468	11
	4	9.63	3.896	144
	6	18.55	5.138	22
	7～8	13.50	5.325	33
	10	9.00	4.062	4
	总计	8.89	4.665	624
硕士	0	6.50	.	1
	2	14.17	3.175	3
	3～4	17.50	.	1
	4	9.83	1.938	4
	7～8	20.00	.	1
	总计	12.58	4.541	10
总计	0	6.30	3.732	451
	1	6.18	2.713	87
	2	7.49	4.295	619
	3～4	12.78	5.998	25
	4	9.31	4.032	246
	6	17.29	5.398	27
	7～8	13.16	5.275	47
	10	9.91	4.062	5
	总计	7.80	4.576	1507

2. 主效应检验

从检验结果来看（表 4.31），"education""experiment"的主效应均达到显著，且 education 与 experiment 的交互效应也达到了显著，这表明，学历水平和工作经验对应聘者薪资水平的影响均显著，且薪资水平受到了学历水平和工作经验的交互影响。假设 1 和 2 通过了检验。

表 4.31 影响薪酬水平的各因素主体间效应的检验

源	Ⅲ型平方和	自由度	均方	F	显著性	偏 Eta 方
校正模型	7286.113ª	28	260.218	15.859	0.000	0.231
截距	6890.572	1	6890.572	419.952	0.000	0.221
education	223.451	4	55.863	3.405	0.009	0.009
experiment	1285.075	7	183.582	11.189	0.000	0.050
education * experiment	462.872	17	27.228	1.659	0.044	0.019
误差	24251.020	1478	16.408			
总计	123323.973	1507				
校正的总计	31537.133	1506				

ª$R^2 = .231$(adj. $R^2 = .216$)

3. 简单效应检验

主效应检验结果表明了交互作用的显著性,而析因设计如交互作用显著时,再考察两个影响因素的主效应已无太大意义,研究应重点考察两个影响因素的简单效应。工作经验的简单主效应表明,在控制学历水平的情况下(表4.32),学历不限、大专及本科组内,不同工作经验对薪资水平影响都呈现出显著性。

表 4.32 不同工作经验对薪资水平影响的单变量检验

学历水平		平方和	自由度	均方	F	显著性
学历不限	对比	249.673	3	83.224	5.072	0.002
	误差	24251.020	1478	16.408		
高中	对比	16.422	3	5.474	0.334	0.801
	误差	24251.020	1478	16.408		
大专	对比	1244.126	7	177.732	10.832	0.000
	误差	24251.020	1478	16.408		
本科	对比	3892.457	7	556.065	33.890	0.000
	误差	24251.020	1478	16.408		
硕士	对比	154.142	4	38.535	2.349	0.052
	误差	24251.020	1478	16.408		

学历水平的简单主效应表明，在控制工作经验的情况下（表 4.33），学历水平在不需要工作经验以及工作经验为 2 年、3～4 年和 6 年组内都显示出对薪资水平的显著性影响。综合单变量检验的结果来看，研学旅行人才薪资水平受到了学历水平及工作经验的双重影响，其中工作经验的影响更为普遍和广泛。假设 3 和 4 部分通过了检验。

表 4.33　不同学历水平对薪资水平影响的单变量检验

工作经验		平方和	自由度	均方	F	显著性
0	对比	299.264	4	74.816	4.560	0.001
	误差	24251.020	1478	16.408		
1	对比	33.205	3	11.068	0.675	0.568
	误差	24251.020	1478	16.408		
2	对比	220.849	4	55.212	3.365	0.009
	误差	24251.020	1478	16.408		
3～4	对比	105.417	2	52.708	3.212	0.041
	误差	24251.020	1478	16.408		
4	对比	59.783	4	14.946	0.911	0.457
	误差	24251.020	1478	16.408		
6	对比	188.577	1	188.577	11.493	0.001
	误差	24251.020	1478	16.408		
7～8	对比	75.780	2	37.890	2.309	0.100
	误差	24251.020	1478	16.408		
10	对比	16.489	1	16.489	1.005	0.316
	误差	24251.020	1478	16.408		

从薪资水平的估算平均值来看（图 4.8），对高中学历的研学旅行人才而言，其薪资水平随着工作经验增加并未显现出太多变化，大专学历的研学旅行人才的薪资水平则随着工作经验的增加，呈现较为明显的持续上涨趋势；在工作经验积累的前 2 年，不同学历的研学旅行人才薪资水平的差异并不是很大，随着工作经验的增加，后期薪资水平呈现出较为明显的分化。

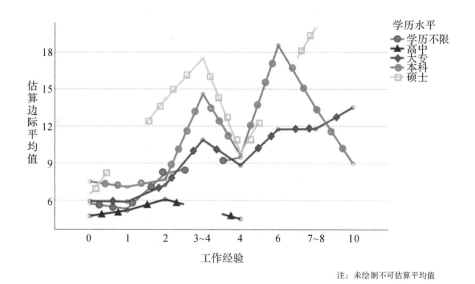

学历水平
● 学历不限
▲ 高中
◆ 大专
● 本科
□ 硕士

注：未绘制不可估算平均值

图 4.8　薪资水平的估算平均值

三、基于双因素非参数方法的分析

必须认识到,上述探索性的双因素方差分析是基于正态分布和等方差性假设前提下的,实际上,无论是从单样本正态性检验还是多样本正态性检验来看,薪资水平的正态性分布都不能得到支持,即便将其看作近似正态分布,薪资水平的等方差性检验也未能通过(表 4.34)[①],需要借助其他方法来进一步检验原有假设。

表 4.34　误差方差的莱文等同性检验

		莱文统计	自由度 1	自由度 2	显著性
salary	基于平均值	2.957	23	1478	0.000
	基于中位数	2.004	23	1478	0.003
	基于中位数并具有调整后自由度	2.004	23	1058.115	0.003
	基于剪除后平均值	2.622	23	1478	0.000

---

① 在双因素方差分析中,任一分类都应具有等方差性是基本假设,其可通过 Levene 方差齐性检验来完成。

双因素方差分析有明确的数据适用要求,当数据条件不满足正态性和方差齐次条件时,如因素水平组合下的个案数大于等于2个,可借助基于秩次的Scheirer-Ray-Hare检验实现,这一检验是Kruskal-Wallis H检验的扩展,可作为双因素方差分析非参数检验的替代性解决方案。研究利用R语言的rcompanion包实现Scheirer-Ray-Hare检验[①],检验结果显示(表4.35),工作经验和学历水平对薪资水平的主效应依旧,但是两者对薪资水平影响上的交互效应并不显著。因此,就原有假设而言,假设1和2通过了非参数方法的检验,而假设3和4并未通过。

表 4.35　基于非参数方法的薪酬水平影响因素主体间效应检验

	自由度	平方和	H	显著性
工作经验	7	39345232	210.813	0
学历水平	4	9604252	51.46	0
工作经验 * 学历水平	17	1949335	10.445	0.88394
残差	1478	213813327		

四、基于分层线性回归的进一步检验

一方面,由于存在样本方差不齐的问题,选择更为稳健的模型如一般线性模型便是一种解决方案;另一方面,由于研究采集到的既有连续数据,亦有分类数据,因此也可以进一步借助回归分析,将自变量的影响进行定量化。

将已有数据进行分层线性回归(采用稳健标准误方法),在控制了公司类型、公司规模、所处领域、城市等变量的回归结果显示(表4.36),工作经验对研学旅行人才的薪资水平有着显著的正向影响($p<0.01$),工作经验每增加1年,月薪将提升超过700元。学历水平对研学旅行人才的薪资影响亦十分显著($p<0.01$),接受过高等教育的人才其薪资水平与对照组(高中学历)相比,专科学历薪资提升均值为1069元,本科学历薪资提升均值为1858元,硕士学历薪资提升更是达到了3616元。分层线性回归的结果同样也对本节开头提出的相关假设给予了支持。[②]

---

① 研究使用R4.2.2版本,Scheirer-Ray-Hare具体语法为ScheirerRayHare($y \sim A * B$)。
② 分层线性回归直接支持了假设1和假设2。

表 4.36　工作经验、学历水平与研学旅行人才薪资水平

	模型 1	模型 2	模型 3
	薪资水平	薪资水平	薪资水平
工作经验		0.761***	0.715***
		(11.41)	(10.27)
2.学历不限			1.490***
			(3.64)
3.大专			1.069***
			(2.94)
4.本科			1.858***
			(4.93)
5.硕士			3.616***
			(2.68)
常数项	13.059***	10.817***	9.521***
	(7.71)	(6.47)	(5.71)
公司类型	Yes	Yes	Yes
公司规模	Yes	Yes	Yes
所处领域	Yes	Yes	Yes
城市	Yes	Yes	Yes
N	1507	1507	1507
adj. R^2	0.214	0.298	0.306

注：* $p<0.1$；** $p<0.05$；*** $p<0.01$（双尾）

第五章 研学旅行基(营)地发展与人才需求

第一节 研学旅行基(营)地发展概览

一、研学旅行基地与研学旅行营地

研学旅行基地是为研学旅行者提供游览活动、学习活动、实践活动、体验活动的场所,且具有统一的经营管理机构和明确的独立管理区域,研学旅行营地在研学旅行基地基础上,还需提供集中食宿场所。[①] 作为开展研学旅行活动的场所与依托,研学旅行基地和营地的称谓并未完全统一[②],中国旅行社协会联合高校毕业生就业协会、中国旅行社协会研学旅行分会、北京联合大学旅游学院在 2019 年 2 月发布的《研学旅行基地(营地)设施与服务规范》(T/CATS 002—2019)将研学旅行基地(营地)[study and travel base(camp)]界定为"自身或周边拥有良好的餐饮住宿条件、必备的配套设施,具有独特的研学旅行资源、专业的运营团队、科学的管理制度以及完善的安全保障措施,能够为研学旅行过程中的学生提供良好的学习、实践、生活等活动的场所"[③]。

2016 年 1 月,国家旅游局公布了首批"中国研学旅游目的地"(10 个)和首批"全国研学旅游示范基地"(20 个)(表 5.1)。[④] 同年 11 月,教育部联合十部

---

① 该定义参考《杭州市富阳区研学旅行营地、基地认定标准》(2022),本书作者为该标准起草的主要参与人与执笔人。

② 袁萍. 长春市中小学研学旅行产品开发研究[D]. 长春:吉林农业大学,2022.

③ 中国旅行社协会等. 研学旅行基地(营地)设施与服务规范:T/CATS 002-2019[S/OL]. [2019-02-26]. https://www.spc.org.cn/online/e3d378909e0b150e3efbbe9c10a4f441.html.

④ 王洋. 首批中国研学旅游目的地、全国研学旅游示范基地出炉[EB/OL]. (2016-01-25)[2022-10-18]. https://m.voc.com.cn/xhn/news/201601/15563170.html.

门在《关于推进中小学生研学旅行的意见》(教基—〔2016〕8 号)中亦明确指出,要建设一批具有良好示范带动作用的研学旅行基地。[1] 近些年来,全国诸多省(自治区、直辖市)均陆续开展研学旅行基地的建设工作,积极创建区市省三级地方研学旅行示范基地,并出台了推进中小学生研学旅行的实施意见、中小学研学实践教育基(营)地申报认定和管理细则等支持和配套文件。在空间分布上,我国大部分研学旅行基地集中于人口密集、经济发达的一线城市和新一线城市,存在较明显的"围城""环城"分布特征,省会城市腹地和周边研学旅行基地呈现出十分密集的分布态势——近四成的研学旅行基地在省会城市20 公里范围内,如果将这一范围扩大至 100 公里,研学旅行基地数量将可达总数六成之多。[2][3]

表 5.1 首批中国研学旅游目的地和全国研学旅游示范基地名单

类别	名单
研学旅游目的地	北京市海淀区、安徽省黄山市、浙江省绍兴市、江西省井冈山市、河南省安阳市、山东省曲阜市、湖北省神农架区、四川省绵阳市、广西壮族自治区桂林市、甘肃省敦煌市
研学旅游示范基地	北京卢沟桥中国人民抗日战争纪念馆、石家庄市西柏坡纪念馆、天津滨海航母主题公园、山西太原市中国煤炭博物馆、吉林长春市长影旧址博物馆、内蒙古赤峰市克什克腾世界地质公园、上海市上海科技馆、浙江绍兴市三味书屋—鲁迅故里、江苏南京市侵华日军南京大屠杀遇难同胞纪念馆、安徽宣城市中国宣纸文化园、河南安阳市红旗渠景区、山东曲阜市三孔景区、湖北宜昌市三峡工程旅游区、重庆红岩景区、广西桂林市龙脊梯田景区、四川成都市都江堰旅游景区、陕西西安市陕西历史博物馆、云南西双版纳傣族自治州中国科学院西双版纳热带植物园、宁夏贺兰山市岩画遗址公园、甘肃酒泉市中国酒泉卫星发射中心

① 教育部等.关于推进中小学生研学旅行的意见[EB/OL].(2016-11-30)[2022-10-18].http://www.moe.gov.cn/srcsite/A06/s3325/201612/t20161219_292354.html.
② 王晓温,陈向军,韦耀阳.农村中小学研学旅行经费筹措的现实困境及其策略[J].基础教育研究,2022(17):17-20.
③ 吴儒练,李洪义,田逢军.中国国家级研学旅行基地空间分布及其影响因素[J].地理科学,2021,41(7):1139-1148.

研学旅行基(营)地是研学旅行产品的基石,作为研学旅行参与者学习与生活的活动场所,其为研学旅行活动开展提供关键性服务保障。但整体来看,研学旅行基(营)地的建设还处于初级阶段,亦尚未形成规模,在满足研学市场需求上仍有较大缺口。[①] 值得关注的是,虽然大部分省(自治区、直辖市)研学旅行基(营)地主要面向和服务中小学生,但已有部分省份发布实施的研学旅行基(营)地评价规范将主体面向从中小学生扩充到大学生、单位群体和中老年群体。从理论上看,Ritchie 等在《管理教育旅游》中提出了"教育旅游"的概念,他们采用细分法将教育旅游分为四个类型:一是大学生旅游,二是学校教育旅游,三是文化类和自然类教育旅游,四是成人与老年人教育旅游。[②] 在实务界,2022 年暑期,携程首次面对成人群体推出了"甘肃丝绸之路人文考察"研学旅行产品,凯撒旅游也一改往日研学旅行专注服务 B 端的定位,逐渐开始向服务 C 端客人转变,以更好覆盖亲子、成人等不同目标消费群体。[③] 因此,结合研学旅行发展实际,参照全国各地近些年颁布实施的研学旅行基(营)地相关标准和规范,可对研学旅行基(营)地概念进行本章文初的界定:研学旅行基地是为研学旅行者提供游览活动、学习活动、实践活动、体验活动的场所,且具有统一的经营管理机构和明确的独立管理区域,研学旅行营地在研学旅行基地基础上,还需提供集中食宿场所。

二、研学旅行基(营)地分类与评价

研学旅行基地承担着为地方中小学生和其他研学者提供爱国情怀培养、课外知识补充和地方特色文化传承的重要功能[④],因此,研学旅行基(营)地建设时应充分依托当地旅游资源和特色进行,要充分结合市情、校情与生情,要充分体现地域性和民俗性,要充分借助各类教育教学资源,从而达到教育性、体验性、实践性、公益性和安全性的要求,为开发具有地方特色的研学旅行产品服务,并让本地学生能够深入体验地方文化特色,从而不断增强地方认同感

---

① 杨蕴杰.文旅融合背景下开封市研学旅行发展路径探究[J].开封大学学报,2019,33(3):8-10.

② Ritchie B W, Carr N, Cooper C P. Managing Educational Tourism[M]. Clevedon, UK: Channel View Publications, 2003:13.

③ 张宇.大众研学旅行兴起市场准备好了吗[N].中国旅游报,2022-06-30(007).

④ 史春云,李玉章,周婷,沈士琨.文旅融合视角下研学旅行基地系统研究——以徐州市为例[J].中国名城,2022,36(3):39-45.

和自豪感。[1] 根据 2016 年 12 月发布的《研学旅行服务规范》(2022 年已发布修订征求意见稿),研学旅行基(营)地主要有以下 5 种类型(表 5.2)。

表 5.2　研学旅行基(营)地类型划分

序号	类型	研学旅行基(营)地主要开发资源
1	文化康乐类	各类演艺影视城、主题公园等资源
2	知识科普类	各种类型的科技馆、博物馆、动/植物园、主题展览馆、工业项目、历史文化遗产、科研场所等资源
3	体验考察类	农庄、夏令营营地、团队拓展基地、实践基地等
4	励志拓展类	红色教育基地、国防教育基地、军营、大学校园等资源
5	自然观赏类	山、江、湖、海、沙漠、草原等资源

在上述分类标准之外,有些省市也根据自身资源情况对研学旅行基(营)地进行了划分,如安徽省在《研学旅行基地建设与服务规范(DB34/T 2604-2016)》[2]中将研学旅行基地分为自然与文化遗产地、文博院馆等大型公共设施、三类产业园区(乡村研学旅行基地、工业研学旅行基地和传统工艺研学旅行基地)、科研机构与高等院校、国际交流研学旅行基地;辽宁省将研学旅行基(营)地根据功能划分为人文历史类、自然地理类和科技体验类;江苏省则将其划分为自然生态类、人文历史类、文学艺术类、科技探索类、劳动/体育教育类、国防军事类、民俗事象类。为规范和提升研学旅行基(营)地的服务质量,使其具有相对科学与规范的准入条件,引导研学服务商正确选用达标的研学旅行基(营)地供应商,保障研学旅行的服务质量和服务品质,助推研学旅行行业的健康发展,全国及各地均出台了研学旅行基(营)地的评定(认定)标准,内容涉及创办原则、设立条件、教育与体验、设施与服务、安全管理、评价监督等诸多方面(表 5.3)。

① 周健芝,秦丽雯.丹阳市研学旅行发展困境及策略研究[J].旅游纵览,2020(24):148-150.
② 安徽万达环球国际旅行社有限责任公司等.研学旅行基地建设与服务规范:DB34/T 2604-2016[S/OL].[2016-02-02].https://std.samr.gov.cn/db/search/stdDBDetailed? id=91D99E4D1D1D2E24E05397BE0A0A3A10.

表 5.3 研学旅行基(营)地认定标准示例①

序号	标准名称	评价要点
1	研学旅行基地(营地)设施与服务规范(T/CATS 002—2019)	(1)基本设立条件和要求:资质条件;场所条件;专业人员要求;服务人员要求;构成要素;环境与卫生条件 (2)教育与体验:课程要求;课程体系;课程安排;研学路线;质量评估 (3)设施与服务:教育设施;配套设施 (4)安全管理
2	山西省《研学旅行基地服务规范》(DB14/T 2511—2022)	(1)基本要求 (2)设施设备 (3)课程设计:课程类型;课程内容 (4)人员要求 (5)配套服务:餐饮;住宿 (6)安全保障 (7)环境卫生 (8)投诉处理 (9)评价改进
3	四川省《研学旅行基地(营地)设施与服务规范》(DB51/T 2786—2021)	(1)基本条件:资质条件;场地条件;人员要求;课程条件 (2)设施设备规范:功能布局;安全设施;活动设施;教学设施;餐饮设施;交通设施;住宿设施;应急医疗设施 (3)服务规范:教学服务;交通服务;餐饮服务;住宿服务;信息服务;医疗及救助服务 (4)安全保障:安全管理;风险管理;应急预案与响应;外联与协作

---

① 研学旅行基(营)地认定标准除表 5.3 所列全国行业标准和省级地方标准外,南京、大连、绍兴、河源等地也出台了城市层面的研学旅行基(营)地认定标准。

序号	标准名称	评价要点
4	河北省《研学旅行基地服务规范》(DB13/T 2629—2017)	(1)基本要求 (2)安全服务:制度;人员;活动;应急;预案;餐饮;住宿 (3)设施服务 (4)场馆服务:讲解服务;展陈服务;巡展服务;讲座服务;教学服务 (5)游览服务:导览服务;拓展服务 (6)体验服务 (7)国际交流 (8)配套服务:交通;购物;卫生 (9)管理:队伍;监督;咨询;评价;投诉;票务;持续发展
5	安徽省《研学旅行基地建设与服务规范》(DB34/T 2604—2016)	(1)基本条件:研学主旨;接待规模;场所条件;环境条件;安全条件;卫生条件;基地运行 (2)教育与体验:研学教育大纲;研学场地;研学活动 (3)设施与服务:游览设施与服务;交通设施与服务;餐饮设施与服务;住宿设施与服务;其他设施与服务 (4)综合管理:服务团队素质;综合接待体系;安全防范体系;质量管理体系
6	吉林省《研学旅行基地管理规范》(DB22/T 3246—2021)	(1)必备条件 (2)要求:人员配置;研学课程;环境卫生条件;安全管理;设施管理 (3)评价监督
7	辽宁省《研学旅行基(营)地服务与管理规范》(DB21/T 3655—2022)	(1)基本条件:资质条件;场所条件;人员要求;环境与卫生条件 (2)服务内容与要求:教学服务;场馆服务;游览服务;体验服务;餐饮服务;交通服务;住宿服务;气象服务 (3)教育与体验:课程要求;课程体系;课程研发流程;质量评估 (4)安全保障:安全设施;安全培训;应急管理;医疗服务;保险保障 (5)评价与改进:评价实施;服务改进

续表

序号	标准名称	评价要点
8	湖南省《研学旅游基地评价规范》(DB43/T 1792—2020)	(1)基本要求:资格;场所;设施;人员;要素;环境 (2)研学服务:基础服务;研学课程;教辅服务;便民服务 (3)配套设施:住宿设施;餐饮设施;内部交通设施;环卫设施;信息化设施 (4)安全管理:制度建设;流程管理;风险预防;设施保障;医疗救助;教育培训 (5)质量控制:质量管理;服务改进;投诉处理
9	江西省《中小学研学旅行第1部分:基地(营地)认定规范》(DB36/T 1413.1—2021)	(1)基本条件 (2)基础设施要求:道路交通;卫生设施;应急通信;安保设施;文体设施 (3)运营管理要求:组织管理;安全管理;应急管理;信息管理;财务管理 (4)基地建设要求:研学资源;研学设施;研学服务 (5)营地建设要求:研学资源;研学设施;研学服务
10	江苏省《研学旅游示范基地建设规范》(DB32/T 4362—2022)	(1)基本要求:必备资质;主题;场所;人员 (2)研学活动:研学设计;课程实施;总结评价 (3)师资配套:师资素养;外聘师资;师资培训 (4)设施建设:教学设施;导览设施;交通设施;标识设施;环卫设施;安全设施 (5)建设运营:运营机制;预约预定;安全机制;品牌宣传;投诉建议;评价管理

三、研学旅行基(营)地人才需求

(一)研学人才需求类别

随着研学旅行活动的日渐普及,行业对各类研学旅行人才的需求亦在持续增长,而随着大量研学旅行基(营)地兴建并投入运营,与研学旅行基(营)地运营管理相关的人才需求也呈现出强劲增长态势。其中,研学导师的需求最为明显,基于教育和旅游部门公开的相关数据测算,我国研学旅行指导师的人才缺口数量或达 5000 万人以上。^① 在绍兴,地方鼓励历史亲历者、革命后代、非遗传承人、村民农户等人员成为兼职研学旅行指导师,但这对于行业巨大的需求而言,也只能算是杯水车薪。除研学旅行指导师外,研学旅行基(营)地对开展研学旅行所必需的活动策划人员、信息咨询、讲解人员、安保人员、医疗救护人员以及餐饮、住宿、购物等服务接待人员的需求也在同步增长。此外,参考日本 3000 多个营地、美国 1.2 万个营地、俄罗斯 5.5 万个营地的发展标准,我国研学旅行基(营)地设计与运营管理人才未来也会有较大的增长空间,他们对未来建设和管理科技型营、运动型营、日间营、艺术型营、寒暑假营地、周末营地、多动症营、减肥营和孤独症儿童营等丰富多彩的细分营地至关重要。^②

(二)研学人才需求数量

虽然目前行业并未有研学旅行基(营)地人才需求数量的精确统计,但可从各地研学旅行基(营)地达标建设的基本要求中窥见一斑(表 5.4)。研学项目组长、研学导师、带队人员、内部导游人员、医护安全人员几乎成为研学旅行基(营)地的标配,虽然从单个机构的人才需求数量来看并不大,但是考虑到研学旅行基(营)地未来可能在数量上呈现较大的成长空间,更重要的是,我国研学旅行市场存在数量极其巨大的适龄在校学生群体,在上述两大因素叠加下,未来研学旅行基(营)地的人才需求增长可以说是显而易见的。

表 5.4　研学旅行基(营)地人员配置要求示例

序号	省份	人员配置要求
1	山西省	应至少配置 1 名项目组长全程随团活动,负责统筹协调各项工作;为每个研学旅行团队至少配置 1 名安全员,负责随团开展防控工作和安全教育;为每个研学旅行团队至少配置 1 名研学导师,负责研学旅行教育工作计划制订,并与研学机构、带队老师等工作人员配合一同提供研学旅行教育服务;为每个研学旅行团队至少配置 1 名内部导游人员,负责在导游服务基础上配合相关工作人员提供生活保障服务和教育服务;安全员、研学导师以及内部导游人员与研学学生的比例不应低于 1∶30。

① 刘佳玲."双智"驱动下高职院校研学旅行管理与服务专业人才培养模式研究[J].重庆电子工程职业学院学报,2021,30(5):10-13.

② 周伟伟.研学旅游背景下陕西研学旅游人才需求分析[J].旅游纵览(下半月),2018(24):164 +166.

续表

序号	省份	人员配置要求
2	四川省	应为每个研学旅行团队配置比例不低于 30∶1 的专(兼)职研学旅行指导师,并指定不少于 1 名研学旅行指导师作为项目组长全程跟随研学活动,以统筹协调各项工作;为每个研学旅行团队至少配置比例不低于 30∶1 的研学旅行安全员;为每个研学旅行团队配备比例不低于 100∶1 的专职医护人员,特殊团队还应增加一定数量的医护人员。
3	吉林省	应为每个研学团队配置 1 名研学项目组长,全程随团并统筹协调各项工作;为每个研学团队配置 1 名研学旅行指导师,制订研学计划和开展实践教学活动;为每个研学团队配置 1 名安全员,随团开展防控工作和安全教育;为每个研学团队配置带队老师,配置比例为每 20 名学生对应 1 名带队老师,提供生活保障服务和实践教学活动支持。
4	江西省	应为研学活动按 1∶15 比例配备教学服务人员;配备负责对接和协助学校及第三方机构的专职人员;配备取得培训合格证书的专职指导人员,并应定期接受地方教育主管部门组织的研学业务培训;按 1∶20 比例配备研学指导人员;配备专职人员对接和协助学校、第三方组织机构人员开展研学活动实施与后勤保障。
5	江苏省	应指定高级管理人员至少 1 名,接受研学相关专业培训并承担基地的管理与内审工作;应设有不少于 3 人且稳定的专兼结合研学旅行指导师队伍,相关人员需具有相应的教育背景与能力;为每个研学旅行团队配备不少于 1 名的项目负责人,全程随团并负责统筹协调各项工作;为每个研学旅行团队配备比例不低于 40∶1 的研学师资,如针对中小学生的研学团队比例则应不低于 20∶1;应配备经过专业培训且有上岗资质的安全急救人员,以保障研学旅行活动的安全有序开展。

第二节　研学旅行基(营)地发展与人才需求调研——以富阳为例

天下佳山水,古今推富春。作为《富春山居图》的实景地和原创地的富阳,其隶属浙江省杭州市,下辖 5 个街道、13 个镇、6 个乡,总面积 1821.08 平方千米。近年来,富阳聚力打造"研学旅行趣富阳"特色文旅品牌,瞄准"中国营地之乡"建设目标,创新构建"优质营地＋基地、优质线路＋课程、优秀企业＋人才、优厚政策＋宣传、优秀干部＋氛围"①的工作体系,有效推动了地方研学旅行产业的高质量发展。截至 2022 年 10 月底,富阳共有规模营地 7 家(另有 2 家规划和在建)和研学基地 40 余家,年接待研学旅行人员数十万人次。以"五育研学"为核心内容支撑,富阳借助"富""春""山""居""图"分别创设劳育农耕之旅、体育活力之旅、美育生态之旅、德育红色之旅以及智育文化之旅,谋划五育并举、五旅同行和五趣共享,助推研学旅行产品与《富春山居图》的深度结合。2022 年,中央电视台《跟着书本去旅行》摄制组赴富阳进行了为期一个月的实地勘探,并围绕富阳研学旅行资源与研学线路制作了围绕富阳特色的五期节目②,为富阳打造成为华东地区研学旅行首选目的地和国内研学旅行发展知名目的地发挥了重大助力。此外,富阳还是中国"新劳动教育"概念的萌发地和创造地,也是全国区级研学奖补政策(每年 500 万元)和区级研学旅行产业联盟的先行者,持续不断的创新与努力,让富阳研学旅行发展迈上了快车道。

一、富阳研学旅行发展与人才需求调查基本情况

(一)调查目的

为全面、深入了解富阳区研学旅行基(营)地发展的实际情况,查找制约发展的问题和障碍,掌握研学旅行基(营)地的发展规划和政策诉求,摸排研学旅行基(营)地人才需求的规格和潜力,特实施了本次调查。通过对富阳区研学旅行基(营)地的负责人及工作人员开展深入访谈和问卷调查,从研学旅行基(营)地的基本情况、发展面临的主要问题、政策期待、未来发展计划和人才需求等多方面展开调查,研究团队③希望能客观深入地了解富阳区研学旅行基(营)地的发展现状、存在问题以及未来的可能发展方向等,进而为富阳区研学旅行行业发展、研学旅行示范基地建设以及研学旅行院校人才培养提供一定的决策支持,同时也为国内其他城市和地区发展研学旅行以及研学专业院校开展人才培养提供借鉴参考。

---

① 许荆楠.持续深化交流合作 打响研学旅行品牌[N].富阳日报,2022-10-27(5).

② 《跟着书本去旅行》栏目的《富春山水》系列制作成 5 期节目,分别是《黄公望与〈富春山居图〉》(上、下集)、《富阳竹纸》(上、下集)、《与朱元思书》(上集)。

③ 本调查项目受杭州市富阳区文化和广电旅游体育局委托并资助,课题组成员有徐得红、汤洪庆、苏永华、伍玉婷和张小亚五位老师,在此一并致谢;项目负责人为本书作者。

（二）调查对象和方式

本次调查自 2022 年 5 月 9 日启动,并于 6 月 24 日结束,以富阳区潜在的或已运营的研学旅行基(营)地的负责人和工作人员为调查对象,采用问卷调查和深入访谈相结合的方式进行。本次调查范围仅限于杭州市富阳区,其中问卷调查部分累计发放 41 份调查问卷,共计有 30 家研学旅行基(营)地的相关人员完成了所有调查项目,调查样本回收率为 73.2%。

（三）调研工具和过程

为深入了解富阳区研学旅行基(营)地建设的实际情况,调研团队首先采用深入访谈的方法,于 2022 年 5~6 月对富阳区研学旅行基(营)地的相关工作人员进行了实地调查;对于未能实地走访的目标研学旅行基(营)地,采用电话或者线上访谈的方法。最终,实地走访和访谈研学旅行基(营)地 15 家,电话和线上访谈 15 家。通过调研,研究团队获得了 30 家在富研学旅行基(营)地在研学旅行产品开发、经营管理困境、"十四五"期间发展计划、人才需求等方面的一手资料。

在深入访谈、电话访谈和线上访谈的同时,调研团队还对 41 家目标对象同步开展了包含纸质问卷、网络问卷在内的问卷辅助调查,并总计获得 30 家研学旅行基(营)地负责人/主要工作人员递交的问卷答卷。调查问卷包括填空题和开放性问答题,其设计是通过查阅和参考相关文献后,参考《富阳区研学旅行营地、基地认定标准》和《富阳区研学旅行营地、基地申报认定和管理细则》中的相关条款,并结合富阳区研学旅行发展实际而确定。调查问卷的题目主要包括研学旅行基(营)地的基本信息(人员配备、设施配套、研学产品、组织活动、人才需求等),其中研学旅行营地还需统计房间数及床位数、餐厅数以及就餐接待规模、医护人员和安保人员数量等具体信息。

二、富阳研学旅行发展与人才需求调查结果

（一）研学旅行基(营)地样本概况

1. 富阳区各街道(乡、镇)研学基(营)地分布

通过对 30 家受访的研学旅行基(营)地访谈数据和问卷数据进行整理,富阳区研学旅行基(营)地分布情况如表 5.5 所示。可以看到,在受访样本中,富春街道、洞桥镇和新登镇的研学旅行基(营)地数量位列前三,整体上样本覆盖了全区 24 个街道(乡、镇)中的 13 个(图 5.1)。从街道的维度来看,富春街道研学旅行基(营)地的数量位列第一,总计 6 家,银湖街道总计 2 家,东洲街道

仅有 1 家。从乡、镇的维度看，新登镇、洞桥镇均有 4 家单位，数量紧随富春街道；万市镇、常安镇的研学基（营）地数量也相对较多，各 3 家；龙门古镇共 2 家；上官乡、大源镇、胥口镇、灵桥镇、湖源乡的研学旅行基（营）地参与调研数量较少，均只有 1 家。

表 5.5 富阳区各街道（乡、镇）研学旅行基（营）地一览

序号	所属街道（乡、镇）	研学旅行基（营）地
1	富春街道	狼群生命安全教育基地 亚林生物健康产业园 富阳博物馆（基地） 杭州富阳阳陂湖生态休闲农庄 中国兵器装备（杭州）研学营地 疆浙情·新疆特色文化研学营地
2	洞桥镇	Growild 野生君自然教育研学基地 杭州（国际）青少年洞桥营地 少年军（富阳）国防教育训练营地 红土力量·乡村振兴（富阳）教育营地
3	新登镇	杭州富阳多都生态农业开发有限公司 杭州富阳林庭生态农业开发有限公司 杭州湘溪悦家果蔬专业合作社 杭州逸兰湾度假山庄
4	万市镇	知勤谷生态庄园云营地 万市烈士陵园 槎源坞村新劳动教育实践体验基地
5	银湖街道	杭州野生动物世界研学基地 爱丽芬城堡研学营地
6	龙门镇	带路研学历史文化体验基地 龙门镇"红色驿站"体验基地
7	常安镇	乾方磨砺研学基地 水映山庄 吉庆青创农场研学旅行基地

续表

序号	所属街道(乡、镇)	研学旅行基(营)地
8	胥口镇	胥口崎山葛洪博物馆
9	灵桥镇	富伦生态研学旅行基地
10	湖源乡	杭州宋韵竹纸研学基地
11	东洲街道	杭州富春江水电博物馆
12	大源镇	红色报刊史料研学(大源)基地
13	上官乡	球拍制作研学旅行基地

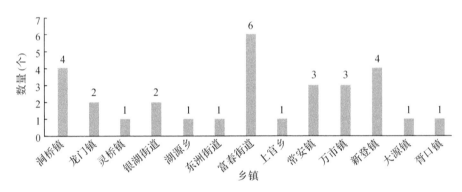

图 5.1 各街道(乡、镇)研学旅行基(营)地数量分布

2. 富阳区研学旅行基(营)地运营历史

统计数据显示(图 5.2),富阳区研学旅行基(营)地的成立时间分布在

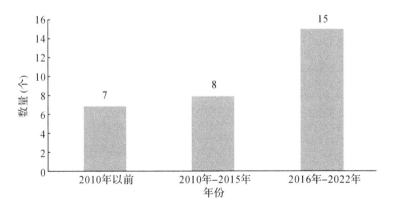

图 5.2 研学旅行基(营)地成立时间分布

2010 年以前、2010 年至 2015 年期间、2016 年至 2022 年间三个时间段。其中,2010 年以前共有 7 家研学基(营)地成立;2010 年至 2015 年共有 8 家研学基(营)地成立;2016 年至 2022 年 7 月,富阳区研学旅行基(营)地快速增长,这一时期先后共成立了 15 家研学基(营)地。相较前两个时间段,2016 年至 2022 年研学旅行基(营)地数量明显增加,这也说明越来越多的市场主体开始关注和重视研学旅行,研学旅行基(营)地的投资和建设呈现加速状态。

具体来看(图 5.3),2010 年以前研学旅行基(营)地主要集中在银湖街道、富春街道和龙门镇,万市镇和灵桥镇也略有分布。2010—2015 年间新开设研学旅行基(营)地 8 家,以新登镇、常安镇等地居多,其中新登镇 3 家、常安镇 2 家。2016—2022 年间,洞桥镇、富春街道、万市镇新设立的研学旅行基(营)地较多。整体来看,富春街道作为富阳区政府所在地街道,其也是富阳中心城市片区的最主要街道,经济、区位和历史条件得天独厚,该街道的研学旅行基(营)地创立历史也最为悠久,后续在研学旅行基(营)地建设和研学旅行活动开展上具有先发和优势条件。

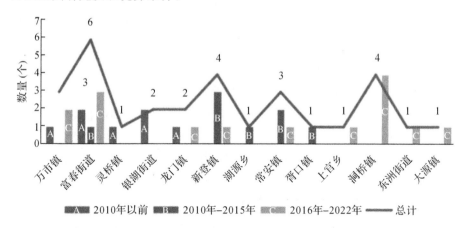

图 5.3 不同年份研学旅行基(营)地运营单位数量的区域统计

(二)富阳区研学旅行基(营)地分类型分布情况

1. 研学旅行基(营)地分类型数量及占比

统计数据显示(图 5.4),富阳区研学旅行基(营)地中数量最多的是"体验考察型"研学旅行基(营)地,总计 10 家,占比 33%;其次为"知识科普型"研学旅行基(营)地,共计 8 家,占比 27%;"励志拓展型"研学旅行基(营)地共有 6 家,占比 20%;"文化康乐型"和"自然观赏型"分别为 4 家和 2 家,分别占比为

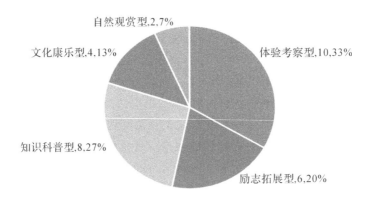

图 5.4　不同类型研学旅行基（营）地数量及占比

13％和 7％。

　　已有相关调研显示,学生所倾向的研学旅行基(营)地类型中,自然观赏型所占比例最大,为 26.6％,体验考察型占比次之,为 21.8％,紧随其后的分别是励志拓展型、知识科普型和文娱康乐型,占比分别为 19.5％、17.4％和 14.7％。[①] 目前富阳区的研学旅行基(营)地主要还是以"体验考察型""励志拓展型""知识科普型"为主,这与上述调研既有耦合之处又有一定差异,这也从侧面反映出当下研学旅行市场供需对接可能存在的问题。

　　2.富阳区市级及以上研学旅行基(营)地分布

　　2019 年以来,"知识科普型"研学基(营)地是富阳区范围内获得市级以上研学旅行基(营)称号数量最多的类型,共 3 家(表 5.6)。"体验考察型""励志拓展型"研学旅行基(营)地获得相关认定的数量分别为 2 家、1 家。这一数据也从另一角度再次突显了富阳区研学旅行基(营)地中"知识科普型""体验考察型""励志拓展型"三个类型的强势地位。

表 5.6　2019 年以来富阳区市级及以上称号研学旅行基（营）地分布

序号	研学旅行基（营）地	评定级别	所属地区	类型
1	杭州(国际)青少年洞桥营地	国家级、省级	洞桥镇	励志拓展型
2	杭州野生动物世界研学基地	省级	银湖街道	知识科普型

　　① 徐凯.初中生研学旅行活动满意度影响因素分析[D].天津:天津财经大学,2019.DOI:10.27354/d.cnki.gtcjy.2019.000386.

续表

序号	研学旅行基(营)地	评定级别	所属地区	类型
3	吉庆青创农场研学旅行基地	市级	常安镇	体验考察型
4	小水电科普工场	市级	东洲街道	知识科普型
5	龙门古镇	市级	龙门镇	体验考察型
6	富阳益师培训营地	市级	银湖街道	知识科普型

3. 体验考察型研学旅行基(营)地区域分布

通过比较富阳区各街道(乡、镇)"体验考察型"研学旅行基(营)地的数量可以发现(图 5.5),新登镇的"体验考察型"研学旅行基(营)地数量最多,共有3 家,常安镇次之,共有2 家。整体来看,富阳区"体验考察型"研学旅行基(营)地共计10 家,占全区研学旅行基(营)地总数的33%,其地理分布较为分散,这与国内其他地区的分布情况大体吻合①。

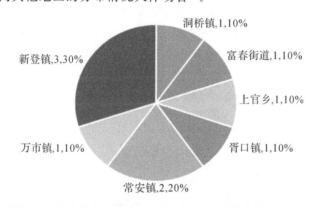

图 5.5 体验考察型研学旅行基(营)地区域分布数量及占比

4. 知识科普型研学旅行基(营)地区域分布

通过比较富阳区各街道(乡、镇)"知识科普型"研学旅行基(营)地的数量(图 5.6),富春街道的该类型基(营)地数量最多,以3 家单位的数量占据第一位,该街道知识科普型研学资源优势相对突出。科普研学观光将是未来旅游业极具潜力的新业态之一②,伴随着人们日益增长的科普知识需求,该类研学

① 王芳,翟文.甘肃研学旅游产品深度开发的策略探析[J].西部旅游,2022(17):103-105.
② 温乐平,吴建红.水利风景区水科普建设路径探讨——以丰城市玉龙河水利风景区为例[J].南昌工程学院学报,2020,39(2):60-66.

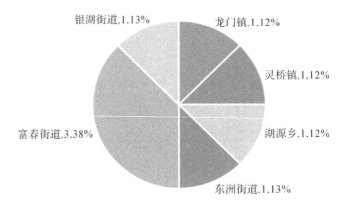

图 5.6　知识科普型研学旅行基(营)地区域分布数量及占比

旅行基(营)地将会迎来增长的新空间。

5. 励志拓展型研学旅行基(营)地区域分布

数据显示(图 5.7),洞桥镇的"励志拓展型"研学旅行基(营)地数量稍多,共 2 家占比为 33%。龙门镇、常安镇、万市镇、大源镇各分布有 1 家。结合实地走访相关资料可以发现,洞桥镇军事拓展主题研学旅行基(营)地实力较强,主要有杭州(国际)青少年洞桥营地和少年军(富阳)国防教育训练营地,其中,杭州(国际)青少年洞桥营地不仅是富阳区首个大规模劳动教育实践基地,还是浙江省首批中小学生研学实践教育营地,也是全国新劳动教育实践基地。[①]

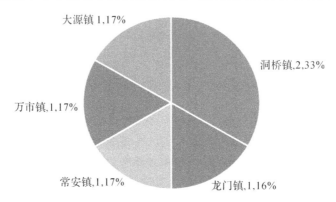

图 5.7　励志拓展型研学旅行基(营)地区域分布数量及占比

(三)富阳区研学旅行基(营)地课程建设情况

---

① 韦婧婧.劳动教育类中小学生研学旅行课程设计的研究[D].温州:温州大学,2021.

1. 研学旅行基(营)地研学课程开发情况

数据显示(图5.8),富阳区各研学旅行基(营)地开发的研学课程数量主要集中在5门及以下,占全部研学旅行基(营)地总数的44%;开发研学课程数量在5至9门的占33%;开发研学课程数量达10门及以上的研学旅行基(营)地数量仅占研学旅行基(营)地总数的23%。在所有样本中,开发研学课程数量较多的研学旅行基(营)地有2个,分别以70门和63门位列第一、第二。

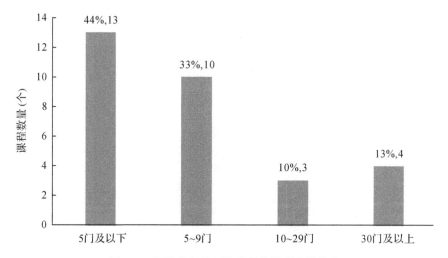

图5.8　研学旅行基(营)地研学课程数量分布

2. 研学旅行基(营)地线路开发情况

根据统计(图5.9),富阳区各研学旅行基(营)地开发的研学线路数量主要集中在5条以下,占全部研学旅行基(营)地总数的73%;开发研学线路数量在5至9条的基(营)地占17%;开发研学线路达10条及以上的研学旅行基(营)地数量占全部研学旅行基(营)地的10%。具体来看,富阳区研学旅行基(营)地中研学线路开发数量最多的有12条,有些研学旅行基(营)地虽然研学线路开发不多,但是却以定制化打造研学线路产品等方式创新了运营模式。

(四)基础设施和配套服务情况

1. 用餐、住宿设施情况统计

调查数据显示(图5.10),富阳区各研学旅行基(营)地普遍设有"用餐设施",占全部研学旅行基(营)地总数的73%。值得注意的是,富阳区各个研学

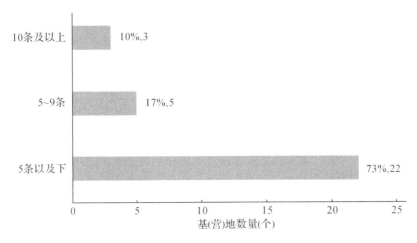

图 5.9　研学旅行基(营)地研学线路数量分布

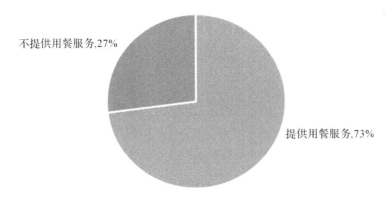

图 5.10　研学旅行基(营)地餐饮设施

旅行基(营)地虽大多能够提供用餐服务,但能够提供 200 人以上住宿服务的接待主体相对较少,也即研学旅行营地数量相对较少。[①]

　　数据显示(图 5.11),富阳区能够提供"住宿设施"的研学场地占总数的 43%,但能够提供大规模住宿设施的研学旅行营地较少。结合公开数据,目前床位数排在第一位的营地总共设有 115 间榻榻米房间,常规可住宿 928 人(疫情防控期间住宿 618 人);排在第二位的营地,设有 157 间房,总计 259 个床

---

　　① 根据《富阳区研学旅行营地、基地认定标准》规定,研学旅行营地需要满足"具有能同时接待 200 名及以上研学者的床位"。

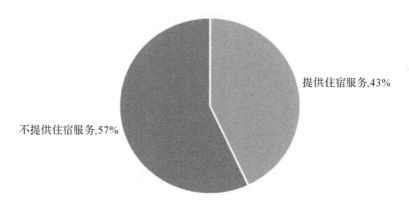

图 5.11　研学旅行基(营)地住宿设施

位;还有洞桥镇、富春街道、银湖街道各有一家基(营)地达到了 200 个床位数。

2. 占地规模情况

调查结果显示(图 5.12)[①],富阳区研学旅行基(营)地中占地面积不足 5000 平方米的有 9 家,占比为 32%;占地面积在 5000 到 50 万(不含)平方米的有15家,占比54%。占地面积大于等于50万平方米的研学旅行基(营)地

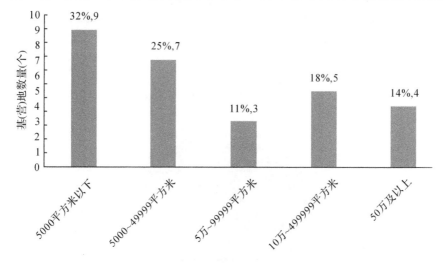

图 5.12　研学旅行基(营)地占地规模分布

共计 4 家,占比 14%。参考本次调研数据,可考虑将占地面积不足 5000 平方

米的研学旅行基（营）地划分为小型规模,将拥有 5000 到 50 万(不含)平方米占地面积的划分为中等规模,50 万平方米及以上占地面积的视为大规模的研学旅行基(营)地。

3. 员工配备情况

整体上看(图 5.13、5.14),员工数 20 人成为一个规模分水岭:富阳区研学旅行基(营)地在岗人员数量在 20 人及以上的占比略多,占全部研学旅行基(营)地总数的 53%;在岗人数在 20 人以下的占比为 47%,基本上与 20 人及以上的占比平分秋色。值得注意的是,在岗人数位于 50 人到 100 人(不含)之

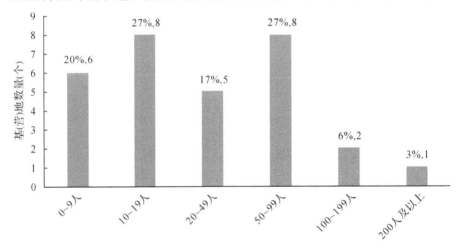

图 5.13　研学旅行基(营)地在岗员工数量分布

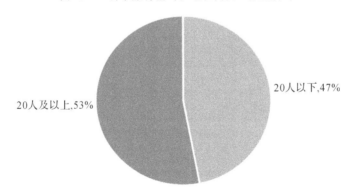

图 5.14　研学旅行基(营)地在岗员工规模比例

间的研学旅行基(营)地占全部总数的 27%,而在岗人员数量规模在 100 人及

以上的研学旅行基(营)地占比则达到了9%。

4.停车位情况

停车方便是研学旅行基(营)地竞争力的重要组成因素之一,因为其与场地面积、讲解品质、与课本贴合度等要素一起成为中小学研学在选定场所时的关键指标。[①]具体来看(图5.15),富阳区研学旅行基(营)地的停车规模小于50个停车位的有11个,占比37%;拥有50个至100个(不含)停车位的研学旅行基(营)地数量有6个,占比20%;拥有100个及以上停车位研学旅行基(营)地的数量占全部基(营)地数量的43%。

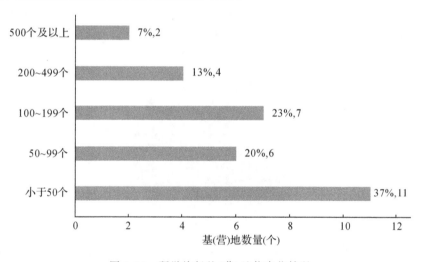

图5.15　研学旅行基(营)地停车位情况

5.安保、医务人员配备情况

对研学旅行基(营)地而言,安全保障工作至关重要。通过安全教育培训和安保演练等多种形式确保研学旅行活动的安全和成效,同时做好研学旅行参与者的医疗保障工作,不仅仅是保障研学旅行活动顺利开展的前提,亦是学校、学生及家庭选定研学旅行基(营)地的关键考量要素之一,其对研学旅行活动的满意度也有着重要影响。[②]从数据上看,洞桥镇某营地的医护人员常备

---

①　朱丽男,石媚山.研学旅行大发展背景下旅游类高职院校人才培养改革——以青岛酒店管理职业技术学院为例[J].山东教育(高教),2019(11):57-59.

②　周林兴,邹莎.文旅融合时代档案馆研学旅行基地建设:基础、困境与路径[J].档案与建设,2020(12):17-21+32.

2～3人,安保人员常备 6～12 人;洞桥镇另一营地的医护人员常备 1 人,安保人员常备 4 人;灵桥镇某研学旅行基地暂无医护人员,有安保人员 10 人。整体上说,全区研学旅行基(营)地的安保、医务人员力量还有待进一步提升和完善。

6. 研学旅行活动室、教室数量情况

根据调查数据可见(图 5.16),富阳区研学旅行基(营)地活动室或教室的数量主要集中在 5 间以下。其中,共有 12 家研学旅行基(营)地的活动室或教室的数量少于 5 间,占全部研学旅行基(营)地总数的 40%;拥有 5 至 10(不含)间的研学旅行基(营)地共有 11 家,占比 37%;拥有 20 间及以上的研学旅行基(营)地共 3 家,占比 10%。不难看出,富阳区研学旅行基(营)地的活动室规模总体偏小,这对后期研学旅行活动规模拓展将会产生一定的限制。

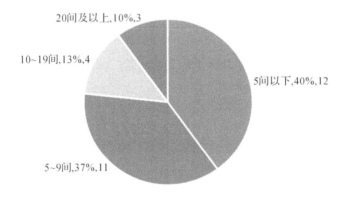

图 5.16 研学旅行基(营)地现有活动室或教室情况

7. 富阳区研学基(营)地门票收取情况

统计数据显示(图 5.17、5.18),富阳区各个研学旅行基(营)地中有 17 家不收取门票费用,占比为 57%;共计 13 家收取门票费用,占比为 43%。在所有收取门票费用的研学旅行基(营)地中,最高的票价为 220 元/人,接下来依次为 100 元/人、70 元/人(儿童 35 元/人)、20 元/人等。值得关注的是,相较于不收取门票的研学旅行基(营)地,收取门票费用的研学旅行基(营)地的基础配套、服务要相对成熟。

8. 研学旅行基(营)地发展规划情况

在 30 家受访的研学旅行基(营)地中,共有 20 家研学旅行基(营)地对未来的发展有较为明确的目标和方向。具体来看,富阳区研学旅行基(营)地未来工作的主攻方向主要包括研学旅行产品的开发和完善、基础设施及配套服

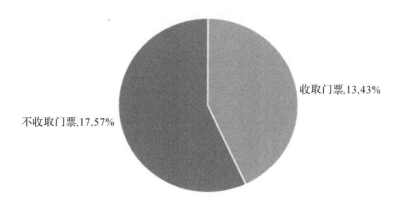

图 5.17　研学旅行基（营）地收取门票情况

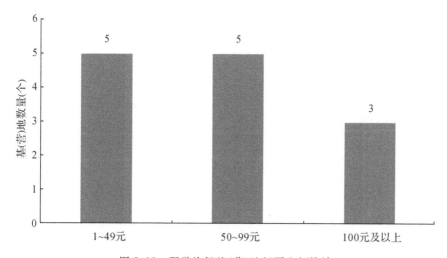

图 5.18　研学旅行基（营）地门票金额统计

务的完善和提升、营销推广的加强等诸多方面。

9. 研学旅行基（营）地获得荣誉、资质情况

通过对参与调查的 30 家研学旅行基（营）地所提供的佐证资料进行统计分析发现（表 5.7、图 5.19），共有 19 家研学旅行基（营）地获得区级及以上荣誉或资质，占比 63％；另外 11 家研学旅行基（营）地未获得任何区级及以上荣誉或资质，占比 37％。具体来看，杭州（国际）青少年洞桥营地取得的荣誉和资质最多，共计 12 项，分别为国家级 2 项、省级 3 项、市级 6 项、区级 1 项。杭州富春江水电博物馆、富伦生态研学旅行基地、吉庆青创农场研学旅行基地次

之,均取得 7 项荣誉及资质。中国兵器装备(杭州)研学营地取得 5 项荣誉和资质。整体来看,富阳区研学旅行基(营)地取得的市级荣誉及资质最多,共计 20 项;其次是省级和区级荣誉,分别为 17 项和 16 项;最后是国家级荣誉及资质,共计 9 项。

表 5.7　富阳区研学旅行基(营)地获得荣誉、资质情况一览

研学旅行基(营)地名称	国家级	省级	市级	区级	总计
杭州(国际)青少年洞桥营地	2	3	6	1	12
富伦生态研学旅行基地	0	1	4	2	7
杭州野生动物世界研学基地	0	1	0	0	1
杭州宋韵竹纸研学基地	0	1	1	0	2
杭州富春江水电博物馆	4	2	1	0	7
狼群生命安全教育基地	0	0	1	1	2
少年军(富阳)国防教育训练营地	0	1	0	2	3
Growild 野生君自然教育研学基地	0	0	2	0	2
亚林生物健康产业园	0	0	0	1	1
中国兵器装备(杭州)研学营地	0	5	0	0	5
富阳博物馆(基地)	0	1	0	0	1
杭州富阳阳陂湖生态休闲农庄	1	0	0	0	1
万市烈士陵园	1	0	0	1	2
爱丽芬城堡研学营地	0	0	0	1	1
杭州富阳多都生态农业开发有限公司	0	0	0	1	1
杭州富阳林庭生态农业开发有限公司	0	0	1	0	1
乾方磨砺研学基地	1	1	0	1	3
红色报刊史料研学(大源)基地	0	0	1	2	3
吉庆青创农场研学旅行基地	0	1	3	3	7
总计	9	17	20	16	62

(五)研学旅行基(营)地营销推广情况

调查数据显示(图 5.20、图 5.21),富阳区各研学旅行基(营)地已利用新媒体手段进行推广的有 21 家,占比 70%。其中,微信公众号成为研学旅行基(营)地最常用的一种推广方式,总计有 21 家;其次是抖音,共有 10 家研学旅

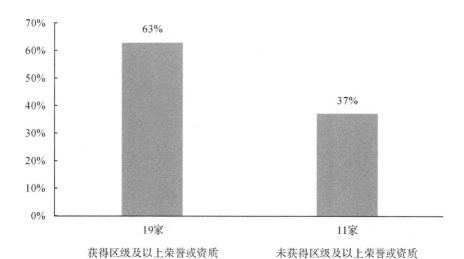

图 5.19　各研学旅行基(营)地获得荣誉、资质情况

行基(营)地采用专门的抖音号进行推广;紧接着是官方网站,共计有 5 家研学旅行基(营)地采用。此外,万市镇一营地采用了小红书进行营销推广。

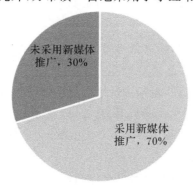

图 5.20　研学旅行基(营)地营销推广情况

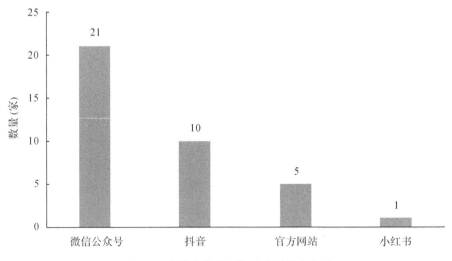

图 5.21 研学旅行基(营)地营销推广方式

三、深入访谈情况反馈

(一)研学旅行基(营)地发展面临的主要问题

1. 研学产品打造方面

第一,研学旅行产品品质有待提升。旅游产品的供给已迈进品质化的新阶段[①],对研学旅行而言,品质保障更是尤为重要。从供给侧的访谈反馈来看,由于研学资源的单一性,富阳区研学旅行基(营)地多数存在研学课程数量少、研学线路单一的问题。富春街道、常安镇、新登镇数家研学基(营)地相关工作人员都表示存在着课程内容形式单一、课程特色化不突出、研学产品的创新性和系统性不足的挑战。

第二,研学旅行产品资源整合性有待加强。为迎合市场需求,各研学旅行基(营)地纷纷打造研学旅行新产品,但事实是产品创新不足,质量也往往难以保证。研学旅行基(营)地对内部已有资源的整合、对区域间资源的统筹力度仍显不足。例如,洞桥镇某研学基地的接待规模较小,仅有 8 间活动教室,但其开设有 48 门研学课程,为了确保研学活动的开展质量,就必须加强与洞桥

---

① 李书昊,魏敏.中国旅游业高质量发展:核心要求、实现路径与保障机制[J/OL].[2023-01-17].云南民族大学学报(哲学社会科学版),2023(1):152-160.

镇周边基(营)地的合作,实现基于顾客体验的价值共创。①

第三,研学旅行产品的定位有待明确。不同的研学旅行基(营)地需明晰各自定位,打造自身特色,否则将影响后续的产品研发、营销宣传和经营绩效。例如,龙门镇某研学基地相关负责人称,龙门古镇的资源十分丰富,打造了建筑、摄影、家风文化等方面诸多研学课程,但事实是主题不够突出,特色也不够彰显。

2. 研学产品营销推广方面

第一,营销推广不够精准。目前富阳区的研学旅行产品既有面向广大中小学生的,也有面向青年人群和老年人的,如何针对不同人群进行精准营销,提升对研学旅行产品以及研学旅行基(营)地的认知,仍是一道难题。例如,银湖街道某研学营地负责人认为,社会与学校对于青少年研学旅行基(营)地的认识还存在一定的偏差甚至误解,不少家长认为这是变相收费的一种手段。

第二,营销效果不够明显。目前,富阳大部分研学旅行基(营)地都利用公众号、抖音、小红书等新媒体平台开展宣传和推广,但对于如何科学、有效利用新媒体和传统媒体,如何与周边基(营)地实现联动营销,进而达到预期的营销效果,仍然是诸多研学旅行基(营)地所困惑的难题。例如,富春街道三家基(营)地和新登镇一家研学基地的相关工作人员都认为如何有效利用媒体进行推广和宣传是他们急需解决的问题。

3. 研学产品实施保障方面

第一,政府支持力度有待加强。在疫情政策放开之前,由于受到新冠疫情的影响,大多数研学旅行基(营)地都无法正常开展研学活动,加之缺少政策和经费支持,导致人才流失、生存压力巨大,这严重阻滞了行业的发展进步。

第二,专业人才队伍有待壮大。富阳区研学旅行基(营)地目前仍较缺乏熟稔研学工作内容和业务流程的专业人才,而具有旅游及教育双专业背景的综合性人才更是奇缺,这直接制约着研学旅行基(营)地的管理、研学课程的指导、研学活动的开展以及营销推广的执行。

第三,利益相关者联动力度有待加强。旅游作为一项综合性产业,其牵扯

---

① Prahalad C K, Ramaswamy V. Co-opting customer competence[J]. Harvard Business Review, 2000, 78(1): 79-90.

面广、要素复杂以致于产业边界一直未完全明确[①],研学旅行亦是如此,要发展好研学旅行行业,必须各部门齐心协力,但现实是利益相关者聚力缺乏。例如,研学旅行基(营)地建设用地指标保障的问题始终不易解决,这些都直接掣肘了研学旅行事业的发展。

(二)研学旅行基(营)地希望获得的政策支持

在深入访谈和问卷调研过程中,受访研学旅行基(营)地均希望研学旅行能够得到上级各部门领导的重视和支持,并提出相关部门能否推动研学旅行主管部门、实际参与研学产品供给的各利益相关者[研学旅行基(营)地、研学导师、各研学机构和旅行社等]、研学活动的参与主体及主体监护人(学校及其家长等)的互动交流,构建积极发展氛围,并形成良性联动机制,同时完善监管及保障工作。

在研学产品的实施保障方面,研学旅行基(营)地希望相关部门设立专项经费,每年给接待量高的基(营)地予以实质性的激励,并保证相关奖励措施的具体落实,同时建议简化请奖的申报手续。对于新申请的基(营)地严格准入制度和退出机制,对于后期不符合要求的,建议采取自愿或强制退出措施,但对于满足设立条件的则要予以政策及资金支持。

在研学产品的打造和推广方面,研学旅行基(营)地希望在相关部门和高校专业人才的帮助下,组织研学旅行基(营)地建设及运营管理方面的主题培训,切实提升研学旅行基(营)地的管理和营销能力;希望能够加强与各高校、其他研学基(营)地的相互合作,共同打造研学旅行产品,提高富阳研学课程和研学线路的品质和口碑;希望政府部门做好鼓励动员工作,使研学旅行各参与方更充分认识到研学旅行的重要性,提升研学消费认同。

四、富阳区研学旅行基(营)地发展对策建议

(一)富阳区研学旅行基(营)地调查结论

1. 政府政策推动及时有力

为大力发展富阳区研学旅行经济,2021年9月,杭州市富阳区人民政府办公室在印发的《富阳区促进旅游业高质量融合发展的扶持政策(试行)》中明确提出鼓励研学旅游,并对积极推广富阳区内研学旅行产品的研学旅行企业

---

① 邹统钎,黄鑫,韩全,吕敏.旅游目的地品牌基因选择的三力模型构建[J].人文地理,2021,36(6):147-156.

[经认定的研学旅游基(营)地],年营业收入达到 60 万元、100 万元和 200 万元及以上的,分别给予 3 万元、5 万元和 10 万元的一次性奖励。

2022 年 5 月,富阳区文化和广电旅游体育局制定出台《富阳区研学旅行营地、基地认定标准》和《富阳区研学旅行营地、基地申报认定和管理细则》,旨在一是建立面向中小学生与成人、学校与家庭等在内的全对象研学旅行服务体系,二是拓展包括知识科普型、自然观赏型、体验考察型、励志拓展型、文化康乐型等研学旅行产品在内的全域研学产品,三是助力夯实包括规划、产品、营销、服务、人才等在内的研学旅行全要素基础支撑,四是传播和弘扬以富春山居文化、富春江文化和运动休闲文化为代表的富阳地域特色文化。2022 年 6 月,区文化和广电旅游体育局举办了 2022 年富阳区首批研学旅行基(营)地认定专题宣贯培训,为区内研学企业在研学产品打造和企业创新发展上提供了新思路。富阳区文化和广电旅游体育局后续还将持续开展认定工作,打造一批标杆性研学基(营)地,并加强动态管理,健全准入、退出机制和评价指数等标准体系建设。同时,富阳区研学产业扶持政策也在紧锣密鼓地制定并适时推出。

2. 研学旅行基(营)地资源丰沃

富阳区研学资源丰富,红色文化、廉政文化、孙氏文化、元书纸文化等"乡土乡情"文化资源丰厚,此外富阳区兼备自然资源、文化遗产资源、生态科普资源、水电科普资源、安全教育资源、特色产业资源及科研机构资源。如将有潜力的研学资源均开发为研学旅行产品将蔚为可观。目前富阳区已建成的研学旅行基(营)地按资源类型进行分类统计整理结果如表 5.8 所示。

3. 研学旅行基(营)地发展初显成效

实际上,目前富阳区获得研学实践教育基地等相关称号的研学企业并不少,如杭州(国际)青少年洞桥营地获得教育部第一批"全国中小学生研学实践教育基地"以及"浙江省中小学生劳动实践教育基地""浙江省中小学生研学实践教育营地"等授牌;杭州野生动物世界得到"浙江省研学实践教育基地"认定;少年军(富阳)国防教育训练营地则有"浙江省中小学劳动实践基地""富阳区新劳动教育实践基地""富阳区少年海军军校"等称号。

表 5.8　富阳区研学旅行基(营)地资源分类①

序号	类型	研学旅行基(营)地	资源示例
1	知识科普型	杭州野生动物世界研学基地、富阳博物馆(基地)、杭州宋韵竹纸研学基地、小水电科普工场、富伦生态研学旅行基地、狼群生命安全教育基地、带路研学历史文化体验基地、亚林生物健康产业园	杭州野生动物世界园内生活着300多种野生动物,包括大熊猫、马来貘、华南虎等在内的世界各地珍稀野生动物,可开设大熊猫课程、动物救助课程等。
2	自然观赏型	Growild 野生君自然教育研学基地、知勤谷生态庄园云营地	Growild 野生君自然教育研学基地依托洞桥村创立自然营地,内有水库、岩壁、徒步道等,更注重孩子与自然的互动。
3	体验考察型	吉庆青创农场研学旅行基地、红土力量·乡村振兴(富阳)教育营地、球拍制作研学旅行基地、杭州富阳阳陂湖生态休闲农庄、水映山庄、槎源坞村新劳动教育实践体验基地、杭州富阳多都生态农业开发有限公司、杭州富阳林庭生态农业开发有限公司、杭州湘溪悦家果蔬专业合作社、杭州梦想田园农业开发有限公司	吉庆青创农场研学旅行基地可以选择不同的果蔬来体验农耕种植,参与除草、翻地、种植、浇灌、修剪等,收获不同劳动技能。
4	励志拓展型	杭州(国际)青少年洞桥营地、龙门古镇、万市烈士陵园、乾方磨砺研学基地、大源镇红色报刊史料研学中心、少年军(富阳)国防教育训练营地	杭州(国际)青少年洞桥营地倡导在"自学"探索和"自律"评价的基础上,实施生活自理、生存训练、军事体验等六类实践课程120余个活动项目。
5	文化康乐型	中国兵器装备(杭州)研学营地、爱丽芬城堡研学营地、杭州逸兰湾度假山庄、疆浙情·新疆特色文化研学营地	中国兵器装备(杭州)研学营地设有会议、培训、住宿、餐饮、职工疗休养、康复理疗、养生保健、旅游度假等服务,医疗健康中心拥有特色中医门诊。

① 该分类统计仅纳入了2022年度富阳区研学旅行基(营)地年度调查受访对象,未覆盖全区所有研学旅行基(营)地。

　　此外,富阳区已有6家单位获得了市级及以上研学旅行基(营)地的称号(表5.9),其中2家为省级研学旅行基地,1家为国家级研学旅行基地。2019年,在浙江省中小学生研学实践教育基地营地(第一批)的公示名单中,认定了富阳区的杭州野生动物世界研学基地、杭州(国际)青少年洞桥营地两大研学旅行基(营)地,其中杭州(国际)青少年洞桥营地还获评为全国中小学生研学实践教育基地。2020年,杭州市教育局、杭州市文化广电旅游局公布了杭州气象科普体验馆等48家单位为2020年杭州市中小学生研学旅行基地,其中,富阳区的吉庆青创农场研学旅行基地、小水电科普工场、龙门古镇等3家单位为2020年杭州市中小学生研学旅行基地,而富阳益师培训营地则被认定为2020年杭州市中小学生研学旅行营地。由上可见,富阳区研学旅行基(营)地发展已初显成效。

表5.9　富阳区研学旅行基(营)地认定情况

序号	研学旅行基(营)地	认定级别	所属街道(乡、镇)
1	杭州(国际)青少年洞桥营地	国家级、省级	洞桥镇
2	杭州野生动物世界研学基地	省级	受降镇
3	富阳益师培训营地	市级	银湖街道
4	吉庆青创农场研学旅行基地	市级	常安镇
5	小水电科普工场	市级	东洲街道
6	龙门古镇	市级	龙门镇

(二)富阳区研学旅行基(营)地发展主要问题

1. 基础设施不完善

　　富阳区不少研学旅行基(营)地开展研学活动的场地主要依赖于室外自然公共空间或正式工作生产场地。如富春街道某基地,研学仅仅是其科普教育的一个分支板块,其尚未就不同研学旅行活动和不同年龄阶段研学参与者实施针对性管理;洞桥镇某基地采取与周边营地和所在村农户合作的形式,借助外部资源承担研学团队的食宿接待服务,其本身食宿服务设施仍有待改善。不少研学旅行基(营)地设施规模有限,当遇到研学团体达到几百人时,研学活动只能分批次进行,这实际上对场地轮换周转提出了更高要求。可以说,基础设施存在短板也是富阳区其他研学旅行基(营)地发展中的共性难题。除洞桥镇和常安镇的三家研学基(营)地是全方位专为研学旅行打造之外,大多研学旅行基（营）地在功能和设施上还是未能完全符合期望。

2. 研学产品尚缺乏

通过对富阳区研学旅行基（营）地从业人员的访谈以及实地走访发现，目前富阳区研学旅行产品只有少量可以达到"游＋学"有效结合的效果，不少研学旅行基（营）地还没有规范成形的研学旅行产品。调查发现，富阳区目前研学旅行产品多是以单个基地为单位组织所有体验过程，且主要以参观的形式呈现研学内容，课程定位、组织、内容和特色都仍有待提升。此外，由于研学时间所限，已有研学产品的研学内容往往浅尝辄止，参与者研学体验浮于表层，这毫无疑问并非一个健康的研学旅行产品形态。因此，在研学旅行基（营）地后续建设中，必须着力完善线路和产品问题，充分挖掘基（营）地自身资源，设计出多样的特色的研学主题产品，以适应不同年龄段研学者的体验需求，并通过产品设计提升来延长研学体验时间，增强研学参与感、体验感和获得感。

3. 产品品牌推广度低

虽然富阳区已经推出"中国营地之乡""研学旅行趣富阳"的建设目标和形象口号，但整体而言，富阳区在研学旅行产品打造和目的地形象宣传方面仍有提升空间。当前，富阳区研学产品的品牌辨识度仍待提升，"游而不学"的传统形式未能较好实现教育初衷，这也影响了其在研学旅行市场上的品质认可度。此外，在宣传推广上，富阳区各研学基（营）地宣传推广尚未形成聚集效应和涟漪效应[①]，缺少官方认证的统一平台进行宣传推广，未形成有效的宣传聚合机制，导致宣传渠道较窄，宣传工作效率不高，外界知晓率仍旧不高，也缺乏足够数量基数的口碑受众。同时，由于缺乏研学旅行宣传扶持专项基金，这也制约了富阳研学旅行品牌的大规模快速推广。

4. 缺乏研学专业人才

富阳区研学旅行活动的开展多数在距离市中心较远的村镇，因此往往难以吸引与留住高校对口专业毕业生以及业界高级管理人才，导致专业的研学人才仍十分缺乏。当前的人才储备大多只能提供简单的讲解、导览或知识科普服务，在课程设计开发、项目营销及运营管理上专业人员还是极其匮乏。大部分研学旅行基（营）地尚未形成成熟的研学课程设计、产品开发和线路规划，在项目实施上也未形成体系，这些都与研学人才供给不足密切相关。同时，目

前还存在忽视对现有研学从业人员开展技术技能教育培训提升的问题,这进一步加剧了地方研学人才的数量和质量短板矛盾。

5. 土地政策限制发展

调研走访中发现,富阳区研学旅行基(营)地普遍存在土地政策限制发展的难题。当然,这一问题并非只存在于富阳,其他地区同样会面临土地政策对研学行业发展产生制约的问题。由于国家出台的土地政策严格限制农用地转为建设用地,控制建设用地总量,对耕地实行特殊保护,某营地原先用来开展研学活动的部分场地退改为种植农作物。银湖街道和洞桥镇多家基(营)地同样也受土地政策的限制而无法开拓新的研学活动板块。如何充分、合规利用已有用地政策[①],加大对研学旅行基(营)地的用地支持,是进一步拓展发展空间必须直面的挑战。

6. 政策支持有待提升

近几年由于受到新冠疫情的冲击与影响,大量研学活动都被迫暂停开展,这对研学旅行基(营)地的生存与发展造成了巨大伤害,亟待具有针对性的地方帮扶和激励政策落地实施。此外,评选区县级的研学旅行基(营)地可以为

[①] 2015 年 11 月 25 日,国土资源部、住房和城乡建设部、国家旅游局发布《关于支持旅游业发展用地政策的意见》,提出积极保障旅游业发展用地供应;有效落实旅游重点项目新增建设用地;支持使用未利用地、废弃地、边远海岛等土地建设旅游项目,明确乡村旅游、自驾车房车营地、邮轮游艇旅游、研学旅游等新业态旅游用地政策。2016 年 11 月 7 日,国家旅游局、国家发展改革委、工业和信息化部、公安部、财政部、国土资源部、环境保护部、住房城乡建设部、交通运输部、国家工商总局、国家体育总局发布《关于促进自驾车旅居车旅游发展的若干意见》,提出到 2020 年建成各类自驾车旅居车营地 2000 个;优化营地用地政策,自驾车营区、旅居车营区、商务俱乐部、木屋住宿区、休闲娱乐区等功能区应优先安排使用存量建设用地,确需新供的,用途按旅馆用地管理;其他功能区使用未利用地的,在不改变土地用途、不固化地面的前提下,可按原地类管理。2018 年 10 月 10 日,国家发展改革委、财政部、人力资源和社会保障部、自然资源部、生态环境部、住房城乡建设部、交通运输部、农业农村部、文化和旅游部、国家卫生健康委、人民银行、市场监管总局、银保监会发布《促进乡村旅游发展提质升级行动方案(2018—2020 年)》,提出补齐乡村旅游道路和停车设施建设短板,推进全国乡村旅游道路建设、支持乡村旅游停车设施改造提升;加大对乡村旅游基础设施建设的用地支持,各地区在编制和实施土地利用总体规划中,乡(镇)土地利用总体规划可以预留少量(不超过 5%)规划建设用地指标,用于零星分散的单独选址乡村旅游设施等建设;对使用"四荒地"及石漠化、边远海岛建设的乡村旅游项目,优先安排新增建设用地计划指标。2019 年 4 月 15 日,中共中央、国务院发布《关于建立健全城乡融合发展体制机制和政策体系的意见》,提出建立集体经营性建设用地入市制度;允许农村集体经营性建设用地入市,允许就地入市或异地调整入市,允许村集体在农民自愿前提下,依法把有偿收回的闲置宅基地、废弃的集体公益性建设用地转变为集体经营性建设用地入市;推动城中村、城边村、村级工业园等可连片开发区域土地依法合规整治入市;推进集体经营性建设用地使用权和地上建筑物所有权房地一体、分割转让。

地方研学旅行行业发展树立标杆,形成示范带动作用,这一工作有待纵深推进。在上述有关研学旅行的政策赋能上,有待政府主管部门在政策引导、课程开发、从业人员培训、奖励支持等方面进一步推动落实。

7. 管理机制仍待健全

国家和地方虽然出台了一系列研学实践教育基(营)地的建设和管理标准,但富阳区对于研学旅行基(营)地的管理制度、规范和发展机制仍有待健全。一是研学实践教育基(营)地的宣传管理不到位,不少企业和多数公众对研学实践教育基地还很陌生,认知教育不够;二是富阳区研学基(营)地建设规划整体上仍存在目标性和导向性缺失,在研学旅行基(营)地要建成什么样以及该如何建设两个方面缺乏系统规划,导致研学旅行基(营)地在建设和发展过程中出现与预期目标不相符的状况,最终造成功能、布局等方面都存在一定问题;三是缺乏专业的评价机制,评价反馈缺失具体体现在重活动而轻评价、评价模式单一、注重评价形式而轻视评价内容等方面。

(三)富阳区研学旅行基(营)地发展建议

1. 完善设施配套,提高运作效率

研学旅行基(营)地的配套设施涵盖了住宿、餐厅、交通、娱乐、医疗等诸多方面。基(营)地的基础设施是开展研学接待的基本保障,也影响着研学参与者的研学体验与感知质量评价。[①] 富阳区研学旅行基(营)地的建设提升可与《研学旅行基地(营地)设施与服务规范》要求相对标,在传统硬件基础设施建设基础上,要加强 VR、AR、物联网、人工智能等新兴科技装备建设,同时,研学旅行基(营)地还要与时俱进,通过引进智慧管理系统提升数字化管理水平,为研学参与者提供智能且高效的服务,着力提升学习效果和研学体验。

2. 深挖特色资源,打造优质基(营)地

富阳区研学旅行基(营)地的建设要深度挖掘区域特色资源,针对研学实践教育主体,以启发教学为宗旨,打造科学合理、互联互通的教学网络,夯实研学旅行基(营)地内核,深化打造优质基地。首先,要深入研究研学旅行基(营)地资源禀赋,从中挖掘更丰富、更具特色的研学教育资源,尽可能提升基地内部资源的互动,深挖各部分背后的故事,通过建筑物、设施以及展品最大化立体地展现研学旅行基(营)地自身的特色,促进不同年龄段研学对象参与研学

---

① Grönroos C. A service quality model and its marketing implications[J]. European Journal of Marketing, 1984:36-44.

实践教育活动的积极性，并进一步增强对研学旅行基（营）地的认同感；其次，要深度挖掘富阳区研学旅行基（营）地的内涵特质，基于基（营）地自身特色尽可能开发多种主题的实践活动，使研学对象深入体验到内涵丰富的主题式研学教育，满足新时代研学对象的学习需要与体验需求。

3. 合理安排研学课程，科学设置课程体系

课程设置是研学实践教育活动中至关重要的一环，其对研学实践教育是否能够达到预期效果有着重大的影响。一个优质的研学基（营）地，其课程设置必须经过审慎思考、科学制定。首先，在课程项目设置上，要围绕研学对象的学习需要，针对不同阶段研学群体的学习特点以及教育教学计划进行课程设计，将研学实践教育的课程、学校教育教学计划以及研学对象的体验式学习需求充分融合，设计出具有鲜明特色的研学实践教育课程，通过学校的理论教育与研学的实践教育充分融合来促进学生的全面发展。其次，在课程内容设计上，要对课程内容进行深度挖掘，有效延伸、拓展课堂知识，将基（营）地自身具有的特色内涵融入其中，使研学实践教育课程更具深度与广度、乐趣与收获；最后，在课程体系方面，要在项目设置、内容设计基础上统筹设计和规划研学实践教育课程体系，强化教学、实践和体验活动之间的联系，形成课程教学的合力，从而增强研学旅行的教育性和实践性。

4. 加大宣传推广力度，构建富阳研学品牌

（1）创建基（营）地品牌

产品的品牌效应是企业价值在市场中的延续。① 研学旅行产品必须以品牌为先导，只有不断打造和维护品牌特色，才能够吸引稳定的研学群体。富阳区研学旅行基（营）地必须加强宣传推广以提升品牌知名度，强化产品质量来塑造品质认可度，进而使研学者更乐于向身边群体进行推荐引流，并不断创设重复购买的机会。知名度、美誉度高的研学旅行基（营）地对研学群体的强大吸引已日渐显现，如某营地以军事主题风为产品特色，通过做强品牌，进而实现对外输出——包括品牌视觉输出、营地管理输出、教学装备输出、教学课程输出、文创产品输出等。因此，各基（营）地应该根据自身资源禀赋来谋划开发定位，制定营销策略，打造文旅品牌，最终实现对周边地区的辐射带动。

---

① 苏颖仪，陈伟.乡村振兴背景下农产品包装创新设计策略[J].乡村科技，2020，11（23）：50-51＋54.DOI：10.19345/j.cnki.1674-7909.2020.23.023.

（2）建立营销协作网络

研学旅行基（营）地在建设初期普遍存在着开发难度大、投资要求高的问题，但在运营过程中，单一研学产品往往难以有效吸引研学主体，个体单打独斗参与市场竞争能力不强，研学资源缺乏整合利用而导致闲置和浪费等更是必须直面的挑战。因此，富阳区研学基（营）地在自身资源不甚丰裕的前提下，可以考虑同业合作推出研学组合产品。2022年11月成立的富阳区研学旅行产业联盟致力于做强做大富阳研学产业。各研学基（营）地可以申请加入联盟，从而更便捷地与其他基（营）地进行互动交流，实现合作共赢，不断提升研学旅行业务水平。例如，富阳区军旅特色的基（营）地可以合作推出励志拓展类研学产品，区博物馆联合杭州宋韵竹纸研学基地可以推出知识科普类研学产品等。除了各研学旅行基（营）地之间的同业合作，还可以与产业链上配套企业加强合作，使原先分散的资源点转变成为点、线、面一体的合作网络。

（3）构建营销推广平台

一是可以由富阳区文化和广电旅游体育局牵头，拍摄《研学旅行趣富阳》主题宣传片，在广场电子大屏幕、公交站亭、地铁站等人员聚集的场所循环播放，提升富阳研学旅行品牌的曝光度；二是研学旅行基（营）地也可以通过借势"IP"①，从时代潮流、热点话题、重要节日等方面入手，跳出平台束缚，借助多平台进行品牌内容输出，以喜闻乐见的形式向广大受众传播富阳区研学旅行基（营）地的产品，进一步提高知名度。三是可通过多种方式针对不同年龄段的研学对象开展特定的研学活动宣传，可主办、承办一系列的会议、展览和节庆活动，也可赞助学生参与课外活动，以此快速提升富阳区研学旅行基（营）地在社会公众中的理解、认可和支持度，实现精准、有效宣传。四是加强舆论宣传引导，建立健全富阳区研学旅行基（营）地宣传激励机制。五是加强新媒体宣传营销策划，如通过借助网红或带货达人的粉丝来提升富阳区研学旅行产品的传播裂变；通过微信公众号转发、点赞送门票等营销手段，借用网络口碑营销和病毒营销提高知名度；淡季还可以通过定期免费开放园区、网上云游览、同业联合举办活动等多样化形式提升研学旅行的淡季存在感，助力品牌资产积累。

---

① IP特指那些能够仅凭自身的吸引力，挣脱单一平台的束缚，在多个平台上获得流量，进行分发的内容。

5. 加强专业人才培育,营造良好职业生态

在研学旅行市场存在庞大人才缺口的背景下,富阳区研学旅行行业更应重视研学人才队伍建设,引育结合并不断完善人才发掘和培养机制。一是可以探索建立研学旅行人才培养利益共同体,既要发挥研学旅行院校教师在理论传授和教学管理上的优势,也要充分调动研学企业和基(营)地参与实践指导和项目育人的积极性,通过组建专兼结合研学指导师团队来提升校企合作水平,不断提升院校人才培养质量的同时,也充分满足研学企业对人才的迫切需求。二是通过推动产教深度融合来提升人才培养质量,要跳出现有流于形式的讲座、座谈、参观以及短期见习等合作方式,鼓励企业专家深度介入人才培养的全过程,让教师也充分献智于企业经营管理的全流程,并在这一互动过程中创新人才培养的模式与路径,助力高素质技术技能型人才有效培养。三是营造人才成长和事业发展的良好氛围,通过社会培训、技能大赛、人才奖励、行业论坛等多种形式,打造研学旅行人才成长平台,不断提升研学旅行行业的吸引力。此外,还可以通过推动制定统一的研学指导师从业准入①以及行业考核标准机制,建立职业竞争壁垒并逐步提升从业人员素质水平。

6. 出台政策激励措施,激发内生发展动力

富阳区研学旅行发展涉及的部门众多,需要相关部门的紧密通力合作。首先,需从战略层面重视富阳区研学产业发展,通过富阳区研学产业推进工作领导小组,协调各部门行动,更好整合富阳区内各地域特色资源,为富阳区研学旅行行稳致远把舵领航并提供组织保障。富阳区文化和广电旅游体育局作为研学旅行发展牵头部门,应从政策和管理上给予研学基(营)地大力支持,同时做好相关部门的沟通协调工作。旅游和教育主管部门要做好地方研学旅行基(营)地的以评促建工作,严格达标与示范基(营)地的准入制度与退出机制。此外,地方还可设立研学发展专项经费,规范考核奖励制度,对优秀的研学旅行基(营)地除挂牌荣誉奖励外落实实质性的奖励,比如给予研学旅行基(营)地一定的财政补贴,为企业减免一定税收等,通过少量财政资金引导研学产业投资,从而更有效地激发市场主体的内生发展动力。

7. 制定科学管理制度,打造一流研学县域

富阳区研学旅行基(营)地的建设不仅需要"硬件"配备支持,更需要科学的管理制度。要将研学旅行基(营)地建设与一流研学县域品牌打造结合起

---

① 建议研学指导师应该同时具有教师资格证和导游证。

来,积极落实国家有关研学实践教育方面相关的政策法规,并贯彻落实于研学实践教育活动当中。要对富阳区各类研学教育机构、基础设施、相关人员等数据进行采集,储存于富阳区研学旅行基(营)地的信息管理平台中,并逐步实现数据共建共享,既服务于政府、教育行政主管部门监管,也对行业企业、各类学校以及学生家长公开,方便社会组织和个人随时查询和利用。同时,要对研学旅行基(营)地信息管理平台进行动态监控,及时将各方的反馈信息进行提取、分类、分析和研判,及时回应群众反馈的建议和意见,保障富阳区研学旅行基(营)地的运营不断完善,促进富阳区研学实践教育活动平稳、有序和高效地开展。此外,要进一步加强宣传,增强学生及家长对研学旅行活动的认知和认可度,注重研学旅行育人目标转换,以打造示范级研学旅行目的地为目标抓紧完善基(营)地布点规划,防止重复投资,避免分散化、同质化、碎片化。最后,进一步加强研学旅行的全过程监督也是未来富阳区打造研学强区可以探索和努力的方向。

第三节　研学旅行基(营)地人才需求

一、研学旅行基(营)地人才需求岗位

对于研学旅行基(营)地而言,基础设施、研学课程是运营的重要保障,而研学人才更是其发展的关键依托。[1] 为更全面、深入地掌握研学旅行基(营)地的人才需求和规格,在2022年度富阳区研学旅行基(营)地的年度调查中,研究团队通过问卷调查和深入访谈的专项设计,对相关研学基(营)地的人才需求状况进行了摸排(表5.10)。[2]

---

[1] 龙海丽,张士伦,张玮.高校研学基地建设路径初探——以北部湾大学为例[J].公关世界,2022(19):64-65.

[2] 调研样本中万市烈士陵园、乾方磨砺研学基地、杭州逸兰湾度假山庄未具体报告人才需求及规格。

表 5.10 富阳区研学旅行基(营)地人才需求调研

序号	基(营)地名称	问卷调查		深入访谈
		岗位需求	人才规格	人才需求及规格
1	杭州(国际)青少年洞桥营地	教学辅导员、自媒体宣传、课程开发人员	1. 具备良好的文化素质及身体素质,具备教育教学能力,能参与营地活动项目开发、课程建设与课题研究;2. 胜任教学活动辅导工作,能组织营地主题教育活动,执行来营团队管理、安全管理。	1. 要有基本的军事素质,由于工作时间从早晨 6 点到晚上 9 点,劳动强度比较大,对个体的素养要求比较高;2. 需要智慧型人才,懂教育心理学、建筑规划、教学管理等,能够对研学课程进行不断研发与创新;3. 需要像战士一样的教官、像工程师一样的技术人员。
2	龙门镇"红色驿站"体验基地	营销、策划、宣传类、辅导员等复合型人才	1. 具有良好的职业道德和职业意识,有较强的敬业精神和创新精神,有强烈的事业心、责任心和社会责任感;2. 为人谦恭,待人真诚,拥有良好的语言表达能力、沟通能力、协调和组织能力;3. 有较强的业务能力,具备处理突发事件的能力;4. 员工具有复合型的能力,既能当导游,又能当安全员,还能当辅导员。	1. 动手能力比较强,比如会剪纸之类的;2. 有教育学、心理学背景,且具有学习能力、产品的研发能力、活动的策划能力。
3	红土力量·乡村振兴(富阳)教育营地	新媒体运营、宣传策划、品牌专员、活动策划、课程销售、市场拓展	具有营销拓展、新媒体运营、活动策划等能力。	1. 会拍摄、剪辑、讲解、文本处理;2. 以旅游类、传媒类为主,且愿意在乡镇扎根的年轻人。

续表

序号	基(营)地名称	问卷调查		深入访谈
		岗位需求	人才规格	人才需求及规格
4	富伦生态研学旅行基地	管理型人才	积极主动、踏实肯干的复合型人才。	1. 家在杭州,性格沉稳,能够踏实做下去;2. 能走进学校,与学生互动;3. 接待能力强;4. 能开发文旅产品。
5	杭州野生动物世界研学基地	未报告	未报告	1. 综合素质强;2. 表达、沟通能力强;3. 有自身兴趣和一技之长并深耕下去。
6	杭州宋韵竹纸研学基地	未报告	未报告	1. 具备一定的宣传能力;2. 具备开拓市场的能力;3. 比较有想法,能将元书纸和李氏文化相结合。
7	杭州富春江水电博物馆	研发人员、讲解员	通过培训能够独立完成工作任务。	具有专业的研学课程开发能力。
8	狼群生命安全教育基地	运营管理人才	1. 熟悉项目;2. 懂运维管理 3. 会运用自媒体进行推广。	与问卷反馈一致
9	带路研学历史文化体验基地	课程设计指导(专家级)、研学带队老师	1. 正能量、开朗热情、有亲和力、喜欢孩子、责任感强;2. 自信、善于表达沟通、能处理突发紧急情况;3. 纪律性强、严格执行任务安排;4. 热爱户外教育行业、言传身教;5. 有亲子教育、幼师行业经验,持教师证或导游证。	与问卷反馈一致

续表

序号	基(营)地名称	问卷调查		深入访谈
		岗位需求	人才规格	人才需求及规格
10	少年军(富阳)国防教育训练营地	课程教学人员、活动策划人员、市场销售人员、组织管理人员	具有专业能力;具有敬业精神;能吃苦耐劳。	1.目前缺乏专业讲授人员,一个队伍配备1名主教官和1名讲解辅导员;2.缺策划人才、市场人才、管理人才、教学人才;3.需要懂教学、活动策划、组织策划,会分析市场客户需求,能洞察客户心理。
11	Growild野生君自然教育研学基地	营地导师、市场专员	有营地教育相关经验,具备教育学基本理论基础,拥有红十字急救、无痕山林等证书以及自然科普、户外拓展、传统文化等专长技能。	与问卷反馈一致
12	球拍制作研学旅行基地	研学老师、研学指导师助理	1.热爱本职工作,热爱家乡,永葆热情,做家乡的形象代言人;2.有专业的服务意识,专业的研学知识,拥有一定的心理学、哲学等知识。	能够注重细节,能够关注到学生的学习情况,及时引导学生。
13	亚林生物健康产业园	研学旅行基地导师、研学旅行基地接待人员	1.品德素养;2.知识素养;3.技能与能力素养。①	需要一定数量的研学导师。

---

　　①　具体要求表述:1.品德素养上,首先要具有鲜明的"政治站位",切实落实"立德树人"的教育宗旨;其次是要具有崇高的职业理想情怀,树立"健康成长"思想意识,加强"团结协作、顾全大局,不断学习、积极进取,诚实守信,友善感恩,敬业乐业、尽责尽心"等职业修养;2.知识素养上,主要包括语言文字知识,文明旅游、旅行和服务知识,研学旅行资源知识,政策法规知识,心理学知识,教育教学知识,美学知识,自然人文社会科学知识,信息技术知识和中小学"学习内容"知识等;3.技能与能力素养上,主要包括规划与设计能力,组织、指导、管理与协调能力,引发思考和对话、跟中小学生有效沟通的能力,以及教育教学能力、安全管理及突发事件处理能力等。

续表

序号	基(营)地名称	问卷调查		深入访谈
		岗位需求	人才规格	人才需求及规格
14	中国兵器装备(杭州)研学营地	酒店专业、研学专业	吃苦耐劳、相关的专业技能。	1. 服务水平比较高;2. 具有较强的吃苦耐劳精神;3. 讲解能力、沟通能力比较强。
15	富阳博物馆(基地)	活动策划执行	具有一定的人文历史知识储备和良好的沟通交流能力,最好具有一定的教育行业从业经验。	需要各中小学的语文老师、馆内讲解员等人才;要求形体好,讲解优,播音主持专业更佳。
16	杭州富阳阳陂湖生态休闲农庄	运营管理人才	1.熟悉"共享田园、农业研学、农耕文化体验、新劳动教育"项目;2.懂运维管理 3.会应用自媒体推广。	运营管理人才,懂运维管理。
17	水映山庄	营销岗位、产品研发人员	客户服务理念,市场营销知识。	需要营销岗位、产品研发人才;需具备客户服务理念,市场营销知识。
18	爱丽芬城堡研学营地	研学旅行师、研学运营专员	1. 需具有相关职业资格证书;2. 具备必要的职业素养和教育教学能力。①	必须配有导游证、研学旅行师证或教师资格证;导师应该具备必要的人文素养、科学素养及讲解、沟通、管理等能力。

---

① 具体要求表述:作为研学活动及研学游当中的员工必须配有导游证、研学旅行师证或教师资格证,研学导师在研学旅行中的作用不可替代。研学导师应该具备必要的礼仪素养、美学素养、人文素养、科学素养,还要具备讲解能力、知识链接能力、沟通能力、观察能力、管理能力。研学导师在研学旅行活动课程实施前要研读并理解活动课程目标,把握研学旅行的教育资源,熟记研学旅行的活动行程,深入理解过程及结果评价量表。在活动课程实施中,要掌握各种引导方法,如创设情景法、设置悬念法、类比法、任务导向法、虚实结合法等,并尽可能运用多种方法促成研学旅行活动中学生探究欲望的不断迭起和探究行为的持续深入。要具备管理协调能力、观察分析能力、出主意和想办法的能力、语言表达能力和安全应急能力。总体上说,研学人才核心素养从微观上看是一个人个体职业生涯发展的核心要素,决定个人生涯的成败,从宏观上看则是一个行业人才建设的顶层设计,决定了行业人才培养的方向。

续表

序号	基(营)地名称	问卷调查		深入访谈
		岗位需求	人才规格	人才需求及规格
19	槎源坞村新劳动教育实践体验基地	策划和实施课程人才、研学教育执行人才、科技种植指导人才	了解农耕课堂、农户课堂、手艺课堂的基础技能;具备面向学生的教导沟通能力。	1.策划、实施新劳动教育活动课程的人才;2.承接生源、合理安排新劳动教育实践的人才。
20	杭州富阳多都生态农业开发有限公司	网络服务	团队合作精神、服务客户满意等。	与问卷反馈一致
21	杭州富阳林庭生态农业开发有限公司	活动策划、网络营销及新媒体网络策划人才	认真负责,具有专业知识和能力。	与问卷反馈一致
22	杭州湘溪悦家果蔬专业合作社	营销电商系统管理	优质服务理念,过硬的技术才能,市场营销知识。	与问卷反馈一致
23	红色报刊史料研学(大源)基地	专业的讲解员、导游	拥有良好的口语表达水平、广博的文化知识、导游专业相关的知识	与问卷反馈一致
24	吉庆青创农场研学旅行基地	研学导师、带队人员	有较强的语言组织能力与演讲能力,有研发和创新课程的能力,喜欢孩子,有亲和力、耐力,阳光积极。	与问卷反馈一致
25	疆浙情·新疆特色文化研学营地	课程研发、系统管理	研学专业,有课程研发、系统管理等能力	与问卷反馈一致

续表

序号	基(营)地名称	问卷调查		深入访谈
		岗位需求	人才规格	人才需求及规格
26	胥口崤山葛洪博物馆	中医药、农业、国学、历史、生态科普、地质地貌等教育类专业	1.语言能力方面:普通话达到国家标准,会一门外语口语;2.教育能力方面:有教师资格证者优先;3.专业能力方面:有中医药、农业、养生、国学及历史、生态科普、地质地貌等专业知识。	与问卷反馈一致
27	知勤谷生态庄园云营地	安保人员	1.具备对不同年龄段游客的接待经验,丰富的阅历,且有2年以上相关工作经验;2.身体健康,体格健全,举止稳重,有良好的表达能力和严谨的逻辑思维能力;3.掌握一定的医学知识与灾害应急常识,有遇突发情况能够自救和帮助游客进行避险逃离的能力。	与问卷反馈一致

　　参与调查的研学旅行基(营)地共反馈了逾50种岗位名称,包括活动策划人员、运营管理人才、教学辅导员、自媒体宣传员、课程开发人员、营销人员、策划人员、研学辅导员、新媒体运营人员等,通过对内涵相似的岗位名称进行整理可以发现,研学旅行基(营)地最急需的岗位人才主要包括研学指导人员、营销推广人员、运营管理人员和设计策划人员(表5.11)。与基于大数据分析的研学旅行人才需求状况相比较(表4.24),包括研学导师在内的研学指导人员是目前最为集中的需求所在[1],但值得注意的是,研学旅行基(营)地在营销推广人才上的需求较为突出,超过一半的受访研学基(营)地均报告了此类需求,主要岗位涉及课程销售、市场拓展、品牌宣传、电子商务以及自媒体和新媒体策划推广等。

---

　　① 张丽利,杨德芹.湖北省宜昌市研学旅行管理与服务专业人才需求调研报告[J].经济师,2020(10):162-163.

表 5.11　研学旅行基(营)地人才需求状况

需求排名	岗位类别	报告频次	职位名称①
1	研学指导人员	17	教学辅导员(1)、研学辅导员(1)、讲解员(1)、研学带队老师(1)、课程教学人员(1)、营地导师(1)、研学老师(1)、研学指导师助理(1)、研学旅行基地导师(1)、研学旅行基地接待人员(1)、研学旅行师(1)、科技种植指导人才(1)、专业讲解员(1)、导游(1)、研学导师(1)、带队人员(1)、生态科普员(1)
2	营销推广人员	15	自媒体宣传员(1)、营销人员(1)、宣传员(1)、新媒体运营人员(1)、宣传策划员(1)、品牌专员(1)、课程销售人员(1)、市场拓展人员(1)、市场销售人员(1)、市场专员(1)、营销岗位人员(1)、网络营销人员(1)、新媒体网络策划人才(1)、营销人员(1)、电商人员(1)
3	运营管理人员	13	运营管理人才(2)、系统管理员(2)、管理人员(1)、研学专家(1)、组织管理人员(1)、活动策划执行(1)、研学运营专员(1)、课程策划实施人才(1)、研学教育执行人才(1)、网络服务人员(1)、安保人员(1)
4	设计策划人员	9	活动策划人员(2)、课程开发人员(1)、策划人员(1)、研发人员(1)、课程设计指导(1)、活动策划人员(1)、产品研发(1)、课程研发人员(1)

---

①　职位名称后括号中的数字系调查中基(营)地自主报告职位的累计次数。

二、研学旅行基(营)地人才需求规格

(一)知识要求

1. 教育知识

研学旅行人才应具备教育学基本理论基础是受访基(营)地最多提及的知识要求之一,实际上,研学旅行指导师肩负着学生创新能力、技能养成、思维发展与个性形成的重任,这对指导师的教育学知识储备提出了更高要求。[①] 此外,部分研学旅行基(营)地还提出研学旅行人才应具备中小学教育、亲子教育、幼师行业等方面的教育知识和经验,这亦是教育学相关知识的进一步细化要求。

2. 旅游知识

已有相关调查显示,近九成游客认为地方旅游知识对于研学旅行指导师而言是非常重要/重要的,是从事研学旅行工作必备的知识要求。[②] 从调查反馈来看,导游专业相关知识、研学旅行资源知识以及文明旅游、旅行和服务知识被多数研学旅行基(营)地所提及,其亦是研学旅行人才必备的知识要求之一。

3. 专业知识

一方面,研学导师所面对的是多元化的研学环境和差异化的学生群体,学科专业知识、跨学科综合知识与教育教学知识、旅游旅行知识一起成为不可或缺的知识储备。[③] 另一方面,研学旅行基(营)地越来越多地通过品牌优势与教学资源整合,不断深化和拓展自身的主题特色。[④] 供需两方面都对研学旅行人才的专业知识储备提出了要求,主要包括四个类别:一是自然人文社会科学知识(常识);二是市场营销相关专业知识;三是医学知识与灾害应急常识;四是研学旅行相关政策法规知识;五是与基(营)地特色相关联的或者与课程密切相关的专业知识,如有受访研学旅行基(营)地提出了中医药、农业、养生、国学及历史、生态科普、地质地貌等专业知识,也有研学旅行基(营)地提出了与农耕课堂、农户课堂、手艺课堂、自然科普、户外拓展、传统文化等相关的知

---

① 付宏武.浅谈中小学研学旅行指导师队伍的专业化素质[J].教育艺术,2022(10):10-11.

② 邢琦娜.中职学校导游服务专业研学旅行人才培养研究[D].济南:山东师范大学,2019.

③ 高艳.研学导师胜任力模型研究[J].江苏教育研究,2022(32):8-12.

④ 曾荣.国内外研学旅行研究综述[J].中国集体经济,2021(22):90-92.

识要求;六是中小学"学习内容"相关的知识。

4. 其他知识

主要包括心理学、哲学、美学以及信息技术等方面的知识,这一方面是考虑到研学参与者在研学活动中需要用到多种知识与技能[1],另一方面是基于研学旅行成效的考虑——融合多种知识的研学旅行活动有利于将研学参与者碎片化的知识整合成为完整的世界观[2]。

(二)能力要求

1. 教育教学能力

研学导师是研学课程实施的关键主体,由于活动目的和服务主体的特殊性,教育教学能力是其必须具备的核心能力。[3][4] 在教育教学能力要求方面,受访研学旅行基(营)地主要提出了如下要求:一是应当拥有教师资格证;二是掌握各种教学引导方法,如创设情景法、设置悬念法、类比法、任务导向法、虚实结合法等,并能运用多种方法促成研学旅行活动中学生探究欲望的不断迭起和探究行为的持续深入;三是有研发课程、创新课程的能力,能参与基(营)地活动项目开发、课程建设与课题研究;四是具有组织、指导、管理与协调能力,具备面向学生的教导沟通能力,胜任教学活动辅导工作,能组织基(营)地的主题教育活动。

2. 导游讲解能力

研学旅行肩负教育的重任,但其本身也是一场旅行活动,既然是旅行活动势必也需要地方旅游知识、旅行文化背景以及旅行项目等相关的讲解服务,故而,导游讲解能力也理所应当地成为研学旅行人才所必备的基本能力之一。[5] 考虑到人才的复用性,许多研学旅行基(营)地多倾向于聘用拥有导游证的研学人才,并提出与导游讲解相关的能力要求。

3. 沟通协调能力

首先,研学教育活动涉及用车、用餐、住宿和研学活动组织等诸多方面,其

---

① 钟丽霞.以微社团研学为载体实现跨学科综合性学习[J].广西教育,2021(1):62-63.

② 张舒涵.基于馆校合作的小学美术课程开发与教学实践研究[D].西安:陕西师范大学,2021.

③ 赵珊珊,毛金凤.素质教育背景下研学导师培养路径研究[J].旅游纵览,2021(19):121-123.

④ 邵新娟,杨更生,李秀花,曹相东.校企合作下研学旅行管理与服务专业培养模式研究[J].教育教学论坛,2021(34):26-29.

⑤ 孙光田.高职院校研学旅行管理与服务复合型人才培养模式研究[J].西部旅游,2022(9):106-108.

顺利开展需要学校、研学基(营)地、车队、宾馆、酒店和旅游景点景区等多方的通力协作,这就对研学旅行人员的组织协调和沟通能力提出了较高要求。[①] 其次,在研学课程设计开发上,各研学主体需要共同沟通协调才能更好实现寓教于游的目的。[②] 最后,对研学旅行指导师而言,需要处理好包括研学活动主体在内的各方之间的关系,如果协调沟通不到位不仅会导致研学活动效果大打折扣,严重的还可能导致活动难以开展。[③] 受访研学旅行基(营)地主要提出了三个方面的沟通协调能力要求:一是具有引发思考和对话、跟中小学生有效沟通的能力,从而更好地掌控教学活动和教学效果;二是有语言沟通、协调、组织和管理能力,以保障活动的顺利开展;三是拥有良好的语言表达能力和较强的语言组织能力与演讲能力,取得普通话等级证书,并熟练掌握至少一门外语口语。

4. 营销推广能力

由于市场竞争及媒体环境的变化,研学旅行基(营)地在市场开发和业务拓展上面临着越来越大的竞争挑战和营销成本压力。研学旅行基(营)地可以借助线上线下媒体平台开展宣传推广,通过论坛、产品推介会等形式加强与同行业及供应商联系,从而不断提升研学基(营)地的知名度与美誉度。[④] 受访研学旅行基(营)地在营销推广能力要求上,主要集中于活动策划、营销拓展、自媒体推广和新媒体运营等能力方面。

5. 应变处置能力

研学旅行参与者在行程中难免会遇到一些突发状况,此时就需要组织者快速做出响应和高效应急处置,故而,突发事件应变与处理能力也是研学人才所必须具备的。[⑤] 受访研学旅行基(营)地在这方面也给予了高度重视并提出,研学旅行人才应有遇突发情况能够自救和帮助游客进行避险逃离的能力,具有处理突发紧急情况和安全应急、安全管理的能力,如能拥有红十字急救等证书更佳。

---

① 刘彬,刘红,龙艳玲.井冈山革命老区"研学旅行人才"培养路径探究[J].教育教学论坛,2020 (44):365-366.

② 杨林林.石家庄市研学旅行市场供需结构分析[D].石家庄:河北师范大学,2021.

③ 王嵩涛.研学旅行指导师的基本素质和能力要求[J].教育艺术,2022(10):7-9.

④ 曾兰君.新时代广州研学旅行产品优化策略探究[J].公关世界,2022(10):19-21.

⑤ 孙光田.高职院校研学旅行管理与服务复合型人才培养模式研究[J].西部旅游,2022(9): 106-108.

(三)素质要求

在对研学旅行人才的素质要求上,受访研学旅行基(营)地的要求主要集中于:一是良好的职业素养,包括职业道德、职业意识、职业修养和职业情怀等多方面,要求团结协作、顾全大局、不断学习、积极进取,尽责尽心、踏实肯干、言传身教,并具有客户满意和优质服务的专业服务意识,有较强的敬业精神和创新精神,有强烈的事业心、责任心和社会责任感,热爱本职工作,永葆热情等;二是价值观,包括诚实守信、友善感恩、敬业乐业等;三是优秀的个人品质,要求健康的身心素质及良好的文化素养,具备礼仪素养、美学素养、人文素养、科学素养以及表达能力和逻辑思维能力,为人谦恭、自信真诚、开朗热情、有亲和力,责任感强、正能量、善于表达,能吃苦耐劳等。

附录1:富阳区研学旅行营地、基地调查问卷

研学旅行营地、基地填写	企业名称	
	成立时间	
	员工数量	
	占地(建筑)规模	
	活动室或教室数量	
	研学课程门数	
	研学旅行线路数量	
	门票	
	停车位	
	网站/微博/公众/抖音号	
	获得荣誉(资质)(是否已认定为全国、浙江省、杭州市研学实践教育营地或基地等)	
	营地、基地简介(字数不限,附图3张,可附页)	
	"十四五"发展目标和计划(可附页)	
	发展面临的主要问题(可附页)	
	希望获得哪些政策支持(可附页)	
	人才需求的主要岗位	
	希望员工具备的知识、能力和素质	

续表

研学旅行营地填写	房间数及床位数	
	餐厅数及就餐接待规模	
	医护人员数量	
	安保人员数量	
研学旅行营地、基地填写	代表性研学产品方案（数量不限、可附页）	

附录 2：富阳区研学旅行营地、基地访谈提纲

一、研学基（营）地基本信息

主要包括研学旅行基（营）地基本信息（人员配备、设施配套、研学产品、组织活动等）。研学旅行营地还需统计房间数及床位数、餐厅数及就餐接待规模、医护人员和安保人员数量等信息。

二、未来"十四五"发展目标和计划

三、发展面临的主要问题

四、希望获得的政策支持

五、人才需求的主要岗位

六、希望员工具备的知识、能力和素质

第六章 生利主义视域下的
研学旅行人才培养

第一节 研学旅行管理与服务人才培养探索

自 2020 年研学旅行管理与服务专业正式招生以来,近百所高职院校已经完成了该专业人才培养方案的早期探索并逐步开展了对人才培养模式的改革。从整体来看,目前院校的研学专业人才培养已经显现出对专业认识不足、双师型专业师资缺乏、专业教材不足、专业课程设置模糊、专业实践实训机会少的诸多困惑[①];从课程开发与实施来看,研学旅行课程建设中存在着"重旅行轻研学、学科嫁接痕迹过重、课程设置不完善、课程开发不成体系、课程评价体系不完备"的问题[②③],此外还存在着课程化建构和实施水准不高、课程场域建设的主题匹配不足、社会支持系统尚不完善的发展障碍[④]。研学行业发展需要大量既懂得教育规律又知晓旅游经济的复合型人才,但从现实情况来看,研学旅行从业人员无论是数量还是质量都远未满足市场需求[⑤],研学旅行人才培养值得进一步探索和完善。

---

① 郭立颖.高职院校研学旅行专业人才培养研究[D].成都:四川师范大学,2022.

② 曲小毅.研学旅行课程化的路径探讨[J].教学与管理,2020(6):44-46.

③ 郭珊珊,严小燕,邬艳艳.基于研学旅行的高职旅游教育人才培养策略[J].山西财经大学学报,2020,42(S2):91-94.

④ 李倩.国内研学旅行课程研究:回顾、反思与展望[J].西北成人教育学院学报,2019(1):79-84.

⑤ 谌春玲.研学旅游市场的挑战与发展问题研究[J].经济问题,2020(6):88-93.

一、生利导向的人才培养目标

(一)职业面向

在教育部职业教育专业简介(2022年修订)中,研学旅行管理与服务专业职业面向的描述是"面向研学、旅游或教育相关企事业单位的课程设计、活动策划、讲解员、导游、旅游团队领队、安全员、旅行社计调、市场营销、咨询师、培训师等岗位(群)"[1]。而从基于前15所研学旅行管理与服务专业高职院校人才培养的职业主要面向研究成果来看(参见本书第三章第二节),文博场馆、研学旅行基(营)地和旅行社是前15所研学旅行管理与服务专业高职院校人才培养方案中最聚焦的就业领域,而营销咨询、设计策划、计调运营是最受重视的岗位类型。

再看用人方的实际需求。基于覆盖全国17省、24个重点城市的大数据分析结果显示(参见本书第四章第二节),教育/培训/院校、酒店/旅游、文化/体育/娱乐/休闲领域的相关企业构成了研学旅行人才需求的主体(提供了超过七成的就业岗位),而从具体的岗位情况来看,研学旅行人才主要从事的岗位有指导师资类、设计开发类和运营管理类三大类,涉及的职位主要有研学指导师、拓展培训师、课程设计、旅游策划、营销推广、导游计调等。基于研学旅行基(营)地人才需求的调研结果显示(参见本书第五章第三节),研学旅行基(营)地最急需的岗位人才主要包括研学指导人员、营销推广人员、运营管理人员和设计策划人员,主要岗位涉及课程有销售、市场拓展、品牌宣传、电子商务以及自媒体和新媒体策划推广等。

此外,基于省市研学旅行相关标准中的人才需求分析可见(表6.1、图6.1),专业人员中,研学指导师(导师)、项目组长、带队老师、讲解员等职位较为凸显,辅助人员中安全员、医护人员、服务人员的需求较为集中。

陶行知曾说,不运用社会力量是无能的教育,不了解社会需求是盲目的教育。从总体看,学校是整个社会的重要组成部分,学校培养人才的目的也是为了社会发展;从个人看,只有力求将个体需求与社会需求保持一致才能保证事业有成。结合本书前面章节的相关研究结论,可以将高职研学旅行管理与服

---

① 教育部.研学旅行管理与服务专业简介[EB/OL].(2022-09-05)[2022-10-15].http://www.moe.gov.cn/s78/A07/zcs_ztzl/2017_zt06/17zt06_bznr/bznr_zdzyxxzyml/gaozhizhuan/lvyou/.

务的人才培养目标进行如下界定:研学旅行管理与服务专业主要培养面向教育培训、酒店旅游和文娱休闲相关企事业单位的研学指导、拓展培训、课程设计、旅游策划、营销推广、导游计调等岗位(群)。

表 6.1　省级研学旅行相关标准中的人才需求分析

序号	标准	岗位需求	人才规格
1	安徽省《旅行社研学旅行服务规范》DB34/T 2328-2015	安全员、导游员、辅导员、教练员、带队老师	导游员必须持有导游证;专项活动训练人员必须持有与该活动项目相关的执证。
2	安徽省《研学旅行基地建设与服务规范》DB34/T 2604-2016	研学辅导员、研学联络员、研学项目专员、卫生保健志愿者、随团医生	具备与所从事岗位相适应的专业技术和素质,能为研学旅行者提供及时、有效的服务。
3	安徽省《研学旅行者组织与服务规范》DB34/T 2768-2016	安全员、辅导员、导游员、带队老师、队医	安全员负责统筹协调团队活动;辅导员应具备集体生活的组织管理经验和协调能力;导游员必须具有导游证和研学旅行带团经验;带队老师负责全程组织和管理学生;随团医疗人员必须持有执业医师资格证。
4	贵州省山地旅游第 19 部分:《山地旅游研学旅行服务规范》DB52/T 1401.19-2020	研学导师、医疗人员、专业讲解员、安全管理人员	研学导师具有较强专业性和知识性;医疗人员具备医生执业资格;专业讲解员应具备安全知识、文明礼仪。
5	河北省《研学旅游示范基地评定规范》DB13/T 2710-2018	研学导师、讲解员、安全保卫人员、专职医务人员	导游人员需持证上岗;中高层管理人员具备大专以上文化程度;服务人员素质优良、礼貌热情;全部工作人员均具备研学旅游相关知识。
6	湖南省《研学旅游基地评价规范》DB43/T 1792-2020	师资人员、基地安全员、医务人员	掌握一定医学知识与灾害应急常识的专职人员,能为研学者集中研学提供现场医疗保障。

序号	标准	岗位需求	人才规格
7	吉林省《研学旅行基地管理规范》DB22/T 3246-2021	项目组长、研学指导师、安全员、带队老师	项目组长应统筹协调研学旅行各项工作；研学指导师能制订研学旅行计划，并进行实践教学活动；安全员需随团进行安全教育和防控工作；带队老师需协助研学指导师完成实践教学活动和生活保障服务。
8	吉林省《中小学研学旅行服务规范》DB22/T 3361-2022	组长、研学指导师、安全员、随队医护人员	组长需统筹协调研学旅行过程中各项工作，熟悉研学课程和研学旅行实施过程；研学指导师需持有省级及以上专业社会组织颁发的研学指导师职业证书，掌握研学旅行课程方案设计、课程及体验活动的实施等知识，掌握研学旅行安全风险管理知识，熟悉基本的安全防护救护知识与灾害应急常识等，应具备独立引导、组织、实施研学课程的能力；安全员应掌握与研学旅行相关的安全法律法规知识、安全教育法规政策要点；随队医护人员提供心理和心理卫生指导、基础诊疗、紧急救护等医疗服务。
9	江苏省《研学旅游示范基地建设规范》DB32/T 4362-2022	研学旅游指导师、管理与内审人员、项目负责人、安全急救人员	研学旅游指导师应取得相关专业能力证书，能具体制订和实施研学旅游服务方案，指导开展与研学课程相匹配的研学旅游活动；管理人员需承担基地研学旅游部门的管理和内审工作；项目负责人负责统筹协调研学旅游活动各项工作；安全急救人员应具有上岗资质，能保障研学旅游活动安全有序开展。
10	江西省《红色研学旅游示范基地评定规范》DB36/T 1612-2022	研学指导师、策划人员、讲解员、导游、安全员、研究人员、医生	掌握红色研学课程教学，掌握应急处置规范与安全救护流程等知识和技能。

续表

序号	标准	岗位需求	人才规格
11	江西省《陶瓷文化研学旅行服务规范》DB36/T 1483-2021	研学指导教师、领队老师、研学活动负责人、活动策划人员、讲解员、服务人员、安全员、医疗救助人员	研学活动负责人统筹协调研学旅行的各项工作;研学指导教师负责研学旅行的衣食住行,配合中小学研学指导教师和基地(营地)指导教师开展研学工作;古法陶瓷教学的研学指导教师应具备中级技师或市级非物质文化遗产传承人以上职称;安全员进行安全教育和防控工作。
12	江西省《中小学研学旅行 第1部分:基地(营地)认定规范》DB36/T 1413.1-2021	安全人员、医务人员、教学服务人员、研学旅行指导教师	研学指导教师[包括中小学研学指导教师、第三方服务机构研学指导教师、基地(营地)研学指导教师等]需指导学生开展各类研学活动,具备研学课程的开发、建设和组织实施能力;职业医师须身体健康,且有5年以上医疗机构工作经历。
13	辽宁省《研学旅行机构服务与管理规范》DB21/T 3655-2022	研学旅行指导师、安全员	研学旅行指导师制订或实施研学课程,指导学生开展各类研究性学习和旅行体验活动;安全员专门负责安全防控。
14	辽宁省《研学旅行基(营)地服务与管理规范》DB21/T 3654-2022	研学旅行指导师、安全员、课程研发人员、医护人员、安全保卫人员、专职厨师、客房服务人员、保洁服务人员	具有国家导游资格证书或经研学旅行指导师培训合格的专职人员;课程研发团队人员具有跨学科性,人员保持稳定;专兼职研学旅行指导师根据研学旅行教育工作计划,在其他工作人员的配合下提供研学旅行教育服务;安全员:负责落实研学旅行过程中严格督查各项安全隐患,随时强调安全准则,加强管控,防微杜渐,消除安全隐患;专兼职医护人员负责研学旅行基(营)地内突发性伤、病患者的救治工作。
15	山西省《研学旅行导师专业要求》DB14/T 2168-2020	研学旅行导师	应掌握研学旅行知识、教育教学知识、通识性知识;应具有课程设计、组织实施等专业能力。

续表

序号	标准	岗位需求	人才规格
16	山西省《中小学生红色文化研学基地建设规范》DB14/T 2167-2020	项目组长、研学导师、讲解人员、专业医务人员、安全员、宿舍管理人员	项目组长全程负责统筹协调工作;研学导师负责策划、制订或实施活动课程方案,在研学旅行过程中组织和指导学生开展各类研究学习和体验活动;讲解人员讲解服务符合景区讲解服务规范;专业医务人员应掌握一定的医学知识与应急常识,应与周围医院有联动;安全员具有专业资质,在研学旅行过程中开展安全教育和防控工作;宿舍管理人员应保障研学人员的财产和人身安全。
17	山西省《研学旅行服务评价》DB14/T 2044-2020	项目组长、安全员、研学导师	项目组长全程负责统筹协调工作;安全员能够随时开展安全教育和防控工作;研学导师负责实施、调整研学旅行教育工作计划。
18	山西省《研学旅行基地服务规范》DB14/T 2511-2022	项目组长、安全员、研学导师、内部导游人员	项目组长全程随团活动,负责统筹协调研学旅行活动在基地中的各项工作;安全员在研学旅行过程中随团开展安全教育和防控工作;研学导师负责制订研学旅行教育工作计划,与带队老师、研学机构等工作人员配合,共同提供研学旅行教育服务;内部导游人员负责提供导游服务,并配合相关工作人员提供研学旅行教育服务和生活保障服务。
19	山西省《研学旅行讲解服务要求》DB14/T 1810-2019	研学旅行讲解员	应具有良好的思想品德,遵守社会公德、法律法规,具有良好的职业道德;应经过相关专业培训,熟练掌握研学旅行专业知识和讲解技能;应具有相应的自然、文化、历史素养,对基地内涵有深刻的认知;应使用普通话,口齿清晰、发音准确、逻辑清楚、语言生动;应具备一定的亲和力、组织协调应变能力;应注重学习,能针对不同学龄段学生的需求进行讲解。

续表

序号	标准	岗位需求	人才规格
20	上海市《研学旅行服务规范》DB31/T 1326-2021	研学导师、安全管理人员、课程辅助人员	研学导师应具备相关教育教学理论和教学方法、课程设计能力、活动组织和管理能力,具备较强的学习能力和沟通表达能力,具备安全应急管理能力;研学辅助人员应掌握一定的医学知识和灾害应急常识,熟悉研学场所内的医疗服务点,具备突发应急处置的能力,熟悉研学场所内的紧急避险通道等,具备现场协调能力,以及与青少年良好的沟通能力。
21	四川省《研学旅行基地(营地)设施与服务规范》DB51/T 2786-2021	研学旅行指导教师、研学旅行安全员、医护人员、住宿人员、安保服务人员	研学旅行指导教师应掌握研学旅行相关政策、法规,理解研学旅行的教育价值,能策划、制订、实施和评价研学旅行课程方案,在研学旅行过程中组织和指导中小学生开展各类体验式教育和研究性学习;研学旅行安全员具体负责研学旅行活动全流程、各点位、各阶段的安全排查、风险处置以及应急管理。
22	四川省《研学旅行实践活动设计规范》DB51/T 2787-2021	项目组长、研学旅行指导师、研学旅行安全员、医护人员	/
23	重庆市《研学旅行承办方服务规范》DB50/T 1074-2021	项目负责人、研学导师、安全员、导游	项目负责人全程随团活动,负责统筹协调;研学导师具体制订或实施研学旅行教育方案,指导学生开展各类体验活动;安全员全程随团活动,开展安全教育和安全防范工作;导游提供导游服务,并配合提供教育旅游服务和生活保障服务。

图 6.1 省级研学旅行相关标准中的人才需求岗位词云

（二）目标定位

就人才培养的具体知识、能力和素质目标来看，前15所研学旅行管理与服务专业高职院校人才培养方案中的共识主要有"熟悉中小学研学旅行相关教育政策、目标、大纲和方案要求""掌握研学旅行相关政策法规和规范标准"等知识目标，"课程开发""线路设计"等运营、管理及服务能力目标，以及"具有良好职业道德和人文素养""德、智、体、美、劳全面发展"等素质目标（参见本书第三章第二节）。

本书第四章展示了研学旅行招聘中岗位分布的大数据情况，结合热门岗位类别，研究进一步采集并整理了用人单位对应聘者的知识、能力和素质要求（表6.2）。从知识上看，主要涉及了教育、旅游、人文、科技和心理等方面的知识，从能力上看，沟通能力、团队协作（管理）能力、研学（活动、课程、产品）策划（研发）能力、组织（应变、协调、执行）能力以及学习能力受到高度重视；从素质上看，责任心强、耐心细致、善于表达、吃苦耐劳、团队（合作）精神、创新思维、服务意识有较多提及。

表 6.2 不同类型研学旅行岗位的人才规格要求[①]

序号	岗位类别	典型岗位（群）		人才规格要求
1	师资指导类	营地导师/研学导师/研学旅行导师/研学旅行指导师/研学老师/研学生活老师/研学活动导师/研学指导/研学助教/研学辅导员/研学助理等	知识	了解营地教育、儿童教育行业，有一定的行业发展认知；熟练掌握户外急救、户外装备配备等基础知识；擅长诗词、文史、网络、科技、AI智能知识；有丰富的专业知识，精通教育专业理论知识；有一定的历史、地理、生物、化学、人文知识，有自己擅长的学科；熟悉客户需求；具备教育、旅游等相关专业知识；了解项目式、体验式教育理念，熟知营地教育、户外教育和自然教育理念；熟悉儿童青少年身心发展规律，对家庭教育及父母教养有一定了解；熟悉实践基地相关历史文化；熟悉中小学教材；熟悉现代商务礼仪知识等。
			能力	有良好的语言表达和沟通能力；较强的文字组织能力、文案撰写能力；较强的项目执行力和全局把控能力；团队协作（管理）能力；熟练使用OFFICE（Excel、PPT、Word等）办公软件；研学（活动、课程、产品）策划（研发）能力；组织（应变、协调、执行）能力强；能够独立开展研学旅行活动；抗压能力强；统筹安排能力强；（动手）学习能力强；普通话标准（流利）；能调动学生积极性；逻辑思维能力强；有户外、艺术、美育板块的各项技能；获得营地指导员、户外指导员、骑行、滑雪、皮划艇等户外技能；在某个领域有擅长的实践技能（昆虫、鸟类、植物、地质、历史、中药、机械、电路、木工、户外等）；熟练掌握各种教学技能；能够独立制作课件等。
			素质	具有教师的专业素养；热情稳重；责任心强；喜欢（关爱）孩子；亲和力强；热爱青少年教育事业；性格开朗（阳光、热情、热心、外向、活泼、幽默、乐观、积极向上）；工作认真细致（严谨认真）踏实、有耐心；善于（沟通）表达，喜欢与学员互动；有爱心（能把研学学生当作自己的孩子一样去引导）；吃苦耐劳；具有团队（合作）精神（意识）；工作积极主动；形象气质佳；身体强健（身体素质过硬）；富有激情；有创新思维教育理念；具备优秀的服务意识；普通话标准；（创新）思维活跃；口齿清晰，声音洪亮；做事有条不紊；善于合作，有上进心；热爱户外活动；勤于探究；高度的敬业精神和奋斗精神；愿意接受挑战，以结果为导向；兴趣爱好广泛；良好的思想道德修养，遵纪守法，品行端正；良好的情绪管理及职业素养；诚信专注；喜欢钻研；能虚心接受上司的批评意见和同事的建议；具备良好的职业素养，自我驱动力强；能主动担当，推动项目的进展；无不良嗜好等。

[①] 本表中的知识、能力、素质要求根据大数据采集的信息汇总而成，未对内涵相近的要求进行合并，也未严格区分不同类型岗位间的要求差异，仅从全貌上展示当前用人单位所提出的岗位规格要求。

续表

序号	岗位类别	典型岗位（群）		人才规格要求
2	设计开发类	研学产品策划/研学课程设计/课程开发/儿童研学产品设计/研学活动策划/活动策划执行/研学课程导师/研学产品主管等	知识	掌握上述师资指导类相关知识；对科学自然人文等科目有想法；了解教学规律及基本方法，精通研学项目课程开发整体流程，熟悉教育培训、旅游行业相关政策法规、知识等。
			能力	具有课程的总体思维能力和基础构架能力；能为客户进行准确的介绍和产品规划；有研学产品落地执行的能力；有良好的逻辑思维能力；思维活跃，有创意，具有一定的文字功底；有良好的分析策划、快速学习及创新能力；具备较强的应变能力；普通话标准，语言流畅，语言和文字表达能力优秀；动手能力强；能恰当地运用文字渲染产品，提升吸引力；熟练操作办公软件，PPT 能力强；英语 4～6 级，口语流利；理解能力较强等。
			素质	热爱教育事业；了解青少年心理；有良好的客户服务意识；有高度的责任心；有耐心；工作认真细致（细心）；具有团队合作精神；热爱孩子；对课程设计（青少年研学旅游、营地教育、自然教育、科普教育等）工作感兴趣；有上进心；有良好的职业素养；态度积极，待人热情，诚实守信；吃苦耐劳；热爱旅游事业，爱岗敬业；热情勤奋，阳光向上等。
3	运营管理类	研学项目经理/项目经理/研学经理/研学管理/研学主管/研学教育经理等	知识	掌握上述师资指导类、设计开发类相关知识；了解并熟悉研学产品线路；熟悉党和国家教育工作方针政策；具备一定的管理学知识；了解研学、文化、旅游市场信息等。
			能力	能做好客户服务及沟通工作；有优秀的文字功底，良好的编辑和策划能力；反应敏捷，应变能力强；具有出色的沟通能力及交际技巧；具备一定的市场分析及判断能力；有较强的抗压能力；有强烈的创新意识以及对市场的敏感性；有优秀的书面及口头表达能力，普通话优秀；计划性强，有优秀的目标管理和团队管理能力；有优秀的市场销售和渠道（客户）拓展能力，有一定客户资源；有较强的独立解决问题能力、市场开拓能力以及良好的业务洽谈能力；有较强的资源跨界整合能力；具备良好的项目策划执行能力；熟练使用各项办公软件；对新事务接受能力强，喜欢旅游行业，并愿意长时间从事该行业；有敏锐的商业和市场意识；思维敏捷，个性主动；有培训和演讲能力等。
			素质	热爱教育事业，善于与青少年交流；学习力强，工作积极主动；热爱研学行业；对行业有敏锐的洞察力；有热情的工作态度，工作细心；性格外向；具有亲和力；有良好的客户服务意识；态度认真，细到周到；喜欢孩子；具有良好的政治思想素质，品行端正，遵纪守法；吃苦耐劳；工作认真负责（高度的责任心）；有服务意识；有良好的团队协作精神；身体健康，具备适应岗位的身体条件等。

从研学旅行基(营)地人才需求来看(参见本书第五章第三节),知识要求主要包括教育、旅游和专业三个方面,能力要求聚焦在教育教学、导游讲解、沟通协调、营销推广和应变处置五个方面,素质要求则主要体现在职业素养、价值观和优秀的个人品质上。而省级研学旅行相关标准中的人才需求规格(表6.1),也印证了上述知识、能力和素质的相应要求。

在陶行知看来,各种能力都可被视作"生利力"。[①] 生利的研学旅行人才培养目标应该是知识、能力与素质的统一,其大致可表述为:研学旅行管理与服务专业致力于培养德智体美劳全面发展,具有良好职业道德、人文素养、信息素养和吃苦耐劳、担当合作、创新上进的个人品质,掌握研学旅行相关政策法规和规范标准及中小学研学旅行相关教育政策、目标、大纲和方案要求,熟悉教育理论知识和旅行业务经营管理知识,具备较强的课程开发、线路设计、营销推广、组织运营等能力,能够从事面向教育培训、酒店旅游和文娱休闲相关企事业单位的研学指导、拓展培训、课程设计、旅游策划、营销推广、导游计调、项目执行、基(营)地运营与管理等工作的高素质技术技能人才。

二、理实结合的职业课程体系

(一)开设课程及其结构设计

课程是教育与教学诸多相关要素的整合。[②] 陶行知生利主义职业教育思想要求职业教育的课程设置应以事为中心,通过课程学习让学生掌握谋生技能。[③] 从本质上说,姜大源教授的基于工作过程的课程观与陶行知所倡导的生利主义课程观内涵也是一致的。[④][⑤] 在陶行知看来,生利的职业课程应该是"一事之始终为一课",每课都需要将学理和实习联络并重,而职业课程科目的配置则要以"以充分生利为标准"。

高职研学旅行管理与服务专业人才培养的核心和难点在课程开发,而课

　　① 周洪宇.核心素养的中国表述:陶行知的"三力论"和"常能论"[J].华东师范大学学报(教育科学版),2017,35(1):1-10+116.

　　② 姜大源.职业教育要义[M].北京:北京师范大学出版社,2017:180.

　　③ 黄玉霞,姚彤佳,胡洁.基于生利主义教育思想的本科职业教育研究与实践——以湖南工业职业技术学院为例[J].现代职业教育,2021(35):131-133.

　　④ 姜大源.职业教育学研究新论[M].北京:教育科学出版社,2007:17.

　　⑤ 朱崇梅.基于工作过程的环境微生物学课程开发探析[J].河南农业,2015(24):32-33.

程开发的重点则在于顶层设计。① 基于生利导向的培养目标要求,结合本书第二至五章的研究成果,可以大致框定研学旅行管理与服务专业应该且必须开设的关键课程。目前,前 15 所研学旅行管理与服务专业高职院校开设最多的五门课程分别为研学旅行安全管理、研学旅行项目开发与运营、研学旅行课程开发、研学旅行政策法规、研学旅行咨询服务与市场营销(参见本书第三章第二节),其与研学旅行管理与服务的目标定位是相吻合的。但对研学旅行人才培养而言,除了创设丰富的情境体验以及采用新颖的教学方式,还需要有成体系的课程设计以保障充分生利的实现。②

根据研学旅行管理与服务专业的人才培养目标,学者们在课程体系完善方面已经做出了一些努力和探索。申桂娟(2020)结合布鲁姆教学目标理论提出了包含能力知识结构、能力结构、素质结构和创新创业在内的"四规格构成"方案体系(图 6.2)。③ 翟孝娜(2022)将研学旅行管理与服务的职业领域划分为研学活动服务与管理、研学产品研发、基地运营与管理、研学项目开发,并指出研学导师、计调、文案策划师、课程设计师、基地品牌营销专员、基地服务与安全管理人员、游线设计专员、研学项目规划师的人才稀缺性,并进一步建构了"三能力结构"的课程培养体系(6.3)。④

在培养生利之才上,陶行知十分重视实践的育人价值,其不仅主张"在劳力上劳心",还强调了"教学做合一",并将创造列作教育的至高境界。⑤ 因此,除了上述理实一体的课程外⑥,仍有必要开设一些专门的实训课程和实训环节,以加强学生的理论理解与运用、技能训练与养成。由此,本书构建了生利导向的研学旅行管理与服务人才培养课程体系(图 6.4)。

该课程体系结合了教育部职业教育专业简介和前 15 所研学旅行管理与服务专业高职院校已有的课程开发成果,并充分考虑了基于招聘大数据分析和研学旅行基(营)地人才需求调查的相关研究结论,从生利导向的人才培养

---

① 付小林,袁先澈.湖北省中小学生研学旅行课程资源指南[M].武汉:华中科技大学出版社,2020:20.

② 张春阳,张可盈,白桂湖,刘舒宇.地方认同:成都博物馆研学旅行设计研究[J].文物春秋,2022(5):64-68.

③ 申桂娟.研学旅行管理与服务专业人才培养模式的构建[J].开封大学学报,2020,34(2):60-62.

④ 翟孝娜.基于研学产业人才需求分析的高职旅游人才培养模式研究[J].齐齐哈尔师范高等专科学校学报,2022(5):37-40.

⑤ 王学.陶行知的求真精神[J].生活教育,2022(5):22-26.

⑥ 现实情况是有些课程在实际教学中还是较偏向于理论化的。

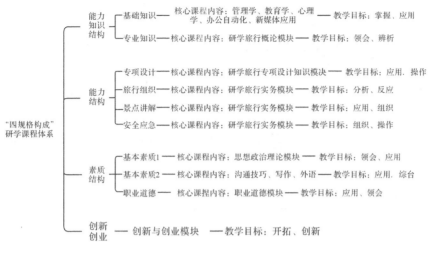

图 6.2 "四规格构成"研学课程体系

目标入手,对知识、能力和素质要求进行逐条细分,并通过相关课程开设——给予针对性支撑,遵循教育性、整体性、课程性、实操性的整体原则[①],最终构建起生利导向的研学旅行管理与服务人才培养课程体系。其中,知识导向的理实课程主要包括了教育、旅游、研学、法规等在内的八个方面知识点,能力导向的理实课程主要涵盖了课程开发、产品设计、市场营销、旅游计调等九个方面技能点,生利导向的研学旅行管理与服务人才培养课程体系针对每个知识点用对应课程来支撑培养目标实现。除了在各课程中体现素质教育的内容,课程体系中还针对性地利用实践课程和证书课程以进一步强化研学学生价值观、职业素养和个人品质的培养,创设多样化平台让学生实现做中学、做中练和做中悟,通过全真实训进一步将课程知识内化,进而不断强化和提升研学学生的职业技能。

(二)技能证书与课证融通

通过对 897 家企业发布的 1510 个研学旅行相关职位具体招聘要求的进一步统计分析可以看到,导游证、教师资格证、研学指导师证、退伍军人证件、心理咨询师证书、营地指导员证、户外拓展培训师证书、教练证、国家二级或以上运动员证以及党员证都被提及,其中导游证、教师资格证市场认可程度最

---

① 祝胜华,何永生.研学旅行课程体系探索与践行[M].武汉:华中科技大学出版社,2019:75-76.

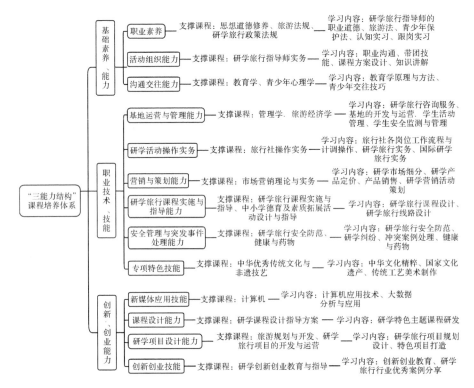

图 6.3　研学专业"三能力结构"课程培养体系

高,研学指导师证等证书也受到了较大认可。从招聘企业发布的信息来看,职业技能证书的获得,一方面可以帮助研学学生更好地获得相关职位,另一方面,其还有可能提升学生的薪资起点——职业资格证薪资是成长型企业为促使员工提升职业素质和技术水平而设立。[①] 无论是从职业成长还是职业回报来看,高职研学旅行管理与服务专业的学生考取导游证、教师资格证、研学指导师证不仅必须而且必要。

在明确了需不需要技能证书、需要什么样的技能证书以后,另一个摆在眼前的挑战便是如何设计证书获得的路径,也即如何更好地以证促学助力生利的研学旅行人才培养。将职业证书的获得与人才培养方案中的课程相结合,采用课证融通的方法便是一条可行的路径。课证融通是将职业技能证书培训的内容与院校专业课程内容进行融合,将职业技能的等级标准与院校学历教

---

① 聂艳丽.成长型企业薪酬体系设计路径研究[J].企业改革与管理,2018(14):52-53.

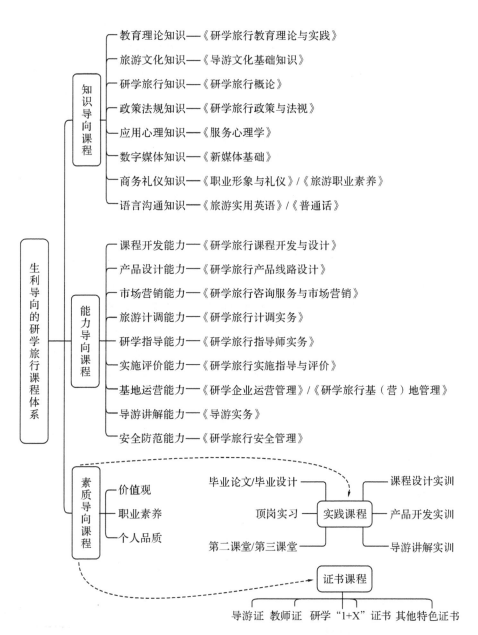

图 6.4　生利导向的研学旅行管理与服务人才培养课程体系

育的专业教学标准相对接,并将证书考核与院校课程考试同步安排,最终实现职业技能证书与学历证书的学习成果互认互换。[1][2] 课证融通不仅有利于提升学生的职业技能,还有助于学生学习积极性、主动性和目标性的提高,其既能提高学生考证通过率,又不会额外增加学生的考证负担,还可以是院校教学质量检验和提升的有效措施。[3]

在具体实施上,需要注意职业技能证书和学历课程在课程目标、学习内容、教学流程、评价方式等方面的有效衔接,创新教育教学方法(图6.5)[4],确保职业技能证书认定能为人才培养服务。同时,也要避免本末倒置、削足适履,如为了提升证书通过率而破坏人才培养方案的整体设计和育人特色,从而在为学生实现能力零距离上岗的同时亦保持其职业未来成长所必需的非即用型知识与技能学习。

(三)校本课程与培养特色

无论是生利导向的研学旅行管理与服务人才培养课程体系(图6.4),还是各类职业资格证书教育,其都隐含了一个根本性的底层"动机",就是使人才培养方案呈现一致性和同质化,虽然其可能是以十分规范化的外在形式呈现。这种将核心知识体系一化引发了一些争议和讨论。英国国家学位授予委员会(Council for National Academic Awards,CNAA)在1993年的报告中明确阐述了赞成的论点,在其看来,共同核心知识体系将有助于沟通和转移,能为学科发展提供更坚实的基础并鼓励更多的认可,也可让课程的内容具有广泛的可比性。但与此相反,也有学者担心,这将不仅会减少多样性、阻碍灵活性和扼杀创新,更会阻碍学科本身发展的成功,还会削弱课程满足多样化行业就业需求的能力,从而进一步阻滞旅游业的创新发展(表6.3)。[5]

---

① 李寿冰.高职院校开展1+X证书制度试点工作的思考[J].中国职业技术教育,2019(10):25-28.

② 章安平,方华.基于职业导向的"课证融合"人才培养模式实践与思考——以浙江金融职业学院国际贸易实务专业为例[J].中国高教研究,2008(11):58-60.

③ 胡九义.高职会计专业课程体系改革与实践——基于财务共享服务职业技能等级证书[J].商业会计,2022(2):123-126.

④ 韩雨舟."1+X"证书制度下高职旅游英语专业课证融合教学实践研究——以"研学旅行"课程为例[J].黑龙江生态工程职业学院学报,2023,36(1):153-156.

⑤ Airey D, Johnson S. The content of tourism degree courses in the UK[J]. Tourism Management,1999,20(2):229-235.

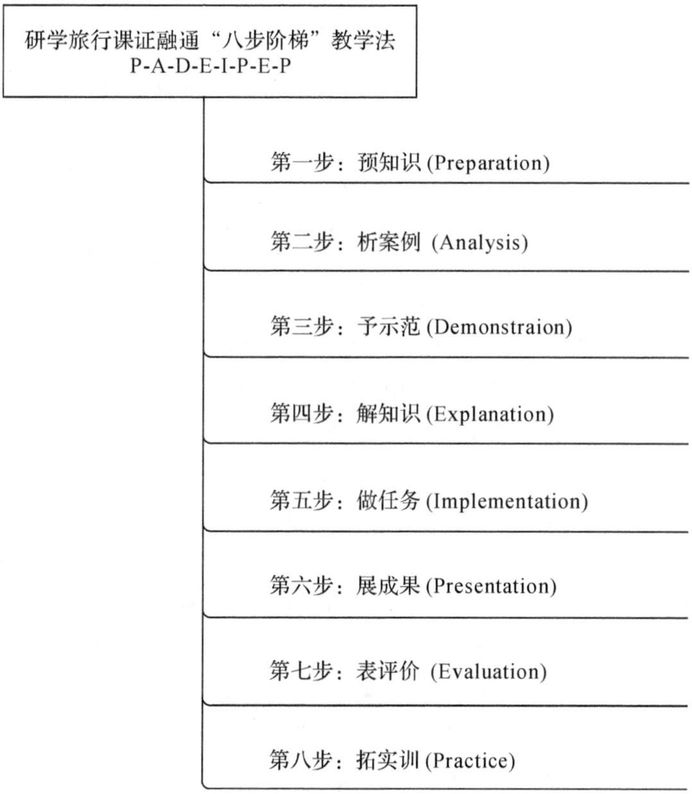

图 6.5　研学旅行课证融通"八部阶梯"教学法（P-A-D-E-I-P-E-P）

表 6.3　支持和反对核心知识体系的观点比较

态度	具体意见
	促进课程和教学目标的定义
	协助沟通所提供的内容
	促进课程验证和质量保证
支持	协助教师集中研究，发展和提高学术诚信
	促进理解和进步
	促进学分的可转让性
	促进沟通、联络和促进进展

续表

态度	具体意见
反对	使旅游教育对于异质性行业来说过于同质化
	扼杀创新和创造力
	降低学生节目的受欢迎程度
	降低计划的灵活性以满足行业需求

　　在陶行知看来,培养教育人和种花木道理是一样的,花木要种得好,首先要了解花木特点,然后根据情况的不同给予区别的施肥、浇水与培养教育,如此这般才能称之为因材施教。高职院校的人才培养具有"技术性""职业性"和"地方性"的显著特点[①],其专业人才培养设置关系到高职院校为地方经济社会发展服务的有效性[②]。因此,在完成人才培养方案整体课程设计时,除了要参考生利导向的研学旅行管理与服务人才培养课程体系(图6.4)确定专业课程,并加入教育行政主管部门所要求的公共科目外[③],还必须要思考符合省情、市情和校情的校本课程,以增强人才培养方案的特色性和适用性。基于院校自身资源,以促进办学特色和学生个性发展而兴起的高职校本课程开发,既是高校适应行业发展变化所需,亦是职业教育区域性的内在要求。[④] Keiny 指出,不同背景和专长的教师以"实践共同体"形式开展校本教材开发,可促使教师在异质性群体交流反思中获得专业发展。[⑤] 通过校本课程开发实现教师实践共同体打造亦是促进教师专业发展的可行路径(图6.6)。[⑥]

　　校本课程建设由于能够有效弥补现有课程不足,因此,其也能更好地促进学生的全面发展,并促进学生对本土文化的认同,进而增强地方认同和依恋,

---

　　① 潘锡泉,郭福春."双高"建设背景下高职院校科研创新能力不足的原因分析及提升策略[J].教育与职业,2022(18):51-56.

　　② 陈正华,马倩.京津冀协同发展中河北省高职教育的机遇与挑战[J].教育学术月刊,2021(2):41-47.

　　③ 主要包括思政、体育、外语、计算机等科目,在每所院校通常有固定的课时要求和学期设置安排。

　　④ 张和新.高职校本课程开发共同体的构建[J].中国职业技术教育,2019(11):38-41.

　　⑤ Keiny S. School—based curriculum development as a process of teachers' professional development[J]. Educational Action Research, 1993, 1(1): 65-93.

　　⑥ 胡迪雅,李玲岩,李雅悠.民族地区校本课程开发对教师实践共同体的建构作用:基于丽江三所学校的个案研究[J].民族教育研究,2022,33(2):60-69.

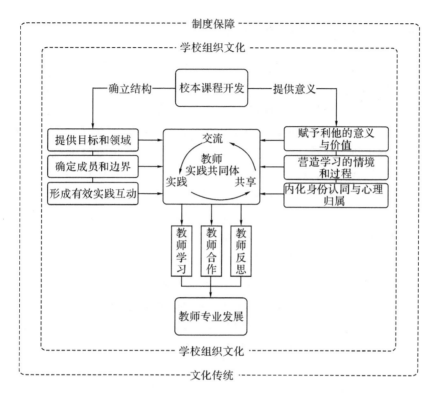

图 6.6　基于校本课程开发的教师实践共同体建构模型

增强就地择业、就业和创业的积极主动性以及归属感、认同感与自豪感。[1] 在具体实现上，可立足社会素养要求提炼校本课程主题，围绕社会生活实践整合校本课程资源，结合多方利益诉求设计社会实践方式，根据行业发展需要提出课程建设要求，结合教学实践情况组织课程实践评价。[2] 充分考虑校本课程与教育对象的契合度，让校本课程既成为促进学生个性发展的载体，又成为提升学校专业办学特色的抓手。

---

① 高长青.本土文化的认同教育:校本课程实施的重要任务[J].教育理论与实践,2022,42(2): 48-50.

② 苏晓敏.从学生到社会:校本课程建设的衔接功能发挥[J].教育理论与实践,2020,40(29): 36-39.

三、经验学识兼备的生利师资

要成为一名合格的职业教育教师,陶行知提出的标准可以概括为三个方面,一是具有生利的经验,二是具备生利的学识,三是掌握生利的教法。相较于研学旅行管理与服务专业,旅游管理、导游等旅游类专业以及小学教育、学前教育等教育类专业开设时间更久,无论是从专业师资沉淀还是人才培养经验上都更有优势。从目前前 15 所研学旅行管理与服务专业高职院校的专业师资来源上看,绝大部分院校是基于原先旅游类专业和旅游类院系开设,依托教育类专业和教育类院系开设研学旅行管理与服务专业的极少,但无论是哪种形式,其在专业开设伊始乃至当下都面临着师资提升的严峻挑战:从经验上看,大多数教师还没来得及到企业轮训便已匆匆上岗;从学识来看,目前以研学为主攻方向的硕博人才培养仍旧稀缺,无论是在职还是新入职的研学教师,其在专业系统性培养方面都存在着一定程度的缺失;从教法来看,旅游院系教师上岗前虽然学习了获取高校教师资格证必学的四个科目[1],通过日常的教育教学实践,亦一定程度上掌握了面对大学生的教学方法,但是对于如何教授研学学生掌握面向中小学的教育教学方法,存在着较大短板。

(一)生利经验提升

在陶行知看来,职业教师的培养有三种途径和方法:一是对进入职业院校从教的普通大学生进行全面培养,二是对行业人才进行理论与教法培训,三是聘请专业人士组建专兼结合的教学团队。当下,职业院校基本上对上述三种方法均悉数采纳,且在保障学识水平和教学方法基础上尤为注重实践经验,其也映衬了职业教育中一贯以来所提倡的师资"双师"素质要求。[2] 实际上,陶行知对"经验、学识和教法"三驾马车最为看重的也是"生利之经验",其曾有言:"三者不可兼得,则宁舍教法学术而取经验。"为提升高职院校教师的"生利之经验",下企业锻炼成为一种可行且有效的实现形式。[3] 从国家层面来看,教育部等七部门印发的《职业学校教师企业实践规定》(教师〔2016〕3 号)中对此亦有规定,职业院校的专业课及实习指导教师均需完成每 5 年不少于 6 个

---

① 高校教师资格证的笔试科目为《高等教育学》《大学心理学》《教师伦理学》和《高等教育法规》,其与中小学教师资格证考试并不相同。

② 张幼春.陶行知职业教育思想视域下的教师"双师"素质培养研究[J].高教学刊,2019(19):169-170+174.

③ 王远东.陶行知职教师资观及启迪[J].产业与科技论坛,2016,15(18):79-80.

月的一线实践(可累加),如果教师没有企业工作经历,在新上岗前则应先完成实践锻炼。[①]

对职业院校教师作出行业实践经验的规定也是国际职业教育通行的做法,包括德国、日本、美国等发达国家在内,不少国家都出台了针对职业教育教师专业实践经历以及实践能力的具体要求。[②] 职业院校教师下企业锻炼,既利于教师个人知识结构整合以提升专业能力和执教水平,又利于打破闭门办学的落后教育理念,更利于校企间的密切合作和互促共赢。[③] 对研学旅行这样的人文社科类专业教师而言,通过下企业锻炼来增强专业能力和促进个人发展比理工科教师更为紧迫。从下企业时间安排上看,一年及以上脱产的下企业锻炼产出更为显著,而对职业教师下企业成效进行考核,可以从促进教学能力、增加效能产出和教师个人发展三个方面展开(图 6.7)。[④]

除了加强教师下企业锻炼,鼓励存量师资队伍转型也是一个值得探索的方向。[⑤] 重点解决原有教育背景教师旅游行业实践欠缺和原有旅游背景教师教育行业认知缺乏的问题,充分利用存量教师原先已有知识、技能和行业经验储备,从而更快实现既懂教育又通旅游的复合型研学师资队伍建设。研学旅行不是教育和旅游简单的"1+1"组合而成,作为两者深度融合的产物,其需要教师既有教育学专业知识和技能以应对课程设计与开发等专业任务,还要具备完成旅游服务以及项目运营管理等工作的执业能力,对转型教师而言,基于原有专业领域的积累,站在教育看旅游抑或站在旅游观教育,有可能更为深刻地领会到两者融合的本质、要义以及实现的路径与方法。

---

① 教育部等.职业学校教师企业实践规定[EB/OL].(2016-05-13)[2022-10-15].http://www.moe.gov.cn/srcsite/A10/s7011/201605/t20160530_246885.html.

② 德国职业学校专业教师需在企业实习至少一年;日本的职业院校教师须先到企业担任"职业训练指导员";美国部分州规定职业教育教师需有1~2年的企业实际工作经验。

③ 颜炼钢.高职院校专业教师下企业实践的问题及对策新探[J].教育与职业,2014(15):73-75.

④ 刘双飞,胡晓霞.访问工程师项目对高职院校教师发展影响的研究[J].高等职业教育(天津职业大学学报),2019,28(5):30-34.

⑤ 王佳.基于研学旅行的高职会展专业职业技能培养及模式初探[J].绿色科技,2021,23(3):238-239.

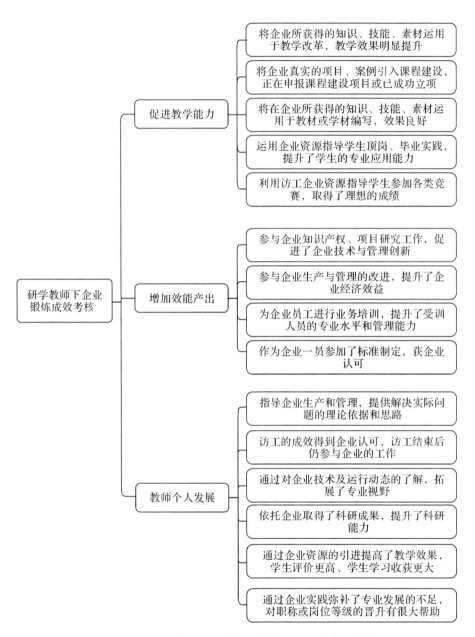

图 6.7　研学旅行管理与服务专业教师下企业锻炼考核模型

（二）生利学识提升

1. 通过学历教育提升

华南师范大学旅游管理学院旅游管理专业硕士（MTA）在其 2023 年的招生简章中标明，专业型旅游管理（MTA）共分为四个方向[①]，其中，研学旅行与旅游教育创新为该校新增设的硕士招生方向，这或为将来高职院校提供更加专业对口的"师源"带来可能。对于已经在职的高职院校教师而言，也可以通过设有旅游管理硕博点的院校进行专业能力提升，截至 2023 年 1 月，国内已有 515 位研究生通过了研学相关主题的学位论文答辩（图 6.8）[②]，自 2020 年后，大致保持了年均约百篇的增长态势。从培养单位上看（图 6.9），师范类院校成为最主要的培养依托单位。

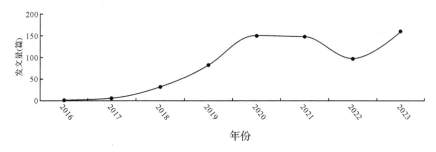

图 6.8　2016 年以来研学相关学位论文情况

2. 通过专业培训提升

对于研学旅行专业教师而言，还可以通过高水平的专业培训来提升研学行业认知和人才培养知识储备。以研学旅行策划与管理（EEPM）师资认证培训为例，其由教育部职教所授权、亲子猫（北京）国际教育科技有限公司所组织，面向研学旅行院校相关专业学科带头人、专兼职教师，旨在助力职业院校"双师型"师资团队建设，主要的学习内容包括解读 1＋X 证书制度试点相关政策，介绍研学旅行策划与管理（EEPM）职业技能等级证书（初级）标准、教学标准和实施方案，模拟学生机考、实操考核，书证融通研讨等（表 6.4）。目前，研学旅行策划与管理（EEPM）师资培训和考评员培训已举办超过 160 期，逾

[①]　除了研学旅行与旅游教育创新方向外，其他三个方向分别为款待业运营与服务管理、旅游目的地规划与运营管理和会展经济与管理。

[②]　基于中国知网学位论文库检索，具体检索条件为：（（关键词＝'研学旅行'）OR（关键词＝'研学旅游'））；检索范围：学位论文。

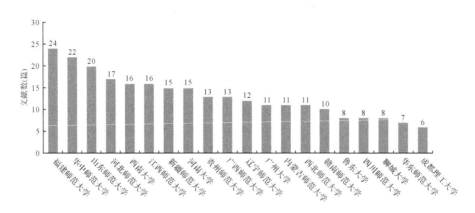

图 6.9 研学相关学位论文的培养单位

3000 名院校教师参加,另有 1000 多名研学企业人员也参加了企业师资培训和企业考评员培训。[①]

表 6.4 研学旅行策划与管理(EEPM)师资认证培训典型培训日程(高级)

日期	时间	主题	内容
第一天	白天	在线专题研讨	日本实践教育活动方案设计要点
			答疑
		在线专题研讨	日本实践教育活动 KYT 风险管理
			答疑
		在线专题研讨	日本实践教育活动指导者领导力
			答疑
第二天	白天	在线专题讲座	研学旅行策划与管理(EEPM)证书(高级)总体设计与方案介绍
第三天	白天	在线讲座 工作领域一 安全机制	工作任务一 应急处理
			工作任务二 安全保障
			工作任务三 体系保障
第四天	白天	在线讲座 工作领域二 实施指导	工作任务一 社会体验
			工作任务二 开放探究
			工作任务三 评价激励

① 相关数据来源于亲子猫官方网站和公众号。

续表

日期	时间	主题	内容
第五天	白天	在线讲座 工作领域三 运营管理	工作任务一　人力规定
			工作任务二　规范制定
			工作任务三　数字管理
第六天	白天		线下报到
	晚上	任务实操	开营仪式
			研学旅行策划与管理（EEPM）证书（高级）总体设计与方案介绍
第七天	白天	2天1晚 课程体验	小学段自然主题研学活动课程体验
			小学段地理主题研学活动课程体验
			初中段科技主题研学活动课程体验
	晚上		篝火晚会
			教育分享会
			日工作复盘总结会
第八天	白天		查寝、守夜体验
			初中段历史主题研学活动课程体验
			高中段人文主题研学活动课程体验
			高中段体验主题研学活动课程体验
			闭营仪式
	晚上	18:00—19:30	晚餐
			分组研讨
第九天	上午	9:00—12:00　任务实操	设计2天1晚研学活动线路
			自评、互评及专家点评
	中午	12:00—13:30	午餐
		13:30—14:30	自由讨论
	下午	14:30—18:00　任务实操	2天1晚研学生手册设计
			自评、互评及专家点评
	晚上	18:00—19:30	晚餐
			分组研讨

续表

日期	时间		主题	内容
第十天	上午	9:00—12:00	任务实操	2 天 1 晚研学指导手册设计
				自评、互评及专家点评
	中午	12:00—13:30		午餐
		13:30—14:30		自由讨论
	下午	14:30—18:00	任务实操	2 天 1 晚研学安全手册设计
				自评、互评及专家点评
	晚上	18:00—19:30		晚餐
			分组研讨	
第十一天	上午	9:00—12:00	任务实操	2 天 1 晚研学运营手册设计
				自评、互评及专家点评
	中午	12:00—13:30		午餐
		13:30—14:30		自由讨论
	下午	14:30—18:00		自由讨论
				自评、互评及专家点评
	晚上	18:00—19:30		晚餐
			分组研讨	
第十二天	白天		结业考核	实操考核
第十三天	上午	9:00—12:00	结营仪式	领导致辞、优秀个人 & 团队展示
	下午		结束,返程	

3. 利用校内外学术及行业交流提升

加强在职教师的学识素养提升,可以通过在校内举办学术研讨以提升专业水平,还可以定期安排专任教师通过访学等形式加强与专业领域内高水平专家的交流,以开阔眼界、弥补不足,从而更好地把握学科发展变化,提升教师对学科、专业和行业的认知和理解。① 此外,可以努力创造条件,让教师通过

---

① 钱立豪. 基于满意度的本科课程体系评价研究[D]. 北京:北京化工大学,2019.

参加行业交流的机会增强才能和施展才华①,将教师推送到行业交流活动中去,既有利于专业知名度和美誉度的传播与打造,对于教师个人专业能力和职业认可与自信而言亦是大有裨益的②。

4. 通过行业实践提升

实践是检验真理的唯一标准,缺乏行业实践锻炼也是造成教师教学质量不高、科研与社会服务能力薄弱的重要因素。通过将理论和实践相结合,让研学教师在学中干、在干中学,不断在实践中完成自我革新和自我突破,可有效提升其个人的素质与修养。③ 事实证明,实践在增强个人学识和提升动手能力方面益处良多,而这两方面对研学旅行专业教师而言,都是极具迁移价值的。

(三)生利教法提升

现有调查发现,逾32%的研学旅行教师还仍在使用传统灌输式的教学方法,在教学方法和教学内容上鲜有创新,导致教学方法与学生学法相脱离,且无法更好满足受教育者多样化的学习需求。④ 陶行知先生倡导了"教学做合一"的教法,在其看来,无论是教法还是学法,其核心都源自做法,教法、学法和做法是密不可分的。研学旅行管理与服务专业所培养的学生要掌握"教学做合一"的教法,同样的,对这些人才的培养同样可以遵循此法。

从具体实施上看,研学旅行专业人才培养中可主要采用探究式、研讨式、参与式和启发式等多种教学方法,同时还可利用线上线下混合式的教学方法,并重视课程的多元化和过程性考核评价。⑤ 此外,讲授法、参观法、调查法、动手操作法、现象教学法、头脑风暴法、案例法等也是可以广泛采用的方式方法。⑥⑦⑧ 此外,针对研学旅行管理与服务专业学生的隐形素质培养可以通过

---

① 赵微. 安徽省 X 学院教师流失状况及对策研究[D]. 合肥:安徽大学,2016.

② 刘丽. 艺术类高校化妆美容专业人才培养问题研究[D]. 济南:山东师范大学,2017.

③ 杜瑞仙. DN 教育集团重庆分公司 IT 培训服务营销策略研究[D]. 昆明:云南财经大学,2022.

④ 孙光田. 高职院校研学旅行管理与服务复合型人才培养模式研究[J]. 西部旅游,2022(9):106-108.

⑤ 刘加凤."1+X"证书制度创新专业人才培养模式的实践研究——以研学旅行管理与服务专业为例[J]. 宁波职业技术学院学报,2022,26(4):12-17.

⑥ 朱咏琦. 基于地理实践力培养的研学旅行设计[D]. 上海:华东师范大学,2022.

⑦ 高玉乾. 基于地理核心素养的高中地理研学旅行课程实践研究[D]. 上海:华东师范大学,2022.

⑧ 杨欣钰. 天水市高中地理研学旅行课程设计研究[D]. 天水:天水师范学院,2022.

主题学习活动、实践拓展活动以及社团活动等实现,而对于显性素质的培养,可以通过 PBL(Project-Based Learning,也即基于项目的学习)和案例教学来完成(图 6.10)。① 除此之外,目前还需要重点探索的是关于教育方法的教法,由于小组合作学习、教育戏剧、游戏模拟、价值澄清法和体验式学习等多种可持续的教育方法在中小学人才培养中日渐兴起②,如何在教学中培养高职研学学生的上述教法能力,是当下新的挑战。

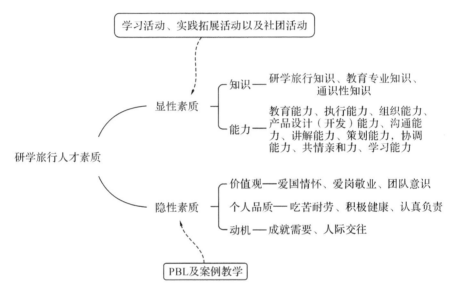

图 6.10 研学旅行人才素质及其培养方法

实践证明,定期开展常规的教学研讨活动,如开展集体备课、同课异构、磨课、内部培训、校本研修等内部教研活动,可起到提升教法和引领教师专业成长的功效。③④ 还需值得注意的是,提升校内专任教师教法的同时,亦不能忽略对企业界兼职教师教法的培训。

① 郜宜秀,徐雪,苑鑫.面向行业的研学旅行指导师人才素质构成及培养途径[J].天津商务职业学院学报,2021,9(5):80-87.
② 黄忠敬,吴洁,唐立宁.中国离 2030 年可持续发展教育目标还有多远——基于义务教育课程标准的分析[J].教育研究,2019,40(2):140-148.
③ 屠明将.关系性建构:教师实践性知识的生成机制与优化策略[J].教育理论与实践,2023(7):34-40.
④ 王浩宇.师范院校研学旅行师资培养:应为与有为[J].教育观察,2022,11(5):10-12+20.

四、互利共赢的校企合作机制

在陶行知看来,校企间的合作是十分紧密的:一方面职业院校教育培养人才的目的就是"利群",培养企业需要用、用得上的人才是职业教育的重要价值体现;另一方面,职业院校在人才培养过程中,也离不开企业的设备、师资乃至课程、实训等各方面的支持。不运用社会力量是无能的教育,不了解社会需求是盲目的教育,这也是陶行知关于校企间关系振聋发聩的提醒。实际上,工学结合、校企合作等产教融合思想和原则大多都能从陶行知的职业教育思想中找到源流。①

校企合作观是陶行知职业教育思想的重要组成部分,"学校与社会合作培养社会急需人才"是其基本特征。具体来看,陶行知的校企合作观主要包括五个方面:一是提倡校企协同,共育社会急需人才;二是主张"出校进企",充分借力社会企业力量办学;三是鼓励"引企入校",自建校内实践基地;四是推行"艺友制",鼓励拜师学艺;五是倡导工学结合,产教融合。②

虽然陶行知对职业教育校企合作的倡导已逾百年,但当前由于责任、利益分担上的分歧,导致产教融合、校企合作仍面临着重重障碍:职业院校绝大部分都是国有资产,而行业企业大多为私人资产,两方在校企合作风险责任分担上的意愿和能力都存在着较为悬殊的差距。③ 而由于多方参与、协同育人的体制机制尚未完善,校企合作的现实障碍仍未完全破除,这就导致教育链、人才链与产业链、创新链缺乏了深度融合。④

(一)校企合作的演化博弈分析

校企合作从本质上而言是一个涉及多方利益博弈的复杂过程⑤,存在着

---

① 刘庆根.产教融合背景下陶行知生活教育思想价值探析[J].苏州市职业大学学报,2019,30(4):68-72+84.

② 王清,顾庆龙,尤正梅.陶行知校企合作观对高职青年教师专业实践能力提升的启示[J].扬州教育学院学报,2020,38(4):69-72.

③ 李鹏.职业教育产教融合制度化:新尺度、新挑战与新方向[J].南京师大学报(社会科学版),2022(6):24-33.

④ 寿伟义.乡村振兴战略背景下农村职业教育的有效供给研究[J].教育与职业,2022(5):98-102.

⑤ 金萍女,戎成.乡村振兴背景下职业教育助力乡村产业发展:机制构建与推进路径[J].教育与职业,2022(22):18-25.

学校育人"唱独角戏"和企业用人"搭便车"的发展藩篱。[①] 事实上,校企合作是一个不断博弈的动态过程,当技能人才供应紧张时,企业通常会选择加强与职业院校的深度合作;但经历一段合作后,企业发现投入获得的毕业生留任率低于合作预期,则企业将可能改变合作行为,逐渐从"育人"行动转为"用人"导向,直至放弃参与合作。[②] 为进一步厘清研学旅行院校在校企合作中的堵点和障碍点,本书构建了两者间动态演化博弈模型以便开展进一步深入分析。

1. 基本假设与博弈模型构建

①校企合作博弈主体分别为学校(U)和企业(E)。为聚焦两者博弈的机理分析并简化分析模型,模型并未纳入政府、行业协会等博弈主体。假设双方在博弈参与中都是追求收益最大化,但是两个主体行动决策不能够保证是完全理性的,也就是说在博弈过程中双方会根据情况变化不断调整行为策略以谋求最终的最优策略。

②校企双方均可在合作的过程中选择"合作"(C)或者"不合作"(NC)策略。假设高职院校选择合作策略的群体比例为 X,选择不合作的群体比例为 $1-X$,企业选择合作策略的群体比例为 Y,选择不合作的群体比例为 $1-Y$,其中 $X,Y \in [0,1]$。当校企双方都选择不合作时,仍会存在一定数量的自然收益,这部分收益分别记为 R_U 和 R_E。当校企双方选择相互合作时,假设此时会产生超额收益 Q,其中 $Q > 0$;设 α 表示校企合作超额收益中职业院校的获得比例,也即学校收益为 αQ,企业的收益为 $(1-\alpha)Q$,其中 $\alpha \in [0,1]$。在双方进行合作的过程中,会涉及各种资源的投入和一系列管理成本,记 M 为双方合作中的总成本,β 表示高职院校分摊的成本比例,也即高校分摊合作成本为 βM,企业分摊合作成本为 $(1-\beta)M$,其中,$\beta \in [0,1]$。

③校企合作进行人才培养的相关支付矩阵见表6.5。

表6.5 校企合作演化博弈支付矩阵

高职院校(U)	企业(E)	
	合作(C)	不合作(NC)
合作(C)	$R_U + \alpha Q - \beta M, R_E + (1-\alpha)Q - (1-\beta)M$	$R_U - \beta M, R_E$
不合作(NC)	$R_U, R_E - (1-\beta)M$	R_U, R_E

① 张元宝.校企合作中利益相关者的博弈与协调[J].中国高校科技,2019(9):79-82.

② 冉云芳.企业参与职业教育校企合作的影响机理研究——基于计划行为理论的解释框架[J].教育发展研究,2021,41(7):44-52.

2. 演化博弈模型分析

对高校而言,选择"合作"(C)策略、"不合作"(NC)策略和混合策略的平均收益分别为:

$$R_{UC}=Y*(R_U+\alpha Q-\beta M)+(1-Y)*(R_U-\beta M)=\alpha QY+R_U-\beta M \quad (1)$$

$$R_{UNC}=Y*R_U+(1-Y)*R_U=R_U \quad (2)$$

$$\overline{R_U}=X*R_{UC}+(1-X)R_{UNC}=\alpha QXY--\beta MX+R_U \quad (3)$$

该群体的复制动态方程 $F_u(X)$ 为:

$$F_U(X)=\frac{dX}{dt}=X*(R_{UC}-\overline{R_U})=X*(1-X)*(\alpha QY-\beta M) \quad (4)$$

高职院校的群体复制动态相位图如 6.11 所示。可以看到,当企业选择"合作"(C)策略的比例高于 $\frac{\beta M}{\alpha Q}$ 时,高职院校最终都将选择"合作"(C)策略。

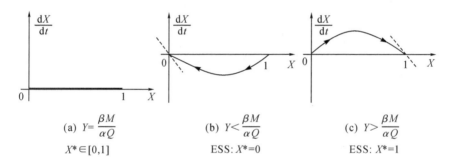

(a) $Y=\dfrac{\beta M}{\alpha Q}$　　　　(b) $Y<\dfrac{\beta M}{\alpha Q}$　　　　(c) $Y>\dfrac{\beta M}{\alpha Q}$

$X^*\in[0,1]$　　　　ESS: $X^*=0$　　　　ESS: $X^*=1$

图 6.11　高职院校的群体复制动态相位图

对企业而言,选择"合作"(C)策略、"不合作"(NC)策略和混合策略的平均收益分别为:

$$R_{EC}=X*[R_E+(1-\alpha)Q-(1-\beta)M]+(1-X)*[R_E-(1-\beta)M]$$
$$=(1-\alpha)QX+R_E-(1-\beta)M \quad (5)$$

$$R_{ENC}=X*R_E+(1-X)*R_E=R_E \quad (6)$$

$$\overline{R_E}=Y*R_{EC}+(1-Y)R_{ENC}=(1-\alpha)QXY-(1-\beta)MY+R_E \quad (7)$$

同样可求出消费者群体的复制动态方程 $F_c(Y)$ 为:

$$F_C(Y)=\frac{dY}{dT}=Y*(R_{EC}-\overline{R_E})$$

$$=Y*(1-Y)*[(1-\alpha)QX-(1-\beta)M] \quad (8)$$

企业的群体复制动态相位图如图 6.12 所示。可以看到,高校选择"合作"

(C)策略的比例超过$\dfrac{(1-\beta)}{(1-\alpha)}\dfrac{M}{Q}$时,企业也都会选择"合作"(C)。

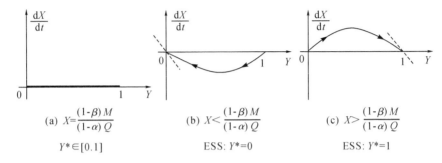

(a) $X=\dfrac{(1-\beta)M}{(1-\alpha)Q}$ (b) $X<\dfrac{(1-\beta)M}{(1-\alpha)Q}$ (c) $X>\dfrac{(1-\beta)M}{(1-\alpha)Q}$

$Y^* \in [0.1]$ ESS: $Y^*=0$ ESS: $Y^*=1$

图 6.12　企业的群体复制动态相位图

基于校企合作的复制动态方程,联立式(4)和式(8),令 $F_U(X)=F_C(Y)=0$,得到高职院校和企业合作的演化博弈局部平衡点(x,y)分别为,$P_1(0,0)$,$P_2(0,1)$,$P_3(1,0)$,$P_4(1,1)$和 $P_5(x^*,y^*)$,其中 $x^*=\dfrac{(1-\beta)M}{(1-\alpha)Q}$,$y^*=\dfrac{\beta M}{\alpha Q}$。对式(4)和式(8)计算偏导数,得到雅可比矩阵。

$$J=\begin{bmatrix}\dfrac{\partial F(x)}{\partial x} & \dfrac{\partial F(x)}{\partial y}\\[2ex]\dfrac{\partial F(y)}{\partial x} & \dfrac{\partial F(y)}{\partial y}\end{bmatrix} \tag{9}$$

$$\frac{\partial F(x)}{\partial x}=(1-2X)(\alpha QY-\beta M) \tag{10}$$

$$\frac{\partial F(y)}{\partial y}=(1-2Y)[(1-\alpha)QX-(1-\beta)M] \tag{11}$$

$$\frac{\partial F(x)}{\partial y}=X(1-X)\alpha Q \tag{12}$$

$$\frac{\partial F(y)}{\partial x}=Y(1-Y)[(1-\alpha)Q] \tag{13}$$

雅可比矩阵行列式为:

$$\begin{aligned}\mathrm{Det}J=&(1-2X)(1-2Y)(\alpha QY-\beta M)[(1-\alpha)QX-(1-\beta)M]\\&-XY(1-X)(1-Y)\alpha Q[(1-\alpha)Q]\end{aligned} \tag{14}$$

雅可比矩阵的迹为:

$$\mathrm{Tr}J=(1-2X)(\alpha QY-\beta M)+(1-2Y)[(1-\alpha)QX-(1-\beta)M] \tag{15}$$

根据雅可比矩阵判断均衡点的稳定性需要看行列式是否满足 Det $J>0$,

同时也要看迹 Tr $J<0$ 是否得到满足。[①] 由于 $x^* = \dfrac{(1-\beta)}{(1-\alpha)}\dfrac{M}{Q} \in (0,1)$，$y^* = \dfrac{\beta M}{\alpha Q} \in (0,1)$，因此 $(1-\beta)M<(1-\alpha)Q$，$\beta M<\alpha Q$，分别将五个均衡点带入矩阵计算迹和秩，从而进一步判断均衡点的稳定性，结果可见表 6.6。

表 6.6　校企合作演化博弈的均衡点与稳定性

均衡点	行列式	迹	性质
$E_1(0,0)$	＋	－	ESS
$E_2(0,1)$	＋	＋	不稳定
$E_3(1,0)$	＋	＋	不稳定
$E_4(1,1)$	＋	－	ESS
$E_5(x^*,y^*)$	－	0	鞍点

由表 6.6 和图 6.13 可知，校企合作中 E_2 和 E_3 是不稳定点，而 E_1 和 E_4 是稳定点，也即博弈的演化稳定状态。E_2、E_3 和 E_5 三种博弈最终都收敛于 E_1 或 E_4，这也就是说，校企要么合作共赢要么互不合作，当校企双方博弈处于 E_1E_3 E_5E_2 区域时，最终博弈均衡将向点 E_1 演进，最终收敛于互不合作的稳定策略组合，当校企双方的博弈落在 $E_2E_5E_3E_4$ 区域时，最终的博弈均衡将向点 E_4 演进，并最终收敛于相互合作。毫无疑问，无论是对院校还是企业或者社会而言，后一种演化的结果所带来的收益要远远高于前者。

（二）研学旅行培养校企合作提升

由上述两者间博弈可知，校企间博弈最终将会朝着互利共赢发展还是互不合作的稳定策略演化，取决于博弈双方对对手策略选择的判断和预期。[②] 当企业选择"合作"（C）策略的比例高于 $\dfrac{\beta M}{\alpha Q}$ 时，高职院校最终都将选择"合作"（C）策略，当高校选择"合作"（C）策略的比例超过 $\dfrac{(1-\beta)}{(1-\alpha)}\dfrac{M}{Q}$ 时，企业也都会选择"合作"（C），结合来看，要促进双方的合作，核心和关键就在于两个方面：一

① Friedman D. Evolutionary games in economics[J]. Econometrica：Journal of the Econometric Society，1991：637-666.

② 赵君丽,高雨筠.独立转型还是合作转型——基于纺织印染企业绿色转型的研究[J].丝绸：1-18.

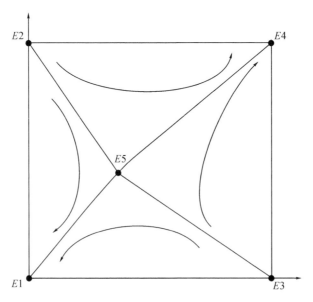

图 6.13　高职院校与企业的演化博弈相位图

是提升各自的成本收益率,可以看到,提升合作收益的同时降低合作的成本,将有利于更多博弈群体选择积极的行动策略;二是要合理分配收益和分摊成本,收益分配和成本分摊系数在博弈模型中有显著的乘数放大效应,因此需要在实践中摸索双方能够接受和乐意接受的分配比例。

　　为了提升双方收益,对研学旅行院校而言,要在提供人才之外增加合作的"附加值",如帮助企业解决发展中存在的卡脖子技术问题[①],帮助企业提供急需的技术、技能与知识培训[②],充分利用院校具有的技术与资源优势,通过横向课题、技术合作等多样化的产学研合作方式,为企业解决生产经营和竞争发展中的实际问题,参与企业新产品和新线路开发,促进教学科研成果转化与推广,切实提升合作企业的生产效率与经济效益。对研学旅行企业而言,也应当转变思路,要在顶岗实习和吸纳就业之外进一步提前"渗入"人才培养,在专业人才培养方案制订、师资培养、课程建设、实训基地建设以及人才培养质量监

――――――――

　　① 温宇.制造强国背景下校企合作优选理论及方法研究[J].机械职业教育,2022(4):38-41.
　　② 吴海勇."双高计划"下高职院校高水平专业群建设的思路[J].上海教育评估研究,2021,10(4):46-51.

督评估等诸多方面做出努力[①]，形成贯穿研学旅行人才培养全过程的产教深度融合、多元主体协同育人的校企合作新模式[②③]。

在陶行知看来，职业教育的发展离不开企业的支持，其体现在师资、课程、设备等方方面面。实际上，校企两方相向而行则双赢，对于研学旅行行业来说尤其如是——人才才是研学企业发展最为重要的基础性和决定性因素。[④] 此外，还值得注意的是，上述校企合作开展人才培养的博弈模型中未及考虑政府及行业的支持[⑤]，如加上诸多有利于校企合作的环境因素，可以预见校企合作将有更好的前景。

五、人才培养模式的改革创新

从陶行知生利主义职业教育思想视角来看高职研学旅行管理与服务的人才培养，就是要朝着"生有利之物和有利之事"的方向，努力让学生成为"生利人物"。[⑥] 为了实现这一目标，陶行知从目的、师资、设备、课程以及学生等多方面提供了充分生利的思想和行动指导，为当下研学旅行人才培养模式的改革创新提供了有益启示。

基于本节已有分析，本书建构了研学旅行管理与服务专业生利导向的人才培养棱锥模型（图6.14）。从构成上看，生利课程由知识导向课程、能力导向课程、素质导向课程、实践课程和证书课程所组成，生利师资由经验、教法和学识所支撑，生利资源则包含了校内校外有助于目标实现的各类设备、技术、资金等资源。从互动上看，生利师资和生利资源是生利课程实施的保障，但基于以教促研和生产性实训等形式，生利课程也同样有助于师资提升和资源改善；生利师资和生利资源也是相互密切联系的，一方面，生利资源是生利师资通过科研与社会服务提升经验和学识的重要依托，另一方面，企业作为生利资源极为重要的提供方，其在技术工艺改进、市场营销推广等方面亦可充分借力

---

① 潘海生，杨慧.党的十八大以来高职教育创新发展的逻辑旨归、行动路径与现实思考[J].教育与职业，2022(20)：5-12.

② 胡万山.应用型大学课程设计的应然追求、实然困境与必然选择[J].职业教育研究，2022(12)：10-16.

③ 赵恒飞.高职院校筹资多元化研究[J].中国乡镇企业会计，2023(1)：9-11.

④ 谢颖.基于旅游新业态下旅游人才培养思考[J].中国林业经济，2016(2)：100-102.

⑤ 王瑞荣.演化博弈下校企合作稳定性分析[J].实验室研究与探索，2017,36(6)：274-277.

⑥ 谢列卫，任红民，吴建设.陶行知教育思想与高职创新创业人才培养的关系研究[J].职业技术教育，2017,38(7)：63-68.

于生利师资。整体而言,生利课程、生利师资和生利资源三者不断互促,并最终施益于生利的研学旅行人才培养。

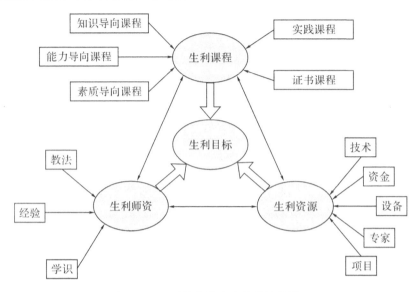

图 6.14　生利导向的人才培养棱锥模型

第二节　研学旅行管理与服务生利人才培养案例

一、杭州科技职业技术学院研学专业办学基本情况

杭州科技职业技术学院(以下简称"杭科院")是一所由杭州市人民政府主办的公办普通高等职业院校,2009 年正式建院以来,始终践行陶行知先生包括生利主义在内的职业教育思想,紧紧围绕高素质技术技能人才培养的育人定位,构建起"四并重"人才培养体系(图 6.15)。[①] 学校旅游管理学院成立于2011 年[②],现设有研学旅行管理与服务、酒店管理与数字化运营、会展策划与

---

　　① 谢列卫.杭州科技职业技术学院:承陶行知"生活教育"学说 育当代高职人才.中国教育报,2021-10-22(8).

　　② 杭科院旅游管理学院前身为旅游学院。

管理三个专业。研学旅行管理与服务专业 2020 年首届招生①，在学校"德业兼修、知行合一"育人理念的指导下，转变单纯以"就业"为导向的人才培养模式，以"职业发展"为核心导向，重视素养素质与知识技能的协同发展，开展了丰富且初具成效的生利研学人才培养与实践。目前，学校研学旅行管理与服务专业在 2022—2023 年高职院校研学旅行管理与服务专业排行榜中位列全国 13 名②，也是杭科院旅游大类专业中竞争力排名成绩最高的专业。

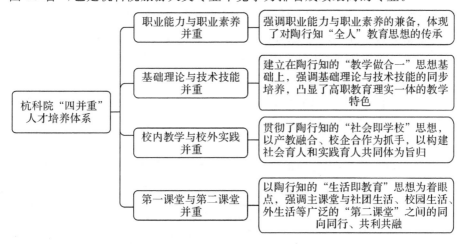

图 6.15　杭科院"四并重"人才培养体系

二、杭州科技职业技术学院研学专业的生利人才培养实践

（一）服务地方发展的培养目标

杭科院研学旅行管理与服务专业（普高、单独考试）将人才培养目标界定为：对接浙江省全域旅游及杭州市旅游休闲产业，面向旅行社、景区景点、研学基（营）地、博物馆等旅游企业管理与服务一线，培养拥护党的基本路线，具有较高的思想道德修养、人文素养和职业素养，良好的沟通表达能力、团队协作精神、工匠精神和创新精神，适应区域经济和社会发展需要、顺应研学旅行迅猛发展态势，掌握研学旅行操作的基本理论知识及管理理念，具有研学旅行操作技能与研学服务基本技能，胜任旅行社、研学基（营）地等旅游企业一线服务与管理岗位工作，并具备实践能力和创新意识的德智体美劳全面发展的高素

---

① 该专业团队前身为 2013 年组建的旅行社经营管理专业。

② 排行依据"金平果排行榜"（http://www.nseac.com/）。

质复合型技能人才。①

　　由上可见,杭科院研学旅行管理与服务专业人才培养紧密围绕服务地方和服务行业,主动对接浙江省和杭州市的研学旅行人才需求,关注旅行社、景区景点、研学基(营)地、博物馆等就业面向,聚焦于旅行社、研学基(营)地等研学旅游企业主体,培养区域经济和社会发展需要的生利人才。这一人才培养定位与杭科院研学旅行管理与服务专业所属的会奖旅游专业群人才培养方案内核是相一致的。② 实际上,杭州是国家首批研学旅行实践教育试点城市之一③,根据中国旅游研究院发布的《中国研学旅行发展报告 2021》数据显示,杭州已发展成为国内研学旅行十大热门城市之一,地方研学旅行发展态势整体良好,行业人才市场也相对活跃。

　　从研学旅行管理与服务专业职业面向来看(表 6.7),主要涉及的职业类别是研学旅行指导师、导游、计调、营销员、基(营)地服务人员,主要岗位类别是研学旅行指导师、导游、计调、营销策划、课程设计与开发、基(营)地工作人员,整体来看,这与本书之前的分析大体吻合(参见本书第四章、第五章)。

表 6.7　研学旅行管理与服务专业职业面向

专业所属大类	专业类	对应行业	主要职业类别	主要岗位类别	职业技能等级证书	行业企业标准和证书
旅游大类	旅游类	文旅业	研学旅行指导师、导游、计调、营销员、基(营)地服务人员	研学旅行指导师、导游、计调、营销策划、课程设计与开发、基(营)地工作人员	研学旅行指导师证、全国导游资格证、研学旅行 1＋X 相关证书	《研学旅行指导师(中小学)专业标准》(T/CATS001-2019);《研学旅行服务规范》(LB/T 054-2016);《导游人员管理条例》等

---

　　① 本人才培养方案源自杭科院研学旅行管理与服务专业 2022 级人才培养方案。

　　② 杭科院会奖旅游专业群人才培养主要面向长三角、立足浙江省、对接杭州市旅游休闲产业,面向会奖旅游产业服务一线,精准对接杭州市城市定位——"国际重要的旅游休闲中心""中国首选会奖旅游示范城市",围绕会奖旅游服务流程即"会奖旅游项目策划与销售""会议现场服务与管理""会奖(研学)旅游行程定制与接待",培养拥护党的基本路线,具有较高的思想道德修养、人文素养和职业素养,良好的沟通表达能力、团队协作精神、工匠精神和创新精神,掌握会奖旅游产业的基本理论知识及经营管理理念,具有会奖旅游操作与服务基本技能和数字化运营思维,胜任会展公司、酒店、旅行社、研学基(营)地等会奖旅游企业一线服务与管理岗位工作,德智体美劳全面发展的高素质复合型技能人才。

　　③ 2012 年 11 月,教育部启动了中小学研学旅行工作研究项目,首批在上海、合肥、西安和杭州四个城市展开试点,随后推广试点至山东、江苏等其他省市地区。

（二）充分生利的特色课程体系

为实现上述人才培养目标,基于地方人才岗位需求和能力分析,结合学院办学优势、师资资源和实训条件等客观基础,专业设置了"6+8+5"的人才培养课程体系。

1.6门专业平台课程

专业一共开设了6门专业平台课程,包括"旅游概论""旅游职业素养""职业形象与礼仪""会议服务与管理""新媒体基础""茶文化与茶艺"。这些平台课程主要包括三类:一是专业群三个专业共通的专业基础课程"旅游概论";二是专业群三个专业共同的职业素养课程,包括"旅游职业素养""职业形象与礼仪";三是结合学院办学优势和特色的公共技能课程,包括"会议服务与管理""新媒体基础""茶文化与茶艺"。这些专业平台课程为研学旅行管理与服务专业人才培养奠定了必要的知识、能力和素质支撑,同时,也为学生在专业群内跨专业学习(辅修)提供了可能。

表6.8　研学旅行管理与服务专业平台课程设置表

序号	课程名称	主要教学内容	开设学期	参考学时
1	旅游概论	旅游行业基础知识	1	32
2	旅游职业素养	入学教育、服务心态、职业道德、职业认知	2	32
3	职业形象与礼仪	职业形象认知、自我设计、基本的旅游接待礼仪	1	32
4	会议服务与管理	会议组织、服务与管理的基本原理和方法	4	32
5	新媒体基础	新媒体认知、新媒体运用	1	32
6	茶文化与茶艺	茶文化知识、茶艺展示	3	32

2.8门专业核心课程

由表6.9可以看到,专业开设的核心课程覆盖了政策法规、课程设计、安全管理、基(营)地运营和导游计调等诸多方面,与生利导向的研学旅行管理与服务人才培养课程体系(图6.4)内涵要求相吻合。为提升核心证书(导游证)的获得率,学院在人才培养方案中加大了相关证书课程的学时比例。

表 6.9　研学旅行管理与服务专业核心课程设置表

序号	课程名称	主要教学内容	开设学期	参考学时
1	导游文化基础知识	1. 中国历史文化常识和中国旅游地理 2. 中国民族民俗和中国的四大宗教 3. 中国的古典园林和中国古代建筑 4. 中国饮食文化、中国风物特产和各地大型节庆活动 5. 地方旅游文化基础知识	1～2	112
2	导游实务	1. 导游实际带团过程中的方法和技巧 2. 导游带团的基本程序和规范 3. 导游词的创作与讲解 4. 带团过程中所遭遇问题的处理和解决办法	2	64
3	旅游政策与法规	1. 与旅游相关的国家政策与民法、合同法、消费者权益保护法等相关条款 2. 旅行社设立与合法经营 3. 导游人员合法执业 4. 旅游饭店星级划分与评定、治安与消防管理 5. 旅游安全事故等级及旅游事故处理 6. 旅游者入境出境管理 7. 文物、风景名胜区管理与保护	2	64
4	计调实务	1. 旅行社计调岗位的基本职责 2. 旅行社计调的采购业务 3. 旅行社计调业务的流程（国内接待、国内组团和出入境） 4. 旅行社计调业务的管理和信息化等	3	48
5	研学旅行指导师实务	1. 研学旅行认知 2. 研学对象心理分析 3. 研学旅行指导师职责 4. 研学旅行指导师工作流程	3	48

续表

序号	课程名称	主要教学内容	开设学期	参考学时
6	研学企业 运营管理	1. 研学企业的设立和组织管理 2. 研学企业市场营销和接待业务 3. 研学企业的客户管理和质量管理 4. 研学企业财务管理	4	48
7	研学旅行 安全管理	1. 研学旅行安全概述 2. 研学旅行安全预警 3. 研学旅行安全检查与落实 4. 研学旅行安全事件应急处理	4	32
8	研学旅行 课程设计	1. 研学旅行课程概述 2. 研学旅行课程资源整合 3. 研学旅行课程设计	4	48

3. 5 门专业实训课程

专业一共开设了 5 门实训课程(表 6.10),包括"研学综合实践""导游讲解实训""课程设计实训""学徒实习""顶岗实习"。这些实训项目和真实岗位、关键能力及主要证书密切结合,专业实践教学学时占总学时比例达到了64.64%,从人才培养的顶层设计上保证了陶行知所倡导的以"做"为核心、"教学做合一"的指导思想。

表 6.10 研学旅行管理与服务专业实训课程设置表

序号	课程名称	主要教学内容	开设学期	参考学时
1	研学综合 实践	1. 研学旅行市场分析 2. 研学相关岗位实践 3. 实践报告撰写	2、4	100
2	导游讲解 实训	1. 导游词创作 2. 导游讲解方法阐述 3. 导游讲解演练	3	50
3	课程设计 实训	1. 研学旅行资源整合 2. 研学旅行课程设计 3. 研学旅行课程展示	4	25

续表

序号	课程名称	主要教学内容	开设学期	参考学时
4	学徒实习	1. 旅游企业与岗位认知 2. 研学工作岗位实践 3. 旅行社工作岗位实践	5	350
5	顶岗实习	1. 旅游产品设计 2. 旅游产品营销 3. 旅游产品操作	6	250

此外,专业的人才培养方案中还规定了一系列的学分证书选项(表6.11),鼓励获取的技能证书包括普通话和英语证书,鼓励获取的职业资格证书主要包括全国英语导游人员资格证书、研学旅行策划与管理职业技能等级证书等证书。

表 6.11　鼓励获取的职业技能等级证书和高水平职业资格(技能)证书

类型	职业资格(技能)证书	折算学分
鼓励获取的 技能证书	普通话二级甲等以上水平证书	1 学分
	高等学校英语应用能力考试 A 级	0.5 学分
	全国大学英语四级证书	2 学分
	全国大学英语六级证书	4 学分
鼓励获取的 职业资格证书	全国英语导游人员资格证书	2 学分
	初级会计师	1 学分
	茶艺师(高级)	1 学分
	研学旅行策划与管理职业技能等级证书	1 学分
	人力资源管理师(中级)	1 学分

在整体课程设置中,分层分类课程数占总课程数比例达 17.65%,并不断探索小班化教学和"互联网＋教学"教学形式,以最大程度实现因材施教。在教材和教学辅助资源建设上,优先选用近五年内出版的教育部规划教材和近三年内出版的高职类优秀教材,建设专业核心课程教学资源,通过爱课程网开展 SPOC、MOOC 线上线下教学。在前述教材缺失的情况下,校企合作开发旅游类校本教材或引进旅游类教材。

（三）教学科研并进的师资团队

1. 经验提升

首先,为充分了解和把握行业发展政策、现状和未来工作重点,学院鼓励专业教师赴政府行业主管部门挂职锻炼,先后与杭州市文化广电旅游局、杭州市文化和旅游推广中心、杭州市文化和旅游发展中心（杭州市旅游经济实验室）、杭州市富阳区文化和广电旅游体育局等部门建立了常态化联系;其次,加强与行业企业的密切交流,与16家研学及旅游企业建立了包括顶岗实习、课程实训等形式在内的常态化合作（表6.12）,并与学校所在区的40多家研学旅行基（营）地建立了密切联系;最后,专业团队还为杭州野生动物世界、安吉中南百草原等研学单位提供了定制化的研学人才培训,为富春山居集团等景区和地方创作导游词,均取得了良好的成效。

表 6.12　研学旅行管理与服务专业校外实习基地

序号	名称	可接纳学生人数
1	杭州市职工国际旅行社实习实训基地	5
2	中国国旅（浙江）国际旅行社有限公司实习实训基地	5
3	杭州百缘旅行社实习实训基地	30
4	浙江新世界国际旅游股份有限公司实习实训基地	20
5	杭州远景旅行社实习实训基地	30
6	杭州皓石研学旅游服务有限公司实习实训基地	20
7	杭州国际博览中心实习实训基地	60
8	中国国旅（宁波）实习实训基地	8
9	杭州旅邦实习实训基地	50
10	杭州运通旅行社实习实训基地	4
11	杭州野生动物世界实习实训基地	40
12	宁波方特实习实训基地	30
13	乌镇景区实习实训基地	5
14	杭州西溪湿地景区实习实训基地	400
15	安吉中南百草原景区实习实训基地	90
16	龙门古镇景区实习实训基地	80

2. 学识提升

首先,学院近年来加大专业对口师资引进,先后从北京第二外国语学院、华侨大学等院校的旅游学院引进研学硕士师资,有力补充了团队的新生力量;其次,安排专业团队教师分批次赴浙江大学、浙江工业大学、浙江旅游职业学院访学进修,有力提升了专业教师的学识水平;再次,学院除了常态化安排教师参加国内重要学术和行业论坛外,还在寒假和暑假支持教师自主选择培训项目,通过学校全额报销培训费、学院承担全部差旅费的形式解决教师培训进修的后顾之忧;最后,学院还通过请进来的方式,邀请政府领导、行业专家开设了数十期会奖大讲堂,有力拓宽了教师的行业视野和专业能力。近五年,团队教师共获得省部级课题 3 项,厅局级及其他课题数十项,出版著作和发表各类学术论文数十篇(部),作为主要参与人参与地方研学旅行标准制定,为政府提供研学旅行政策咨询,协助承担地方研学旅行基(营)地认定工作,教师获得杭州工匠、杭州市五一劳动奖章、杭州市劳动模范等荣誉,并先后成立了杭州市技能名师工作室、浙江省首批文旅导师工作室,2 位教师顺利晋升教授职称,团队师资学识面貌有了较大提升。

3. 教法提升

专业重视学生在校理论学习与在岗实际工作的一致性和衔接性,有针对性地采取任务驱动、课堂与实习地点一体化、项目导向和工学交替等行动导向的教学模式。课程教学过程中采用讲解法、案例教学法、角色扮演、课堂演讲、实地调查、任务驱动法来实施教学,并灵活采用多媒体课件、分组讨论、实操测试、志愿服务等多样化手段进行辅助,激发学生的学习动机和成就动机,引导学生积极思考、乐于实践,形成职业能力。在实践训练过程中注重培养解决实际问题的能力和方法,主要强调"实践化、岗位化、操作化、方法化、个性化"的要求。近年来,学校及学院尤为注重教学方式方法的改革和创新,先后邀请了姜大源教授入校讲授基于工作过程系统化的课程设计,邀请徐国庆教授入校传授项目化课程教学精髓,同时,还大力推进基于学习产出的教育模式(Outcomes-based Education,缩写为 OBE)。此外,每周组织一次团队教研活动,并推动同门课程教师集体备课、共同修改完善课程标准和实施方法。学院鼓励教师以赛促教,通过校级、省级和国家级各项教学大赛锻炼和检验,切实提升教师教学水平。2022 年,研学旅行团队教师参加浙江省高职院校教学能力比赛获得特等奖,并在晋级后的全国职业院校技能大赛教学能力比赛中荣获二等奖。

（四）内外结合的教学实训保障

1. 校内教学实训设施

校内专业教室一般配备多媒体计算机、黑（白）板、音响设备和投影设备，并接入互联网或提供 Wi-Fi 环境。在实训条件上，学院建有曙光薇酒店数字化综合实训基地、会奖旅游综合实训基地、G20 峰会纪念馆、金牌导游工作室和会奖旅游研究所，获得了浙江省"十三五"高职教育示范性实训基地、杭州市属高校重点实训基地、杭州市政府"产学对接"实训基地等称号。研学旅行管理与服务专业共建设了 5 个专用实训室（表 6.13），有力支撑了相关理实课程的开展。

表 6.13　研学旅行管理与服务专业校内主要实训室

序号	实训室名称	主要开设实训项目	主要设备（设施）		工位数
			名称	台套数	
1	模拟导游实训室	旅游综合实训	三维虚拟仿真教学场景	1	50
			四位一体综合导游实训教学	1	
			可编程中控		
2	礼仪实训室	旅游综合实训	墙镜	3	50
			铸铁底座舞蹈把杆	3	
			化妆台	2	
3	旅游营销创新实训室	旅游综合实训	电脑	53	55
			市场营销模拟平台	1	
			网络营销技能实训软件	1	
4	旅游综合管理实训室	旅游综合实训	电脑	50	53
			酒店前台系统（中英文）	2	
			旅行社业务流程系统	1	
5	茶艺实训室	旅游综合实训	紫砂壶	5	50
			桌子	8	
			工夫茶具	4	

2. 校外教学实训支持

除了校内教学实训设施外，学院与杭州国际博览中心共建杭州国际博览

215

学院,与曙光集团等大型企业合作开展现代学徒制育人模式实践,与学校所在区数十家研学旅行单位建立了深度校企合作关系,并作为主要参与方参与组建了富阳区研学旅行产业联盟。① 这些校外合作企业,除了为研学旅行管理与服务专业的学生提供入企的实训实习机会外,还通过项目合作、设备共享、赛事共办等多种形式,为专业办学提供了包括设备、技术、资金和岗位等在内的重要支持。

此外,校外实训实习基地也给专业建设提供了宝贵的师资资源,在岗位带徒、入校讲座、人才培养方案修订、课程与校本教材开发等方面发挥出重要作用。专业对企业导师进行了资格规范,明确提出了四点要求:一是要坚持四项基本原则,遵守国家法律法规,热爱教育事业;二是要身心健康,品行端正,富有爱心、责任心,年龄不超过 50 岁;三是应具有中级及以上专业技术职称或相关行业执业资格或具有三年以上相关工作经验;四是工作经历与学校学科、专业发展方向有密切关系。在实践活动开展时,要求带教人员比例为 1:5,即每位企业师傅最多可带教 5 个实习生,实现手把手地因材施教。目前专业已经建成一支基本稳定、素质较高的校外兼职教师队伍,聘请了以国家旅游局示范导游员、大型研学旅行企业人力资源总监、客户服务部总经理等为代表的研学旅游企业一线高级管理技术人员担任实训兼职教师。

(五)特色彰显的人才培养模式

在原有旅行社经营管理专业办学经验基础上,专业构建了“三堂联动·四阶递进·五位一体”的特色人才培养模式。② 在“三堂联动”的课程体系中(图6.16),人才培养模式注重对第一课堂的有效创新,强调第二课堂的乐趣、激情与创造性,并在第三课堂上强调真理验证与动手实践。在“四阶递进”的实践体系中(图 6.17),由易到难、从内到外设置实践环节,助推识岗、跟岗、练岗到顶岗环节的层层递进,助力学生技能养成与提升。在“五位一体”的平台体系中(图 6.18),专业从师资、项目以及团队等多方面打造了研学旅行人才培养的良好支撑平台。上述三个体系自成系统并相互促进,共同建构了杭州科技职业技术学院研学旅行管理与服务专业的特色人才培养模式。

---

① 富阳区文化和广电旅游体育局. 富阳区研学旅行产业联盟成立[EB/OL]. (2022-11-10)[2022-12-15]. http://www.fuyang.gov.cn/art/2022/11/10/art_1385739_59300900.html.

② 感谢本专业主任朱永文老师所做模式提炼,本书对模式结构命名和部分内容略有修订。

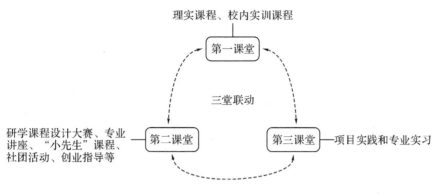

图 6.16　"三堂联动"的课程体系

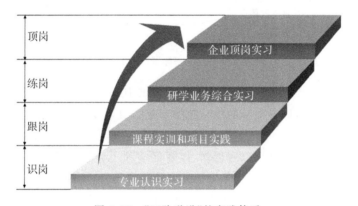

图 6.17　"四阶递进"的实践体系

（六）人才培养的生利特色改革

1. 以赛促教与以赛促学

陶行知曾言："千教万教教人求真,千学万学学做真人。""真学课堂"就是陶行知"教学做合一"的教育理念的具体实现。虽然说课堂内的案例学习、校园内的模拟实训等教学形式,可以让学生接触到一些真实情境,初步训练到一些实用技能,但其与真实工作情境的强度和压力是有一定偏差的。为更好地创造"真做事,做真事、事真做"的实践学习平台,学院鼓励教师以赛促教,支持学生以赛促学。赛事教学形式极大地提升了学习强度、时间限制、经费人力等

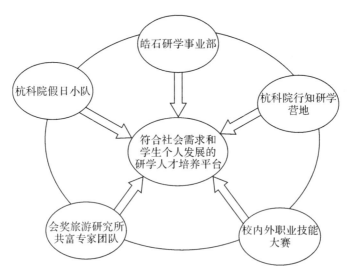

图 6.18 "五位一体"的平台体系

资源约束以及成果质量要求,并在对抗性测试中保证学生建立扎实的专业基础。[1] 对学生而言,以赛促学的项目化学习可以让其更有收获感、成就感和自豪感,从而更加坚定专业兴趣和获取自信,并增强个人的团队协作、竞争创新等综合素质。[2] 与此同时,以赛促教、以赛促学除了让学生学习从被动转变为主动,也能促使教师从旁观者转化为赛事共同参与者,实现了教学与实践的有机融合。[3] 赛事中指导教师需要发挥把舵作用,这无形中促进了其业务技能水平与执教能力提升,也推动了教师根据学生个性特点开展因材施教。[4]

对研学旅行管理与服务专业的学生而言,从入校伊始学院就为其创设了各类赛事平台(表 6.14),面向全体学生开放选拔,全员参与。近年来,专业学生在校外各级各类技能竞赛中屡创佳绩,累计获得省部级赛事一、二、三等奖

———————————

① 马艺心.中职学校高星级饭店运营与管理专业学生职业认同研究[D].南宁:南宁师范大学,2021.

② 高立杰,周国娜,敖特根白音,吴春会,刘树栋,陈宝江.基于 PBL 的协同小组分工教—学法在草地保护学实践教学中的应用[J].草业科学,2021,38(8):1663-1669.

③ 齐永智,姜奕帆.高校"以赛促教、以赛促学"实践教学模式探析——基于山西财经大学营销策划大赛的经验[J].山西财经大学学报,2020,42(S1):83-86+89.

④ 王威,张世星,张辉,郑皓文.学科竞赛引领下网络安全与执法专业教学改革与实践[J].教育理论与实践,2022,42(12):54-56.

项数十项。以 2022 年参加浙江省会展策划创意大赛为例[①],一举斩获一等奖 6 项、二等奖 7 项、三等奖 9 项的重磅成绩,还收获了富阳文旅赛道 2 金 2 银 4 铜,总成绩位列本专科院校第一名(表 6.15)。此外,专业学生还在浙江省高职高专导游服务技能大赛中荣获省级一、二、三等奖多项。借助各类赛事平台,专业人才培养有机融合了课程教学与项目实战,切实增强了师生职业技能和整体素质,全面提升了学生的创新力、协作力和抗压力,实现了以赛促教、以赛促学的预期目标。

表 6.14 研学旅行管理与服务专业学生在校期间可参与的技能竞赛

序号	技能竞赛名称	级别	举办单位	竞赛内容
1	旅游英语情景对话大赛	校级	旅游管理学院	
2	校园茶艺大赛	校级	旅游管理学院	茶艺
3	中华茶艺大赛	省一类	浙江省教育厅	茶艺
4	浙江省高职高专院校"挑战杯"创新创业竞赛	省一类	浙江省教育厅	创新创业
5	校园讲解大赛	校级	旅游管理学院	校园讲解
6	校园导游技能大赛	校级	旅游管理学院	导游讲解 导游才艺
7	浙江省高职高专导游服务技能大赛	省一类	浙江省教育厅	导游讲解、英语对话、才艺运用等
8	浙江省会展策划创意大赛	省一类	浙江省教育厅	研学课程设计、研学基(营)地讲解等

[①] 浙江省第十二届会展策划创意大赛由浙江省商务厅、浙江省农业农村厅、浙江省文化和旅游厅、浙江省人民政府外事办公室联合主办,本次比赛共有来自国内外的 170 所高校和企业、870 支队伍、4260 多名师生和行业精英参赛,共 5 个赛道。经过校赛、省赛初赛、省赛决赛三个阶段专家严格的双向匿名评审,大赛产生一等奖 87 项、二等奖 158 项、三等奖 191 项,富阳文旅专项赛道评出金奖 6 名、银奖 12 名、铜奖 18 名。该项赛事是目前国内历史久、规模大、权威性强的跨省级 A 类会展学科竞赛。

表 6.15　浙江省第十二届会展策划创意大赛获奖名单

赛项	作品名称	参赛者	指导老师	获奖等级
富阳研学旅行活动(课程)设计	宴饮驰志富春下,美食酿出疆浙情	苏雨欣,雷瑶,谢芸,蔡博文,胡凌婕	王美云,伍玉婷	一等奖
	"富"生态,"趣"研学——牛奶盒的人生之旅	应晶晶,陈亚婷,胡龚彬	吴侃侃,张小亚	二等奖
	衣彩飞扬,衣路有你	林嘉祥,张羽佳,林铿羽,俞丽,郑雅怡	杜萍,余云建	二等奖
	天地田园 亲近自然	白佳宁,陈盈,孙诺琪	王雁君,余云建	三等奖
	领略知青芳华 体验田园文化	陈孙楠,徐玉明,孙梦园,杨帆,杨胜运	余云建,徐立娣	三等奖
	育文韬武略少年,铸精忠报国忠魂——兵器疗养院军事研学系列课程设计	董泽通,郑兆康,颜伟斯,夏国昕,郭梦通	张小亚,施炯炯	三等奖
富阳文旅会展活动策划	跨越富春山水 寻找富氧的你——2023 首届富阳富春山居@你数字体育文化节策划案	雷嘉兴,何佳倩,陈梅,孙建杭,何振楠	吴侃侃,张聪慧	一等奖
	"妙趣富春·共富创享"2023 首届富阳全民夜游节	张梦李,倪列君,王欣欣,郑露,胡怡玲	苏永华,王美云	一等奖
	"古韵新生 六合幻彩"梦幻富春夜集	叶紫玲,葛晨,谢依莎,徐林雅,江辰浩	郑秀娟,郭好春	二等奖
	富阳未来生活节	王路遥,吴丽婷,谷慧慧,林雨昕,郑慧爽	黎菲,沈静	二等奖
	"四时有序,万物有时"富阳非遗市集	张玲玲,童璐萍,吴宇豪,范群晓,徐欣琦	宋茜茜,郑秀娟	三等奖

续表

赛项	作品名称	参赛者	指导老师	获奖等级
富阳文旅云展播	宏图共绘	祁露露,吴舒娴,留瑜忆,王稼仪,洪忆	郭好春,朱宝宏	一等奖
	手握一方诗意,撑起千年传承——富阳纸伞技艺	应子倩,江怡婷,向佳钰,朱佳宜,宣秋芳	谭梦娜,宋茜茜	一等奖
	吟富阳元书纸	余菁菁,李玲,夏红梅,郑海霞,沈奕源	黎菲,郭好春	一等奖
	千年传韵 纸伞雅藏	陆定雪,鲍玟玟,杨徐佳,周佳怡,叶倍君	郭好春,郑秀娟	二等奖
	《素纸传情亦传世——知竹元书》	唐鹏,王语琪,余永晶,刘翔,杨奕	李庆苏,伍玉婷	二等奖
	情寄纸伞 传承匠心	蔡海燕,史云帆,徐雯萍,黄嘉仪,陈思琪	宋茜茜,郭好春	三等奖
	云雾的故乡	石伟琴,曹新女,侯萌瑶,刘默涵,徐莹	杜萍,余云建	三等奖
中国丝绸博物馆展览讲解	宋韵之盒	罗家宽	王雁君,岳里	三等奖
	清逸宋雅	陈同庆	岳里,王雁君	三等奖
物与空间云展设计	不纸于此——富阳竹纸文化	陈宇新,沈佳宇,徐诗琦,吕京烨,陈钰洁	姜锋,赵志文	二等奖
	三斗两胜茶百戏——斗茶文化线上云展	彭善雨,孙舞,方旭,徐春梅,杨奕骏	姜锋,赵志文	三等奖

表 6.14　富阳文旅专项赛道获奖名单

赛项	作品名称	参赛者	指导老师	奖项
富阳文旅会展活动策划	"妙趣富春·共富创享" 2023 首届富阳全民夜游节	张梦李,倪列君,王欣欣,郑露,胡怡玲	苏永华,王美云	银奖
	跨越富春山水 寻找富氧的你——2023 首届富阳富春山居@你数字体育文化节策划案	雷嘉兴,何佳倩,陈梅,孙建杭,何振楠	吴侃侃,张聪慧	铜奖
富阳文旅云展播	宏图共绘	祁露露,吴舒娴,留瑜忆,王稼仪,洪忆	郭好春,朱宝宏	金奖
	手握一方诗意,撑起千年传承——富阳纸伞技艺	应子倩,江怡婷,向佳钰,朱佳宜,宣秋芳	谭梦娜,宋茜茜	银奖
	吟富阳元书纸	余菁菁,李玲,夏红梅,郑海霞,沈奕源	黎菲,郭好春	铜奖
	千年传韵 纸伞雅藏	陆定雪,鲍玫玫,杨徐佳,周佳怡,叶倍君	郭好春,郑秀娟	铜奖
富阳研学旅行活动(课程)设计	宴饮驰志富春下,美食酿出疆浙情	苏雨欣,雷瑶,谢芸,蔡博文,胡凌婕	王美云,伍玉婷	金奖
	"富"生态,"趣"研学——牛奶盒的人生之旅	应晶晶,陈亚婷,胡龚彬	吴侃侃,张小亚	铜奖

2. 专业社团与兴趣夜修

为了推行专业化、项目化、小组化实践学习,专业成立了多个兴趣社团供学生选择(表 6.16),并以这些专业社团为依托,组织每周的第二课堂活动。专业社团主要分为三类:第一类是竞赛类社团,主要负责校内竞赛举办和校外竞赛选拔,以社团为载体,实现跨班跨年级跨专业的队员组合以推动赛事的参与面,同时通过社团队员的以老带新,赛事作品和参赛经验的传帮带,不断提升赛事成绩;第二类是社会服务类专业社团,考虑到不少校外行业项目的小型化、零散化的需求,常规的整班参与并不现实,这类社团主要进行校内资源调配以更好地把握行业企业提供的特色化的实践锻炼机会;第三类是个人素养拓展类社团,涉及心理健康、职业规划以及表演才能等方面。上述专业社团不仅丰富了学生的课后校园生活,更为学生接触社会、接触行业、接触专业以及理论实践相结合创造了更多可能。

表 6.16　研学旅行管理与服务专业学生在校期间可参与的专业社团

序号	社团名称	目标
1	文旅智创社	各类比赛提升
2	博闻雅行社	旅游服务素养提升
3	数智会奖社	专业技能提升
4	青春健康同伴社	心理健康普及,职业生涯规划
5	晨晖剧社	实现表演梦想,培养艺术人才

为进一步创新人才培养,学院还创设了兴趣晚自修活动,以社团骨干力量为主体,发动全体学生参与,营造良好的体验式、互动式的第二课堂。兴趣晚自修是专业学风建设的重要项目之一,通过倡导以兴趣为导向的体验式晚自修,主要是为了引导学生自我发现、自我突破,增强学习的主动性和积极性。如今,兴趣晚自修已经进入 3.0 版,在实施上有三个主要创新:一是推行"课堂流转制",每学期学生可自主选报三个兴趣班,每月还允许自由轮转;二是采取"无手机兴趣班"模式,要求手机统一放置从而告别"低头族";三是探索"学长学姐督导制",组织高年级学长听课并对课程进行考核与评估。[①] 实际上,这种"小先生制"的提出和创设灵感便来自陶行知合作学习、分组学习的思想。[②] 在陶行知看来,"小先生"与传统意义上的"长者为师"并不相同,其是知者为师、能者为师,与年龄长幼无关,而是以知识和能力掌握的先后为核心标准,按陶行知本人的说法:"每个人,即使是只学习过几个月,只要学到一点,就应当把他学到的教给别人,甚至很小的孩子也可当'小先生'。"

───────────────
　　① 刘雯.旅游学院兴趣晚自修推出 3.0 版本[EB/OL].(2016-03-25)[2022-10-15].https://www.hzpt.edu.cn/News/24/71/c2092a74865/page.htm.
　　② 刘卫军.指向素养提升的语言实践活动设计[J].人民教育,2020(Z3):85-87.

3. 引企入校和产教融合

专业以金牌导游工作室为主要载体,引企入校,挂靠成立了杭州旅邦旅游有限公司高科路分部,通过全真市场主体带动研学旅行管理与服务学生开展专业服务,为所在院校、相关企业、所属社区等提供研学旅行服务。与模型实训不相同,经营性的校内实训基地提供了一种更能体现陶行知生利主义职业教育思想的产学结合模式。[①] 在专业教师带领下,学生自主经营,收益共享,大大提升了学习的积极性和主动性。面对真实市场竞争,也进一步提升了学生的市场意识、成本意识、风险意识和合作意识,有效提升了人才培养的质量和水平,实现了不出校门的零距离跟岗训练。

整合学校的场地、设备、师资等多元化资源[②],申报并立项了浙江省中小学劳动实践基地(职业体验基地)和区级研学旅行营地,组织开展了研学旅行活动、研学旅行培训、文化艺术交流、文化创意、乡村振兴等项目运营,以及创业园运营与服务、政府委托各类培训、直播电商服务、大型活动组织与策划等服务。研学基(营)地成立以来,已打造多个研学产品系列(表 6.17),面向公众开放,运营情况良好。[③]

表 6.17　杭州科技职业技术学院营地部分研学旅行产品

序号	主题	产品名称	时长	年段
1	职业规划系列	职业认知之旅	0.5 天	6 年级、初三、高三
2	建筑系列	小小建筑工程师	1 天	小学 4～6 年级
3	工程系列	未来汽车工程师	1 天	小学 4～6 年级
4	科技系列	未来已来	0.5 天	初中
5	人文系列	宋韵寻茶记	1 天	小学 4～6 年级
6	劳动系列	厨神小当家	1 天	小学 2～4 年级

为有效保障入校研学活动开展和学生实训,专业还配备了一系列的设施设备(表 6.18)。同时,依托设施设备、场地和校内外合作单位资源,开发了适

---

① 高政平,秦越华,王胜永,周保亚.农业类专业校内经营性实训基地运作机制的思考与实践[J].青海农林科技,2013(4):33-36+56.

② 本基地设有面向中小学生研学活动的专门区域,且主要面向中小学生开放,包括学校礼堂、国际会议中心、陶研馆、体育场等。

③ 新冠疫情期间按政策要求暂停开放。

宜中小学生的丰富多彩的研学旅行活动和研学课程（表 6.19、6.20），主要涉及自然科普、传统文化、茶文化等多种主题，活动多样，内容精彩，形式新颖，并在课程和活动结束后颁发证书。

表 6.18　主要研学设备清单

仪器名称	型号	规格 & 数量	单价(元)
婚庆设备	*	*	3500
短焦液晶投影仪	NEC	mc280xs＋	8500
电脑	HP	ProDesk 498G2 MT	4400
会议系统主机	Jusbe	JM-610M	1860
阳光 512 控台	BAIGUAN	BG-KK-512	3200
无线会议话筒	Jusbe	FL-9328	1100
无线话筒设备	Jusbe	FK-500	1400
调音台	Jusbe	JB-12	2500
同声传译设备	Jusbe	*	30000
均衡器	Jusbe	EQ-2231	2450
电源时序器	Jusbe	PR280	1800
送餐车	南方 C-78	*	2500
酒水车	南方 C-2	800mm * 420mm * 820mm	3500
无线投票表决系统	SunVote 议事通	SunVote	3550
交互式白板	鸿合	HD-I5558E	9500
活动屏风	*	*	4000
数码单反相机	佳能 EOS600D 套机	*	9600
投影仪	EPSON EB-D290	*	7800
会展议程展示白板	1500 * 900	*	4000
专业意式磨豆机	酷扩飞马 900N	含专用清洗片	3500
半自动咖啡机、净水设备	诺瓦 APPIAI2	含专用清洗片	29900
床（含头柜）	*	1.2m * 2.0m	2470
化妆台	*	1200mm * 400mm	1500

续表

仪器名称	型号	规格 & 数量	单价(元)
数码相机及镜头	*	佳能 600D	28000
服务器	*	浪潮 NF5280M4	15000
摄像机	*	索尼 PMW-X280	36000
3 面镜墙	上海银镜	103 平方米	15965
铸铁底座舞蹈把杆 4 米	定制	杠面是水曲柳,内有钢芯	5400
双面防滑瑜伽加长垫	定制	183cm * 61cm * 8mm 120 块	9600
接待台	定制	400cm * 80cm * 60cm	2800
工夫茶成套茶具	紫砂	内白紫砂竹制茶盘 44cm * 29cm 30 套	6090
公道六君子	茶道配件	30 组	1200
木质奉茶盘	*	长方形:44cm * 32cm 30 个	1170
工夫茶茶具套组	*	*	3000
茶道四件套	*	抹茶碗、日本立茶筅、白竹茶勺、茶勺托 30 组	2400
盖碗		青花瓷 100 个	4600
提梁壶	奇高 ChiKao	玻璃 20 个	2840
大屏广告机	长虹	43LS1000TH	6000
无线讲解设备	比西特	711R	18000
音箱套装	雅马哈	音箱套装	15000
环形美颜灯(含手机支架)	金贝	7 个	3080
EFII-150 双灯顶灯套装	金贝	3 套(每套 6 件)	11517
EFII-150 双灯球罩 ＋方罩套装	金贝	4 套(每套 6 件)	14740

续表

仪器名称	型号	规格 & 数量	单价(元)
监控套装	海康	海康 DS-7804N-R2/4P＋6T 硬盘 * 1 套＋海康 DS-2CD3T86FWDV2-I3S 摄像机 2 台	3380
LED 单灯	金贝	EF-150LED 4 个	8000
65cm 柔光球	金贝	65cm 柔光球 4 个	1600
气垫铝灯架	金贝	JB-3000FP 4 个	1000
两用旋转灯架	金贝	M-6 4 个	2700
扩光反光罩	金贝	70°扩光反光罩 6 个	1620
三基色灯光	欧普	三基色灯光 4 个	1400
摄像头	罗技	罗技 C920 PRO 高清美颜摄像头 7 个	4235
无线麦克风	蒙奇奇	蒙奇奇无线收音麦克风手机直播网课收音器 7 个	2240
沙发卡座(2~3 人)	*	1.6~2.0m	9000
圆桌	*	0.8~1m	1000
饮料展示柜	海尔 SC-240	*	3500
制冰机	*	*	3600
餐具消毒柜(毛巾柜)	康宝在图片 80H-1	*	2100
数码复印机	夏普 AR-1808S	*	3600

表 6.19　研学课程设置

序号	课程名称	岗位数量(指导师:助教:学生)
1	小小讲解员——杭州陶行知研究馆讲解体验	1:2:24
2	茶文化体验探寻之旅	1:2:24
3	手工咖啡制作——咖啡师职业体验	1:2:20
4	餐桌美化师——餐巾折花体验	1:2:24
5	小绅士小淑女礼仪课堂	1:2:24
6	整理小达人——星级酒店客房服务体验	1:4:24
7	数字测绘	1:4:30
8	桥梁设计与模型制作	1:4:30
9	墙体砌筑	1:4:30

表 6.20　研学课程方案示例

"小小讲解员——杭州陶行知研究馆讲解体验"研学课程方案示例

"小小讲解员——杭州陶行知研究馆讲解体验"课程方案

☑活动主题

小小讲解员——杭州陶行知研究馆讲解体验

☑课程目标

1. 知识目标:通过陶研馆的参观和相关资料的收集,认知陶行知的生平,陶行知与杭州、杭州科技职业技术学院的关系,以及学习陶行知、研究陶行知的情况;

2. 能力目标:通过陶研馆讲解的辅导、练习和讲解员的职业体验,培养学生的讲解能力和口头表达能力,培养良好的听说习惯,同时养成"文明旅游"的良好风尚;

3. 素质目标:通过杭州陶行知研究馆讲解体验活动,学习陶行知为理想而奋斗,一心扑在事业上的敬业精神;人民至上,全心全意为人民的奉献精神;生生不息,勇于开拓的创造精神;"追求真理、学做真人"的求真精神。

☑重点、难点、安全隐患点

1. 重点:陶行知生平的认知;陶行知精神的理解;陶研馆讲解提纲的撰写和讲解练习;

2. 难点:展馆讲解的正确站姿、手势、音调和语速等基本素养的理解和把握;

3. 安全隐患点:展馆内进行实地讲解练习时,由于室内空间较为狭窄,预防碰撞和摔倒。

☑课程基本情况

1. 适宜季节:全年

2. 活动时长:3 小时

3. 授课对象:小学

4. 扩展对象:初中七～八年级

5. 授课师生比:1∶2∶24(研学指导老师1∶助教老师2∶学生24)

6. 授课地点:杭州陶行知研究馆

7. 教具自检清单:小蜜蜂扩音器、笔、纸(用于讲解提纲的撰写)、实践任务手册等。

☑ 活动流程提要(关键点、流程)

1. 情景导入。第一步:在杭州陶行知研馆前的半身雕像前,研学指导老师讲解"陶行知四颗糖的故事";第二步:研学指导老师简单讲解毛泽东同志对陶行知的评价,引起学生实践探究的兴趣——毛泽东同志称陶行知是"伟大的人民教育家",这是一个非同寻常的评价。在中国近代的专家学者中间,毛泽东同志尊称"伟大"的只有两位,一位是被称作"民族魂"的鲁迅,另一位也是被称作"民主魂"的陶行知。接下来,让我们走进陶行知研究馆,当一次"小小讲解员",向同学们介绍陶行知的生平和思想。

2. 确认主题。走进杭州陶行知研究馆深入了解陶行知、学习陶行知,小组收集陶行知经典名言和陶行知研究馆的分段讲解体验(要求不少于5分钟)。

3. 制定方案。第一步:在校园讲解队的带领下,认真参观杭州陶行知研究馆,仔细聆听校园讲解队的两位队员详细讲解,初步了解讲解员的基本素养;第二步:通过陶研馆的参观,对展板资料的进一步阅读,收集陶行知的经典名言;第三步:通过陶研馆的参观和相关资料的收集,初步形成陶研馆讲解提纲。

4. 体验探究。通过陶研馆的参观和相关资料的收集,认知陶行知的生平和精神;根据讲解任务安排,小组讨论形成陶行知研究馆讲解提纲;小组为单位,进行陶研馆模拟讲解练习。其间,研学指导老师和助教老师进行分组指导,辅导讲解提纲的撰写,提醒、示范展馆讲解员的基本素养。

5. 展示交流。分小组,派代表汇报收集的陶行知经典名言、进行陶研馆的讲解展示(不少于5分钟)。

6. 反思评价。

评价项目	合格	较好	优秀
陶行知经典名言的收集	1～2个	3～4个	5个及以上
陶行知研究馆分段讲解的展示	讲解基本完整	讲解完整 语速语调基本合理 站姿手势基本正确	讲解完整 语速语调合理 站姿手势正确
团队合作	分工明确	分工明确 责任到人	分工明确 责任到人 全员参与

续表

---

    7. 拓展延伸。(1)回到家之后,向父母亲、兄弟姐妹们介绍陶行知;(2)收集有关陶行知的小故事,尝试着讲给同学们听;(3)做一次小小讲解员,把美丽的校园或家乡介绍给他人,培养爱校、爱家乡的情感。

    ☑"小小讲解员——杭州陶行知研究馆讲解体验"课程清单

    1. 劳动实践岗位数量:24 人

    2. 工具、器材清单:小蜜蜂扩音器 8 个

    3. 专业教师、技师花名册清单

    4. 开放时间:星期一至星期五

通过创新的产教融合形式,创设生产性教学实训条件,引入全真实训教学项目,研学旅行管理与服务专业的学生能不出校门便完整体验研学旅行从创意策划、设计开发到现场执行、成效评估的全过程,大大提升了人才培养的质量与可控性。生产性教学实训以扎实提升研学学生综合职业能力为主要落脚点,为学生平稳过渡到工作岗位奠定了坚实基础,亦加强了院校与相关企业的合作与交流,从而更为直接和有效地促进了校企深入合作,也更有效地服务了地方人才培养和经济发展。[1][2]

4. 匠心锤炼与服务地方

专业技能初体验,岗位本领早感受。专业组织开展"未来工匠说"系列讲座、优秀学生事迹展播、"专业技能初体验"——学生社团专业技能展演、专业技能比拼等主题活动,讲好青年学子技能成才故事,激发青年学子传承发扬工匠精神。专业还常态化组织"知行千日"始业教育,通过党史教育、校本教育、专业认知、安全教育、学涯规划等多项内容提升学生的职业了解和兴趣。秉持"周致雅正,务实善学"的研学育人理念,专业在人才培养中大力培育工匠精神,通过教育教学模式改进激发高技能人才的内生动力,激励更多学生在技术技能岗位上切实感悟到"劳动光荣、技能宝贵、创造伟大",不断增强职业的认同感与荣誉感。[3]

为服务地方研学产业发展以及乡村振兴和共同富裕事业,专业加强与所

---

①   郎永兵,张洋扬.技工院校校内生产性实训基地建设探究[J].职业,2022(17):85-87.

②   陈玉峰,池卫东,何林元.共建共享型生产性实训基地建设的探索与实践[J].中国职业技术教育,2018(20):12-16.

③   胡彩霞,檀祝平.高技能人才培养:政策导向、现实困境与教育调适[J].职教论坛,2022,38(11):14-22.

在区乡镇(街道)合作,依托"文化管家"项目,将课程教学、人才培养与富阳的乡村振兴和文化礼堂建设对接,以"校地共建"为抓手,动员师生把美丽乡村建设作为专业学习的现实课题,融通专业课堂和社会课堂,共建生活教育"大课堂",共同培养大学生服务乡村振兴的意识和能力,在乡村共富、人才共育上实现同频共振。通过"文化管家加产业"建设模式,实现了"政府＋学校""产业＋教学"融合发展的双向赋能新路径。

专业还组建了"乡村共富专家团队",通过导游词编写、景区服务提升培训指导和服务能力考核评比等项目工作助力富阳旅游业发展。专业设立以来,共为黄公望隐居地、阳陂湖、鹳山、龙门古镇、富春江水上游、富春江湾省5A级景区城和国家4A级景区、东梓关七个景区编写中英文导游词。景区服务提升培训指导和服务能力考核评比项目主要针对富春山居集团下属旅游景区、景点导游(讲解员)及服务人员,项目在完成"亚洲客源国礼仪习俗""国际礼仪""旅游英语入门""旅游职业素养""直播短视频"五个模块培训后,还设置了考核评比环节进行成效验收。此外,专业还积极主动对接政府主管部门需求,团队教师参与并执笔了地方研学旅行相关标准的制定,并承担了地方研学旅行基(营)地的年度认定组织工作,还通过专项科研行动,积极为政府行业管理献计献策。通过为地方研学旅游产业发展和服务水平提升提供智力支持,既锻炼了研学专业教师的社会服务能力,又实现了实践反哺教学的功能,更进一步促进了学院专业建设与地方经济社会发展需要的密切贴合。

附录 1:高职研学专业学生知识要求及关联课程

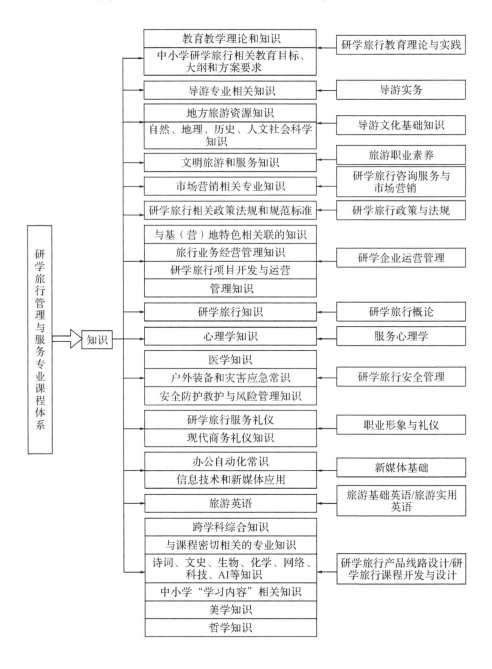

附录 2:高职研学专业学生能力要求及关联课程

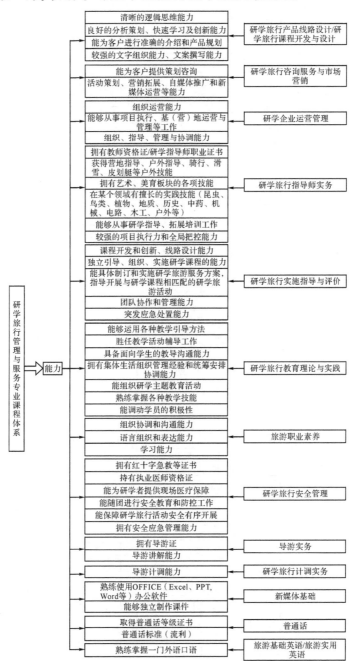

附录 3:高职研学专业学生素质要求及关联课程

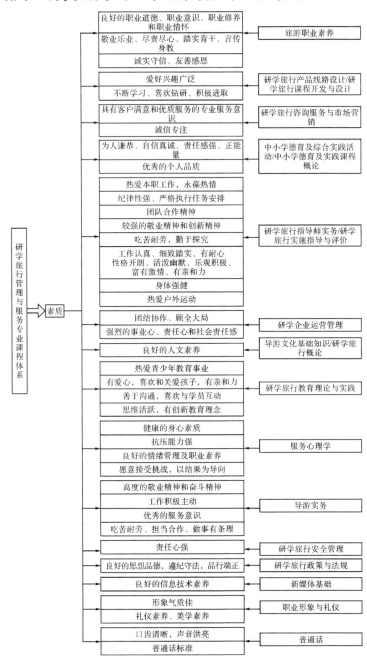

参考文献

中文期刊

[1] 白长虹,王红玉.旅游式学习:理论回顾与研究议程[J].南开管理评论,2018,21(2):192-198+209.

[2] 白长虹,王红玉.以优势行动价值看待研学旅游[J].南开学报(哲学社会科学版),2017(1):151-159.

[3] 曹华盛,周春燕.论中小学生研学旅行课程体系构建[J].教育理论与实践,2020,40(8):35-38.

[4] 陈安慧.研学旅行管理与服务专业人才培养体系的构建[J].湖北成人教育学院学报,2020,26(2):22-27.

[5] 陈东军,谢红彬.我国研学旅游发展与研究进展[J].世界地理研究,2020,29(3):598-607.

[6] 陈东军,杨定,谢红彬.研学旅游服务能力评价体系构建与实证研究[J].世界地理研究,2022,31(2):428-439.

[7] 陈东军,钟林生.我国研学旅游历史发展与思想演变[J].地理教学,2020(23):54-55.

[8] 陈明珠,秦怡,李喜梅.经济林与研学旅行产业融合开发模式探讨[J].林业资源管理,2021(2):17-22.

[9] 陈茜.高等数学教学现状及改革探析[J].新西部(理论版),2016(6):159-160.

[10] 陈晓琴,齐勇军,彭亚南.常州市中小学生研学旅行的发展路径研究[J].经济研究导刊,2020(33):130-132.

[11] 陈瑶.高职教育研学旅行人才培养模式构建[J].科技视界,2019(36):213-215.

[12] 陈莹盈,林德荣.研学旅行学习机制的整合性解释框架[J].旅游学刊,2020,35(9):11-13.

[13] 陈玉峰,池卫东,何林元.共建共享型生产性实训基地建设的探索与实践[J].中国职业技术教育,2018(20):12-16.

[14] 陈悦,陈超美,刘则渊,胡志刚,王贤文.CiteSpace知识图谱的方法论功能[J].科学学研究,2015,33(2):242-253.

[15] 陈再鲜.广西中职学校研学旅行课程体系构建初探[J].广西职业技术学院学报,2020,13(2):118-123.

[16] 陈正华,马倩.京津冀协同发展中河北省高职教育的机遇与挑战[J].教育学术月刊,2021(2):41-47.

[17] 陈智行.陶行知职业教育思想的特色及其对当代的启示[J].职业技术教育,2012,33(4):76-80.

[18] 谌春玲.研学旅游市场的挑战与发展问题研究[J].经济问题,2020(6):88-93.

[19] 戴琼瑶,刘家强,唐代盛.中国人力资本红利及空间效应研究[J].人口研究,2021,45(5):33-48.

[20] 邓纯考,李子涵,孙芙蓉.衔接学校课程的研学旅行课程开发策略[J].教育科学研究,2020(12):58-64.

[21] 邓琼芬,梁锦梅.研学旅行背景下旅游管理专业特色人才培养模式——以嘉应学院为例[J].嘉应学院学报,2020,38(2):79-83.

[22] 丁水娟.以"生利主义"思想促进高职教育的实践探究[J].牡丹江大学学报,2012,21(11):162-164.

[23] 丁晓娜.优质旅游新时代背景下旅游人才培养模式研究[J].旅游纵览(下半月),2020(10):167-168+171.

[24] 丁运超.研学旅行:一门新的综合实践活动课程[J].中国德育,2014(9):12-14.

[25] 董宝良.试论陶行知"教学做合一"同杜威"做中学"的本质区别[J].教育研究与实验,1984(1):87-96.

[26] 董志良,白季晨,安天沛,安海岗.新文科背景下珠宝电商人才需求特征——基于复杂网络方法[J].河北地质大学学报,2022,45(6):127-136.

[27] 杜治华."体育＋"视域下我国体育研学旅行的运作机制探讨[J].广州体育学院学报,2019,39(4):53-56.

[28] 付海南,毛丽娅."双一流"建设下高校人才培养的定位、缺位和进位

[J].黑龙江高教研究,2018,36(10):11-14.

[29] 付宏武.浅谈中小学研学旅行指导师队伍的专业化素质[J].教育艺术,2022(10):10-11.

[30] 高立杰,周国娜,敖特根白音,吴春会,刘树栋,陈宝江.基于PBL的协同小组分工教—学法在草地保护学实践教学中的应用[J].草业科学,2021,38(8):1663-1669.

[31] 高艳.研学导师胜任力模型研究[J].江苏教育研究,2022(32):8-12.

[32] 高长青.本土文化的认同教育:校本课程实施的重要任务[J].教育理论与实践,2022,42(2):48-50.

[33] 高政平,秦越华,王胜永,周保亚.农业类专业校内经营性实训基地运作机制的思考与实践[J].青海农林科技,2013(4):33-36+56.

[34] 桂茜.名人故(旧)居细分视域下地方故居旅游发展研究[J].旅游纵览,2022(21):83-86.

[35] 郭锋涛,段玉山,周维国,袁书琪.研学旅行课程标准(二)——课程结构、课程内容[J].地理教学,2019(6):4-7.

[36] 郭弘卿,郑育书,林美凤.会计师事务所人力资本与薪资对其经营绩效之影响[J].会计研究,2011(9):80-88+97.

[37] 郭瑞."1+X"证书制度下高职研学旅行复合型人才培养路径研究[J].宁波职业技术学院学报,2022,26(6):24-28.

[38] 郭瑞.基于"1+X"证书制度的高职研学旅行教学改革实践研究[J].南通职业大学学报,2022,36(2):40-44.

[39] 郭珊珊,严小燕,邬艳艳.基于研学旅行的高职旅游教育人才培养策略[J].山西财经大学学报,2020,42(S2):91-94.

[40] 韩雨舟."1+X"证书制度下高职旅游英语专业课证融合教学实践研究——以"研学旅行"课程为例[J].黑龙江生态工程职业学院学报,2023,36(1):153-156.

[41] 何桢,邓青.从盲点到契合点:"1+X"证书双主体初始合作试点的微观探析[J].天津中德应用技术大学学报,2022(5):39-46.

[42] 何龙,杨建国,张蕴启,张轩.试论高素质技术技能人才必备的基本内涵——以现代制造业为例[J].成都航空职业技术学院学报,2016,32(2):1-3+23.

[43] 核心素养研究课题组.中国学生发展核心素养[J].中国教育学刊，2016(10):1-3.

[44] 贺小群.浅谈高职院校旅游管理专业导游资格证考试通过率提高的对策——以黑龙江农业工程职业学院为例[J].经济研究导刊，2015(15):205-206.

[45] 胡彩霞,檀祝平.高技能人才培养：政策导向、现实困境与教育调适[J].职教论坛，2022,38(11):14-22.

[46] 胡迪雅,李玲岩,李雅悠.民族地区校本课程开发对教师实践共同体的建构作用：基于丽江三所学校的个案研究[J].民族教育研究，2022,33(2):60-69.

[47] 胡九义.高职会计专业课程体系改革与实践——基于财务共享服务职业技能等级证书[J].商业会计，2022(2):123-126.

[48] 胡蓉,莫少雯.中国研学旅行研究热点与走向[J].西南师范大学学报(自然科学版),2021,46(5):81-87.

[49] 胡万山.应用型大学课程设计的应然追求、实然困境与必然选择[J].职业教育研究，2022(12):10-16.

[50] 胡忠义,李雅,吴江,张毅铖,赵杨.基于招聘信息的商务智能人才需求分析与启示[J].信息资源管理学报，2019,9(3):111-118+129.

[51] 黄俊毅.研学旅行、旅游体验与非遗保护——基于永春非遗研学旅行的实证研究[J].西部学刊，2022(10):133-138.

[52] 黄玉霞,姚彤佳,胡洁.基于生利主义教育思想的本科职业教育研究与实践——以湖南工业职业技术学院为例[J].现代职业教育，2021(35):131-133.

[53] 黄玉莹.研学旅行行业发展困境及优化策略[J].当代旅游，2022,20(6):62-64.

[54] 黄忠敬,吴洁,唐立宁.中国离2030年可持续发展教育目标还有多远——基于义务教育课程标准的分析[J].教育研究，2019,40(2):140-148.

[55] 姜丽芳.陶行知如何引领我国早期职业教育发展[J].兰台世界，2014(10):47-48.

[56] 金萍女,戎成.乡村振兴背景下职业教育助力乡村产业发展：机制构建与推进路径[J].教育与职业，2022(22):18-25.

[57] 郎永兵,张洋扬.技工院校校内生产性实训基地建设探究[J].职业,2022(17):85-87.

[58] 李建豪,林绮洁,李杰华,马坚辉,廖志勇.数据挖掘在大学生就业领域中的应用[J].福建电脑,2022,38(6):27-30.

[59] 李丽,高思佳,杨艳丽.社会服务视角下地方院校与中小学共建"五色教育"育人模式研究——以绥化学院为例[J].黑龙江教师发展学院学报,2021,40(1):80-83.

[60] 李鹏.职业教育产教融合制度化:新尺度、新挑战与新方向[J].南京师大学报(社会科学版),2022(6):24-33.

[61] 李倩.国内研学旅行课程研究:回顾、反思与展望[J].西北成人教育学院学报,2019(1):79-84.

[62] 李寿冰.高职院校开展1+X证书制度试点工作的思考[J].中国职业技术教育,2019(10):25-28.

[63] 李田田.政策文本分析视角下研学旅行政策的演进历程[J].教学与管理,2023(6):27-31.

[64] 李先锋.基于素质教育的研学旅行课程建设探究——以南昌市开展研学旅行为例[J].豫章师范学院学报,2022,37(5):120-123.

[65] 李晓天.当"流动"成为"常态":互联网行业青年劳动者的职业选择[J].中国青年研究,2022(6):5-13+19.

[66] 李欣桐,荣慧娟.基于决策树和随机森林模型对律师收入的预测[J].营销界,2022(6):143-145.

[67] 李艳,陈虹宇,陈新亚.核心素养融入的中国研学旅行课程标准探讨[J].教学研究,2020,43(3):76-85.

[68] 林雅琴.百家齐游:春秋战国时期的游学考察[J].福建教育学院学报,2019,20(7):85-88.

[69] 刘彬,刘红,龙艳玲.井冈山革命老区"研学旅行人才"培养路径探究[J].教育教学论坛,2020(44):365-366.

[70] 刘芳,吴欢伟.个人人力资本、社会资本对职业成功的作用研究[J].中国科技论坛,2010(10):128-133.

[71] 刘加凤."1+X"证书制度创新专业人才培养模式的实践研究——以研学旅行管理与服务专业为例[J].宁波职业技术学院学报,2022,26(4):12-17.

[72] 刘加凤."1＋X"证书制度下研学旅行专业人才培养研究[J].湖州职业技术学院学报,2022,20(3):12-16.

[73] 刘佳玲."双智"驱动下高职院校研学旅行管理与服务专业人才培养模式研究[J].重庆电子工程职业学院学报,2021,30(5):10-13.

[74] 刘井莲,王大玲,赵卫绩,冯时,张一飞.一种面向度中心性及重叠网络社区的发现算法[J].计算机科学,2016,43(3):33-37＋71.

[75] 刘俊,陈琛.后疫情时代研学旅行行业可持续性生态系统的构建[J].旅游学刊,2020,35(9):7-10.

[76] 刘俊,周碧蕾."旅游＋教育"的核心意涵和实践路径[J].旅游学刊,2022,37(11):1-3.

[77] 刘俊,周彤昕.利益相关者视角下研学旅行行业发展的内在张力[J].旅游科学,2020,34(4):56-69.

[78] 刘璐,曾素林.中小学研学旅行研究进展与反思[J].教育探索,2018(1):8-12.

[79] 刘庆根.产教融合背景下陶行知生活教育思想价值探析[J].苏州市职业大学学报,2019,30(4):68-72＋84.

[80] 刘双飞,胡晓霞.访问工程师项目对高职院校教师发展影响的研究[J].高等职业教育(天津职业大学学报),2019,28(5):30-34.

[81] 刘松敏."粤港澳大湾区"背景下发展蓝色海洋研学旅行的思考——以广东省阳江市为例[J].珠江水运,2021(15):7-13.

[82] 刘卫军.指向素养提升的语言实践活动设计[J].人民教育,2020(Z3):85-87.

[83] 刘溪辰.以导游资格证考试为核心的高职旅游专业课程改革探讨[J].辽宁师专学报(社会科学版),2016(3):87-89.

[84] 刘翔武.关于构建研学旅行教育协同育人共同体的思考[J].教育理论与实践,2020,40(26):20-22.

[85] 刘尧飞.高校初就业毕业生生存状况调查分析[J].高等农业教育,2014(9):104-107.

[86] 柳德荣.我国公办财经类本科院校办学定位研究——基于54所院校关于办学定位的表述[J].当代教育论坛,2022(2):23-32.

[87] 龙海军.民族地区高校经管类专业课程思政的理论溯源与实践路径——以吉首大学为例[J].对外经贸,2022(11):108-111.

[88] 龙海丽,张士伦,张玮.高校研学基地建设路径初探——以北部湾大学为例[J].公关世界,2022(19):64-65.

[89] 卢兰凤.粤港澳大湾区青少年研学旅行与文化认同共生机制的建构路径解析[J].广东开放大学学报,2021,30(4):28-32.

[90] 吕达奇,周力.多维视角下中国劳动力就业质量研究[J].人口与经济,2022(6):130-144.

[91] 马桂霞.陶行知职业教育思想与高职院校课程设置的哲学思考[J].教育与职业,2010(35):130-132.

[92] 莫明星,黄飘.南宁市中小学研学旅行发展对策研究[J].教育观察,2022,11(5):5-9.

[93] 莫明星.研学旅行管理与服务专业综合实践育人体系构建[J].教育观察,2022,11(14):5-9.

[94] 南晓芳.肇庆打造全域研学旅行目的地的实施路径和行动策略[J].特区经济,2021(12):123-128.

[95] 聂艳丽.成长型企业薪酬体系设计路径研究[J].企业改革与管理,2018(14):52-53.

[96] 牛金成.陶行知生利之职业教育思想探微[J].继续教育研究,2011,(11):1-3.

[97] 欧梦吉,刘永贵.基于企业招聘信息的教育技术学专业人才需求分析与启示[J].中国教育信息化,2020,463(4):77-82.

[98] 欧越男,张婷婷.研学旅行背景下景区讲解员转型研学导师能力知识探讨[J].中国市场,2022(34):102-105.

[99] 潘海生,杨慧.党的十八大以来高职教育创新发展的逻辑旨归、行动路径与现实思考[J].教育与职业,2022(20):5-12.

[100] 潘锡泉,郭福春."双高"建设背景下高职院校科研创新能力不足的原因分析及提升策略[J].教育与职业,2022(18):51-56.

[101] 裴超.打造新思路 研学旅行为会奖业发展带来新作用[J].中国会展(中国会议),2019(24):52-55.

[102] 裴乐琪.我国金融科技类岗位市场情况研究及人才培养启示——基于招聘网站的数据[J].北京城市学院学报,2022(6):93-98.

[103] 齐永智,姜奕帆.高校"以赛促教、以赛促学"实践教学模式探析——基于山西财经大学营销策划大赛的经验[J].山西财经大学

学报,2020,42(S1):83-86+89.

[104] 钱明辉,徐志轩,王玉玺.基于网络招聘信息文本挖掘的企业竞争力识别研究[J].管理评论,2022,34(7):150-156.

[105] 曲小毅.研学旅行课程化的路径探讨[J].教学与管理,2020(6):44-46.

[106] 冉云芳.企业参与职业教育校企合作的影响机理研究——基于计划行为理论的解释框架[J].教育发展研究,2021,41(7):44-52.

[107] 任唤麟,马小桐.培根旅游观及其对研学旅游的启示[J].旅游学刊,2018,33(9):145-150.

[108] 邵新娟,杨更生,李秀花,曹相东.校企合作下研学旅行管理与服务专业培养模式研究[J].教育教学论坛,2021(34):26-29.

[109] 申桂娟.研学旅行管理与服务专业人才培养模式的构建[J].开封大学学报,2020,34(2):60-62.

[110] 申国昌,夏豪杰.陶行知与黄炎培职业教育思想比较[J].职业技术教育,2021,42(34):6-11.

[111] 申国昌,郑腾.陶行知的职业教育思想及其当代价值[J].职业技术教育,2022,43(27):67-75.

[112] 申希平,祁海萍,刘小宁,任晓卫,李娟生.两因素非参数方差分析在SPSS中的实现[J].中国卫生统计,2013,30(6):913-914.

[113] 沈和江,高海生,李志勇.研学旅行:本质属性、构成要素与效果考评[J].旅游学刊,2020,35(9):10-11.

[114] 时宇娇.论陶行知职业教育思想[J].教育探索,2016(11):1-5.

[115] 史春云,李玉章,周婷,沈士琨.文旅融合视角下研学旅行基地系统研究——以徐州市为例[J].中国名城,2022,36(3):39-45.

[116] 史小露,濮阳书红,王辰杰,李珊英.高职院校旅游管理专业学生导游资格证考试通过率提升对策研究[J].才智,2019(23):13.

[117] 史玉丁,姚平,姚永昌.基于供需分析的我国研学旅行从业人才素养提升路径探索[J].教育理论与实践,2021,41(23):28-31.

[118] 寿伟义.乡村振兴战略背景下农村职业教育的有效供给研究[J].教育与职业,2022(5):98-102.

[119] 舒波,靳晓双,程培娴.省域旅游产业高质量发展水平评价指标体系构建与实证[J].统计与决策,2022,38(24):22-27.

[120] 宋靓雯,刘璐.核心素养背景下体育研学旅行的价值意蕴与实践路径研究[J].福建体育科技,2020,39(6):18-20+30.

[121] 宋世云,刘晓宇.小、初、高不同学段研学旅行课程设计方法——以北京市海淀区研学旅行课程建设为例[J].基础教育课程,2020(17):12-18.

[122] 苏晓敏.从学生到社会:校本课程建设的衔接功能发挥[J].教育理论与实践,2020,40(29):36-39.

[123] 苏颖仪,陈伟.乡村振兴背景下农产品包装创新设计策略[J].乡村科技,2020,11(23):50-51+54.

[124] 孙光田.高职院校研学旅行管理与服务复合型人才培养模式研究[J].西部旅游,2022(9):106-108.

[125] 孙九霞."游育":研学旅游新论[J].旅游学刊,2022,37(11):5-7.

[126] 孙艺文.在经济新常态下大学生如何树立正确的就业观[J].中小企业管理与科技(上旬刊),2015(12):230.

[127] 谭健萍,曾惠华,殷志颖.基于网络招聘信息的研学旅行人才需求现状分析[J].现代商贸工业,2023,44(1):127-131.

[128] 田红娜,范呈丰,李永华.高校人力资源管理专业学生职业能力培养研究——基于企业对人力资源管理专业毕业生的职业能力调查研究[J].黑龙江教育(理论与实践),2017(6):30-31.

[129] 屠明将.关系性建构:教师实践性知识的生成机制与优化策略[J].教育理论与实践,2023(7):34-40.

[130] 王芳,翟文.甘肃研学旅游产品深度开发的策略探析[J].西部旅游,2022(17):103-105.

[131] 王浩宇.师范院校研学旅行师资培养:应为与有为[J].教育观察,2022,11(5):10-12+20.

[132] 王红,桑琳洁,张萌.研学旅行导师专业化发展机制:来自美国微认证的启示[J].全球教育展望,2021,50(4):106-118.

[133] 王佳.基于研学旅行的高职会展专业职业技能培养及模式初探[J].绿色科技,2021,23(3):238-239.

[134] 王清,顾庆龙,尤正梅.陶行知校企合作观对高职青年教师专业实践能力提升的启示[J].扬州教育学院学报,2020,38(4):69-72.

[135] 王瑞荣.演化博弈下校企合作稳定性分析[J].实验室研究与探索,

2017,36(6):274-277.

[136] 王嵩涛.研学旅行指导师的基本素质和能力要求[J].教育艺术,2022(10):7-9.

[137] 王土荣.看图讲故事也可精彩高效[J].语文建设,2017(10):64.

[138] 王威,张世星,张辉,郑皓文.学科竞赛引领下网络安全与执法专业教学改革与实践[J].教育理论与实践,2022,42(12):54-56.

[139] 王晓温,陈向军,韦耀阳.农村中小学研学旅行经费筹措的现实困境及其策略[J].基础教育研究,2022(17):17-20.

[140] 王晓燕.充分发挥研学旅行在立德树人中的重要作用[J].人民教育,2017(23):13-15.

[141] 王晓燕.尽快补齐实践育人短板 彰显实践教育独特价值[J].中小学管理,2018(10):13-15.

[142] 王晓燕.研学旅行亟须专业化引领发展[J].人民教育,2019(24):13-16.

[143] 王学.陶行知的求真精神[J].生活教育,2022(5):22-26.

[144] 王轶,王香媚,冯科."互联网＋"对返乡创业企业经营业绩的影响——基于全国返乡创业企业的调查数据[J].中国科技论坛,2021(7):137-147.

[145] 王瑜,王华.基于地区性因素分解的台湾地区人力资本回报率研究[J].台湾研究集刊,2018(5):46-57.

[146] 王雨露.研学旅行课程的内容性质、框架与组织策略[J].教育探索,2019(2):56-59.

[147] 王远东.陶行知职教师资观及启迪[J].产业与科技论坛,2016,15(18):79-80.

[148] 温乐平,吴建红.水利风景区水科普建设路径探讨——以丰城市玉龙河水利风景区为例[J].南昌工程学院学报,2020,39(2):60-66.

[149] 温士贤,廖健豪.研学旅行中的生态文明与动物伦理教育[J].旅游学刊,2022,37(11):11-13.

[150] 温宇.制造强国背景下校企合作优选理论及方法研究[J].机械职业教育,2022(4):38-41.

[151] 文智强,唐雷,张华,袁爱清.研学旅行的实践框架与实施范式——基于施瓦布实践课程思想的讨论[J].地理教学,2020(21):58-64.

[152] 吴海勇."双高计划"下高职院校高水平专业群建设的思路[J].上海教育评估研究,2021,10(4):46-51.

[153] 吴巧凌,汤宁滔,李咪咪.香港青少年国家认同与研学旅行(3)[J].旅游学刊,2022,37(11):9-11.

[154] 吴儒练,李洪义,田逢军.中国国家级研学旅行基地空间分布及其影响因素[J].地理科学,2021,41(7):1139-1148.

[155] 吴世雄.贵州高职导游专业学生职业能力培养途径探究[J].旅游纵览(下半月),2018(16):197.

[156] 吴薛凯,刘天波,胡文馨.基于网络爬虫的Java行业的就业分析[J].科技资讯,2021,19(2):13-16.

[157] 吴颖惠,宋世云,刘晓宇.中小学研学旅行课程设计与实施策略[J].上海教育科研,2021(3):67-71.

[158] 吴支奎,杨洁.研学旅行:培育学生核心素养的重要路径[J].课程·教材·教法,2018,38(4):126-130.

[159] 武晓玮.国外研学旅行理论研究综述[J].湖北理工学院学报(人文社会科学版),2019,36(5):12-17.

[160] 肖幸,杨春和.生态宜居:职业教育"生态＋"教育的逻辑框架[J].国家教育行政学院学报,2020(11):80-87.

[161] 肖岳峰,傅倩楠.桂林发展康养研学旅行的思考[J].社会科学家,2020(2):105-110.

[162] 谢列卫,任红民,吴建设.陶行知教育思想与高职创新创业人才培养的关系研究[J].职业技术教育,2017,38(7):63-68.

[163] 谢颖.基于旅游新业态下旅游人才培养思考[J].中国林业经济,2016(2):100-102.

[164] 许迎霞,朱江,董晓鹏.文旅融合背景下公共图书馆研学旅行服务思考——以鞍山市图书馆研学基地活动为例[J].图书馆工作与研究,2021(3):102-106.

[165] 邸宜秀,徐雪,苑鑫.面向行业的研学旅行指导师人才素质构成及培养途径[J].天津商务职业学院学报,2021,9(5):80-87.

[166] 严梓溢,沈世伟.研学旅行研究的中外发展新趋势[J].生产力研究,2021(6):76-81.

[167] 颜炼钢.高职院校专业教师下企业实践的问题及对策新探[J].教

育与职业,2014(15):73-75.

[168] 杨常唯.践行陶行知职业教育思想"行知合一"教学模式探索[J].
林区教学,2018(9):21-23.

[169] 杨成.我国青少年营地教育的发展策略研究[J].广东青年职业学
院学报,2018,32(3):36-40.

[170] 杨崇君,杨谷子,杨琨.湖北研学旅行发展:现状、问题与对策[J].
武汉商学院学报,2022,36(6):5-10.

[171] 杨蕴杰.文旅融合背景下开封市研学旅行发展路径探究[J].开封
大学学报,2019,33(3):8-10.

[172] 叶建金.文旅融合时代高校图书馆研学旅行服务探析[J].图书馆
工作与研究,2021(12):92-99.

[173] 殷世东,汤碧枝.研学旅行与学生发展核心素养的提升[J].东北师
大学报(哲学社会科学版),2019(2):155-161.

[174] 于书娟,王媛,毋慧君.我国研学旅行问题的成因及对策[J].教学
与管理,2017(19):11-13.

[175] 喻峰.关于研学旅行中主客体的定位思考[J].旅游纵览(下半月),
2018(20):222-223.

[176] 袁振杰,谢宇琳,何兆聪.主体、知识和地方:一个研学旅行研究的
探索性理论框架[J].旅游学刊,2022,37(11):14-26.

[177] 岳昌君,周丽萍.经济新常态与高校毕业生就业特点——基于2015
年全国高校毕业生抽样调查数据的实证分析[J].北京大学教育评
论,2016,14(2):63-80+189.

[178] 翟孝娜.基于研学产业人才需求分析的高职旅游人才培养模式研
究[J].齐齐哈尔师范高等专科学校学报,2022(5):37-40.

[179] 曾兰君.新时代广州研学旅行产品优化策略探究[J].公关世界,
2022(10):19-21.

[180] 曾荣.国内外研学旅行研究综述[J].中国集体经济,2021(22):
90-92.

[181] 张春阳,张可盈,白桂湖,刘舒宇.地方认同:成都博物馆研学旅行
设计研究[J].文物春秋,2022(5):64-68.

[182] 张和新.高职校本课程开发共同体的构建[J].中国职业技术教育,
2019(11):38-41.

[183] 张慧,黄群慧.ESG责任投资研究热点与前沿的文献计量分析[J].科学学与科学技术管理,2022,43(12):57-75.

[184] 张慧雰,余正勇,陈兴,李巧凤.研学旅游网络关注度时空差异及影响因素研究[J].河南科学,2022,40(11):1884-1892.

[185] 张丽利,杨德芹.湖北省宜昌市研学旅行管理与服务专业人才需求调研报告[J].经济师,2020(10):162-163.

[186] 张明,蓝海林,陈伟宏.企业注意力基础观研究综述——知识基础、理论演化与研究前沿[J].经济管理,2018,40(9):189-208.

[187] 张巧娜.文旅融合时代公共图书馆研学旅行服务模式与策略研究[J].图书馆工作与研究,2020(6):106-111.

[188] 张晓琳,张文磊,杨霜.基于消费群体的贵州高校研学旅行与商业融合发展探讨[J].商业经济研究,2020(18):162-164.

[189] 张英吉,张瑾.革命老区乡村旅游"新内源性"发展的农户生计效应研究——以井冈山上古田村为例[J].江西科学,2022,40(6):1215-1221.

[190] 张幼春.陶行知职业教育思想视域下的教师"双师"素质培养研究[J].高教学刊,2019(19):169-170+174.

[191] 张玉荣.论陶行知职业教育思想及其当代启示[J].职教通讯,2012(16):46-49.

[192] 张元宝.校企合作中利益相关者的博弈与协调[J].中国高校科技,2019(9):79-82.

[193] 张志荣,罗怡欣,刘啸,蒋敏婕.基于内容分析的中国研学旅行基地标准研究[J].西部旅游,2022(6):70-72.

[194] 章安平,方华.基于职业导向的"课证融合"人才培养模式实践与思考——以浙江金融职业学院国际贸易实务专业为例[J].中国高教研究,2008(11):58-60.

[195] 赵超越,伍嘉茵,徐嘉剑,严佳静,刘战慧.产教融合视角下研学旅行发展研究[J].合作经济与科技,2021(13):17-19.

[196] 赵恒飞.高职院校筹资多元化研究[J].中国乡镇企业会计,2023(1):9-11.

[197] 赵婧,周洪宇.论陶行知对职业教育的先驱性探索[J].职业技术教育,2021,42(34):12-18.

[198] 赵君丽,高雨筠.独立转型还是合作转型——基于纺织印染企业绿色转型的研究[J].丝绸,2022(10):1-18.

[199] 赵明.关于中小学研学旅行的建议[J].中学教学参考,2021(3):53-54.

[200] 赵珊珊,毛金凤.素质教育背景下研学导师培养路径研究[J].旅游纵览,2021(19):121-123.

[201] 钟丽霞.以微社团研学为载体实现跨学科综合性学习[J].广西教育,2021(1):62-63.

[202] 钟林凤,谭诤.研学旅行的价值与体系构建[J].教学与管理,2017(31):30-33.

[203] 钟业喜,邵海雁,徐晨璐.基于CiteSpace的研学旅行热点分析[J].地理教学,2019(18):4-9.

[204] 钟业喜,吴筱恬,熊小英,鞠民.对研学旅行基础能力建设的探索[J].地理教学,2019(10):41-43+49.

[205] 钟志平,刘天晴.研学旅行示范基地政策评价与需求方强相关性因素研究[J].湖南社会科学,2018(6):147-153.

[206] 周桂宏,尤国勋.职业试习科:一个被忽略的话题——重温陶行知《生利主义之职业教育》有感[J].职业技术教育,1994(5):6-7.

[207] 周洪宇.陶行知职业教育思想的历史地位与当代价值[J].职业技术教育,2021,42(34):1.

[208] 周洪宇.核心素养的中国表述:陶行知的"三力论"和"常能论"[J].华东师范大学学报(教育科学版),2017,35(1):1-10+116.

[209] 周佳颖,王莉红.新冠疫情背景下互联网招聘企业商业模式研究——以前程无忧与BOSS直聘为例[J].现代商业,2021(27):6-8.

[210] 周健芝,秦丽雯.丹阳市研学旅行发展困境及策略研究[J].旅游纵览,2020(24):148-150.

[211] 周林兴,邹莎.文旅融合时代档案馆研学旅行基地建设:基础、困境与路径[J].档案与建设,2020(12):17-21+32.

[212] 周伟伟.研学旅游背景下陕西研学旅游人才需求分析[J].旅游纵览(下半月),2018(24):164+166.

[213] 周霞,彭孝谱,刘彦文,姜宇榕.基于招聘信息的GIS人才就业前景

分析[J].地理空间信息,2021,19(12):157-160+168+8.

[214] 朱崇梅.基于工作过程的环境微生物学课程开发探析[J].河南农业,2015(24):32-33.

[215] 朱洪秋."三阶段四环节"研学旅行课程模型[J].中国德育,2017(12):16-20.

[216] 朱建民.我希望学生不仅有小情小趣,更有大情大志[J].人民教育,2019(Z3):39-41.

[217] 朱丽男,石媚山.研学旅行大发展背景下旅游类高职院校人才培养改革——以青岛酒店管理职业技术学院为例[J].山东教育(高教),2019(11):57-59.

[218] 朱琼琳.我国研学旅行的发展对策研究[J].长春师范大学学报,2019,38(5):167-170.

[219] 朱玉萍.浅析陶行知职业教育思想及其当代价值[J].现代交际,2021(14):137-139.

[220] 祝慧,谢祈星.政策支持与治理创新:非营利组织人力资源管理策略探讨[J].云梦学刊,2016,37(6):87-92.

[221] 邹开敏,庄伟光.常态化疫情防控下提振旅游消费的路径探究[J].中国国情国力,2022(10):10-13.

[222] 邹统钎,黄鑫,韩全,吕敏.旅游目的地品牌基因选择的三力模型构建[J].人文地理,2021,36(6):147-156.

[223] 谌春玲.研学旅游市场的挑战与发展问题研究[J].经济问题,2020(6):88-93.

[224] 宿奥宇,徐淑梅,王晓迪,马莹清.基于文献计量方法的研学旅行研究综述与展望[J].地理教学,2020(15):58-64.

英文期刊

[1] Airey D, Johnson S. The content of tourism degree courses in the UK[J]. Tourism Management, 1999, 20(2): 229-235.

[2] Airey D. After twenty-five years of development: A view of the state of tourism education in the UK[J]. The ATTT Tourism Education Handbook, 1997: 9-13.

[3] Airey D. Tourism education: Past, present and future[J].

Turističko Poslovanje，2016（17）：9-12.

[4] Alipour H，Fatemi H，Malazizi N. Is Edu-tourism a sustainable option? A case study of residents' perceptions[J]. Sustainability，2020，12(15)：5937.

[5] Al-Shwayait M A. International student's perception toward educational tourism at Yarmouk University[J]. Journal of Tourism and Hospitality，2017，6(1)：1-6.

[6] Arcodia C，Abreu Novais M，Cavlek N，et al. Educational tourism and experiential learning：Students' perceptions of field trips[J]. Tourism Review，2021，76(1)：241-254.

[7] Chau S. Antecedents and outcomes of educational travel in higher education[J]. Journal of Hospitality，Leisure，Sport & Tourism Education，2021，29：100331.

[8] Chen C. CiteSpace Ⅱ：Detecting and visualizing emerging trends and transient patterns in scientific literature[J]. Journal of the American Society for Information Science and Technology，2006，57(3)：359-377.

[9] Chen C. Science mapping：a systematic review of the literature[J]. Journal of Data and Information Science，2017，2(2)：1-40.

[10] Dyment J E，Potter T G. Is outdoor education a discipline? Provocations and possibilities [J]. Journal of Adventure Education and Outdoor Learning，2015，15(3)：193-208.

[11] Edelheim J. How should tourism education values be transformed after 2020? [J]. Tourism Geographies，2020，22(3)：547-554.

[12] Falk J H，Ballantyne R，Packer J，et al. Travel and learning：A neglected tourism research area[J]. Annals of Tourism Research，2012，39(2)：908-927.

[13] Fidgeon P R. Tourism education and curriculum design：A time for consolidation and review? [J]. Tourism Management，2010，31(6)：699-723.

[14] Friedman D. Evolutionary games in economics[J]. Econometrica：Journal of the Econometric Society，1991：637-666.

[15] Griffin W C. The future of hospitality education: A reflection[J]. Journal of Hospitality & Tourism Research, 2021, 45 (5): 939-941.

[16] Gronroos C. A service quality model and its marketing implications[J]. European Journal of Marketing, 1984:36-44.

[17] Hartmann W R, Manchanda P, Nair H, et al. Modeling social interactions: Identification, empirical methods and policy implications[J]. Marketing Letters, 2008, 19(3): 287-304.

[18] Haywood K M, Maki K. A conceptual model of the education/employment interface for the tourism industry[J]. World Travel and Tourism Review, 1992, 2: 237-248.

[19] Jameson-Charles M. Tourism education from a relationship management perspective[J]. Caribbean Curriculum, 2012, 19: 145-170.

[20] Keiny S. School-based curriculum development as a process of teachers' professional development [J]. Educational Action Research, 1993, 1(1): 65-93.

[21] Kim H J, Jeong M. Research on hospitality and tourism education: Now and future [J]. Tourism Management Perspectives, 2018, 25: 119-122.

[22] Lewis A. Rationalising a tourism curriculum for sustainable tourism development in small island states: A stakeholder perspective [J]. Journal of Hospitality, Leisure, Sport & Tourism Education, 2005, 4(2): 4-15.

[23] Manfield L, Pearse J. A way for a national outdoor leader course [J]. Journal of Outdoor and Environmental Education, 1998, 3 (1): 58-65.

[24] Mayaka M, Akama J S. Systems approach to tourism training and education: The Kenyan case study[J]. Tourism Management, 2007, 28(1): 298-306.

[25] Menon D, Gunasekar S, Dixit S K, et al. Present and prospective research themes for tourism and hospitality education post-

COVID19: A bibliometric analysis[J]. Journal of Hospitality, Leisure, Sport & Tourism Education, 2022, 30: 100360.

[26] Pitman T, Broomhall S, McEwan J, et al. Adult learning in educational tourism[J]. Australian Journal of Adult Learning, 2010, 50(2): 219-238.

[27] Pittman, Joyce and William Green. Globalizing Educational Tourism and World Learning Communities in Higher Education to Advance Intercultural Awareness, Language Policy, Curriculum and Teacher Competencies[J]. Journal of Tourism and Hospitality, 2020,9 (3): 1-5.

[28] Prahalad C K, Ramaswamy V. Co-opting customer competence [J]. Harvard Business Review, 2000, 78(1): 79-90.

[29] Rappole C L. Update of the chronological development, enrollment patterns, and education models of four-year, master's, and doctoral hospitality programs in the United States [J]. Journal of Hospitality & Tourism Education, 2000, 12(3): 24-27.

[30] Remington T, Legge M. Outdoor education in rural primary schools in New Zealand: A narrative inquiry[J]. Journal of Adventure Education and Outdoor Learning, 2017, 17 (1): 55-66.

[31] Sharp L B. Basic considerations in outdoor and camping education [J]. The Bulletin of the National Association of Secondary School Principals, 1947, 31(147): 43-47.

[32] Sie L, Patterson I, Pegg S. Towards an understanding of older adult educational tourism through the development of a three-phase integrated framework[J]. Current Issues in Tourism, 2016, 19(2): 100-136.

[33] Tomasi S, Paviotti G, Cavicchi A. Educational tourism and local development: The role of universities[J]. Sustainability, 2020, 12(17): 6766.

[34] Ullah H, Ullah Z, Maqsood S, et al. Web scraper revealing

trends of target products and new insights in online shopping websites[J]. International Journal of Advanced Computer Science and Applications, 2018, 9(6): 427-432.

[35] Yiu M, Law R. A review of hospitality internship: Different perspectives of students, employers, and educators[J]. Journal of Teaching in Travel & Tourism, 2012, 12(4): 377-402.

学术专著

[1] Ritchie B W, Carr N, Cooper C P. Managing Educational Tourism [M]. Clevedon, UK: Channel View Publications, 2003.

[2] The Routledge Handbook of Tourism and Hospitality Education [M]. London: Routledge, 2015.

[3] 陈晓丽,刘秀丽.高等教育旅游专业人才培养研究[M].太原:山西经济出版社,2020.

[4] 陈悦,陈超美,胡志刚,等.引文空间分析原理与应用:CiteSpace实用指南[M].北京:科学出版社,2014.

[5] 陈增红,杨秀终.职业教育产教融合人才培养模式研究[M].北京:中国社会科学出版社,2020.

[6] 成浩,伍欣,刘佑华.文旅融合下的研学旅行人才培养研究[M].西安:陕西旅游出版社,2019.

[7] 何莽,彭菲,杜洁,沈山,崔永伟.康养蓝皮书:中国康养产业发展报告(2021)[M].北京:社会科学文献出版社,2022.

[8] 胡斌武.职业教育学[M].北京:高等教育出版社,2015.

[9] 胡晓风等.陶行知教育文集[M].成都:四川教育出版社,2007.

[10] 华中师范大学教育科学研究所.陶行知全集:第1卷[M].长沙:湖南教育出版社,1984.

[11] 江苏省陶行知研究会.陶行知文集(上)[M].南京:江苏教育出版社,2008.

[12] 姜大源.职业教育学研究新论[M].北京:教育科学出版社,2007.

[13] 姜大源.职业教育要义[M].北京:北京师范大学出版社,2017.

[14] 李国庆.基于校企合作的旅游人才创新创业能力培养研究[M].北京:中国水利水电出版社,2019.

［15］林璧属.研学修行九周年 行走的课堂［M］.北京:旅游教育出版社,2020.

［16］刘则渊.科学知识图谱:方法与应用［M］.北京:人民出版社,2008.

［17］马秋帆.梁漱溟教育论著选［M］.北京:人民教育出版社,1994.

［18］彭文喜.高职旅游管理人才培养模式研究［M］.广州:广东旅游出版社,2019.

［19］全国旅游职业教育教学指导委员会.基于职业教育视角的中国旅游人才供给与需求研究报告 2018［M］.北京:旅游教育出版社,2019.

［20］苏永华,王美云.生利主义视域下的高职会展课程建设研究［M］.武汉:华中科技大学出版社,2021.

［21］隋国研,胡雪瑛,张成玉.旅游教育与教学［M］.延吉:延边大学出版社,2019.

［22］孙大君.手脑结合与人的教育 陶行知、苏霍姆林斯基教育思想研究［M］.南京:东南大学出版社,2018.

［23］陶行知.生活即教育［M］.武汉:长江文艺出版社,2019.

［24］陶行知.陶行知全集(第 1 卷)［M］.成都:四川教育出版社,2005.

［25］陶行知.陶行知全集(第 2 卷)［M］.长沙:湖南教育出版社,1985.

［26］陶行知.陶行知中国教育改造［M］.长春:吉林出版集团股份有限公司,2017.

［27］陶行知.中国教育改造［M］.北京:人民出版社,2008.

［28］陶行知.中国教育改造［M］.郑州:中州古籍出版社,2016.

［29］王晓羽.全域旅游背景下高职旅游人才培养模式转型研究［M］.西安:陕西旅游出版社,2019.

［30］王洋.旅游管理专业人才培养与创新实践［M］.长春:吉林出版集团股份有限公司,2019.

［31］谢列卫.德业兼修 知行合一——传承陶行知教育思想的高职人才培养典型案例［M］.北京:光明日报出版社,2018.

［32］徐国庆.职业教育项目课程:原理与开发［M］.上海:华东师范大学出版社,2015.

［33］徐莹晖,王文岭.陶行知论生活教育［M］.成都:四川教育出版社,2010.

［34］张东.陶行知职业教育思想研究［M］.成都:西南交通大学出版

社,2017.

[35] 赵金玲.校企合作、产教融合 培养高素质应用型旅游人才[M].北京:旅游教育出版社,2019.

[36] 朱蔚琦.旅游管理与中外旅游人才培养模式比较研究[M].广州:广东旅游出版社,2021.

[37] 祝胜华,何永生.研学旅行课程体系探索与践行[M].武汉:华中科技大学出版社,2019.

学位论文

[1] 陈钰岚.研学旅行导师的培育与管理研究[D].南京:东南大学,2020.

[2] 杜瑞仙.DN 教育集团重庆分公司 IT 培训服务营销策略研究[D].昆明:云南财经大学,2022.

[3] 高玉乾.基于地理核心素养的高中地理研学旅行课程实践研究[D].上海:华东师范大学,2022.

[4] 郭立颖.高职院校研学旅行专业人才培养研究[D].成都:四川师范大学,2022.

[5] 何俊豪.华策影视会计估计变更动因及经济后果研究[D].长沙:长沙理工大学,2019.

[6] 刘丽.艺术类高校化妆美容专业人才培养问题研究[D].济南:山东师范大学,2017.

[7] 马艺心.中职学校高星级饭店运营与管理专业学生职业认同研究[D].南宁:南宁师范大学,2021.

[8] 牟佳丽.职业能力导向的研学导师培养路径研究[D].沈阳:辽宁师范大学,2020.

[9] 钱立豪.基于满意度的本科课程体系评价研究[D].北京:北京化工大学,2019.

[10] 沈荣生.陶行知生利主义教育思想及其对我国高等职业教育的启示[D].芜湖:安徽师范大学,2018.

[11] 王倩云.高中地理教育中的研学旅行研究[D].芜湖:安徽师范大学,2016.

[12] 韦婧婧.劳动教育类中小学生研学旅行课程设计的研究[D].温州:温州大学,2021.

［13］邢琦娜.中职学校导游服务专业研学旅行人才培养研究［D］.济南：山东师范大学,2019.

［14］徐凯.初中生研学旅行活动满意度影响因素分析［D］.天津：天津财经大学,2019.

［15］杨林林.石家庄市研学旅行市场供需结构分析［D］.石家庄：河北师范大学,2021.

［16］杨欣钰.天水市高中地理研学旅行课程设计研究［D］.天水：天水师范学院,2022.

［17］余凤婷.TH汽车技术服务有限公司薪酬管理优化研究［D］.成都：四川师范大学,2022.

［18］袁萍.长春市中小学研学旅行产品开发研究［D］.长春：吉林农业大学,2022.

［19］袁悦.研学旅行导师胜任力评价指标体系的构建研究［D］.重庆：西南大学,2022.

［20］张舒涵.基于馆校合作的小学美术课程开发与教学实践研究［D］.西安：陕西师范大学,2021.

［21］赵珊珊.高职院校研学导师胜任力评价与培养研究［D］.沈阳：沈阳师范大学,2022.

［22］赵微.安徽省X学院教师流失状况及对策研究［D］.合肥：安徽大学,2016.

［23］朱咏琦.基于地理实践力培养的研学旅行设计［D］.上海：华东师范大学,2022.

后　记

　　2005 年我从中国人民大学硕士研究生毕业后,进入杭州科技职业技术学院(杭州广播电视大学)工作,转眼已经过去 18 年。记得刚入校的时候,我主要承担行政管理方面的教科研工作,后来随着学校转型发展,才与旅游教育和科研结下不解之缘,先后参与了学校高职旅行社经营管理以及研学旅行管理与服务两个专业的建设,亲眼见证了学校高职教育事业蓬勃发展以及所任职的旅游管理学院日渐壮大的奋斗历程。

　　如今,2009 年才正式建院的杭州科技职业技术学院通过传承和倡导陶行知"生活教育理论",秉承"德业兼修 知行合一"的校训,已经发展成为省内知名的高职院校,并向着建设成为特色鲜明的全国一流高职院校宏伟目标大步迈进。旅游管理学院在学校的正确领导和关心支持下,十多年来也取得了长足的发展,在专业建设、师资团队和校企合作等多方面均取得了一系列的标志性成果。

　　对我个人而言,早期遇到了专业转型的挑战,当年种种困惑和困难至今仍历历在目。虽然我在人大研究生学习时主修的是管理学学位,但高职旅游管理类专业育人的行业性、实践性、应用性,仍给我抛出了大量值得钻研和琢磨的难题。为了更快地、更好地融入新类型教育、新专业教育,也对照陶行知先生所言的生利师资应该具备的经验、学识和教法,我做了一些积极的努力。首先,加强旅游学科的知识学习,我先后赴浙江旅游职业学院(2013 年)和浙江工业大学(2019 年)分别进行了为期一年的访学,跟随徐云松和赵磊两位知名旅游专业教授深入学习旅游专业知识、旅游教育教学方法和旅游科研方法。其次,不断加强自身实践动手能力,我先是从技能证书突破入手,先后考取了国家导游员证书、旅行社总经理资格证等证书,而后也成为导游资格考试面试考官、研学旅行"1＋X"证书考官;我还充分利用在富阳东南旅行社、杭州市文化和旅游发展中心(杭州市旅游经济实验室)等单位顶岗锻炼的机会,与旅游政府主管部门、行业协会和行业企业建立了密切的联系;此外,我利用大赛指导和社会服务的机会不断提升自身的专业技能,先后指导学生获得省部级旅游竞赛奖项近 10 项(其中省部级一等奖 2 项),先后为安吉中南百草园、杭州野生动物世界等旅游企业和 40 多家富阳区研学旅行基(营)地提供专业培训,并承担了杭州市富阳区文化和广电旅游体育局的委托课题,参与并执笔地方研学标准制定,为政府提供的决策咨询也获得认可和采纳。最后,我还不断努力提升自己的旅游科研能力,自转型以来,共主持省部级及厅局级社科项目10 多项,出版专著 3 部,并在核心期刊发表论文多篇,科研成果也曾获浙江省职业教育与成人教育优秀教科研成果一等奖等奖励。

　　《生利导向的研学旅行人才培养研究》即是本人主持的杭州市哲学社会科学规划领导小组办公室陶研基地重点课题(项目编号:2021JD49)的最终研究成果。杭州科技职业技术学院的高等职业教育(陶行知教育思想)研究中心是杭州市哲学社会科学重点研究基地,其将陶行知教育思想研究和现代高职教育发展与改革有机结合,在多年的实践研究中形成了自身特色:全国唯一结合陶行知教育思想开展高职研究的机构;基地所在的陶行知研究馆是全国五大陶馆之一;服务杭州职业教育、乡村振兴、“美好教育”,彰显特色。开展本书的研究,既是本人之前主持的浙江省人力资源和社会保障科学研究课题和浙江省教育厅课堂教改研究的延续,也是为了专业总结办学经验和探索提升路径的需要,同时,我也自以为可以为传承和弘扬陶行知先生的职业教育思想以及杭州科技职业技术学院的“师陶”特色尽到一丝绵力。

　　从事旅游教育一路走来,我想也可以用栉风沐雨、筚路蓝缕来形容。感谢指引和帮助我踏上旅游教学、科研和社会服务的徐云松教授、赵磊教授,感谢杭州市富阳区文化和广电旅游体育局方政英女士为本书研究提供的便利,感谢旅游管理学院副院长徐得红教授对课题研究提供的支持和帮助,感谢学校图书馆副馆长(原旅游管理学院副院长)汤洪庆教授一直以来的不吝指导,感谢张小亚、伍玉婷两位老师在富阳研学旅行基(营)地调查上作出的贡献,感谢杭州科技职业技术学院的高等职业教育(陶行知教育思想)研究中心丁水娟教授在陶行知思想研究上的沙龙分享和研究引导,感谢杭州科技职业技术学院科技处的肖芳老师在科研申报、立项和结项上的支持,也感谢我的人大师姐也是本书的编辑李海燕女士为专著出版提供的帮助,最后也感谢我的家人,在疫情这几年中对我课题研究和专著写作的理解和支持。正是有了大家的帮助，本书才得以送到各位方家眼前，也感谢你们对我的宽容与支持。

王美云

2023 年 1 月 28 日